JN450933

제2판

개정 누리과정과 표준보육과정에 기초한

영유아 음악교육

김연주 · 김현지 · 유현숙

창지사

머리말

영유아는 음악적 잠재력을 가지고 태어난다. 영유아들에게 음악은 언어처럼 자신의 생각과 느낌을 표현하는 데 중요한 역할을 한다. 영유아는 음악을 통해 자기표현과 자아개념을 발달시키고 나아가 신체, 언어, 인지, 정서, 사회성 및 창의성 그리고 심미적 잠재력을 발달시킨다. 따라서 영유아기부터 음악을 체계적으로 경험할 수 있도록 방향을 제시하는 것은 한 사람의 훌륭한 인격적 성장을 위한 바탕이 되는 것이므로 대단히 중요한 일이다.

본 교재는『표준보육과정』과『2019 개정 누리과정』에 따른 영유아의 전인적 발달을 돕기 위해 알아야 할 음악의 이론적 기초, 소리 탐색, 노래 부르기, 악기 다루기, 신체표현, 음악감상 등 통합적인 활동으로 구분하여 실제편을 편성하였다.

특히『2019 개정 누리과정』에 따라 보육·교육 현장에서 유아가 통합적으로 경험해야 할 신체운동·건강, 의사소통, 사회관계, 예술경험, 자연탐구 5개 영역별 활동을 동요와 함께 예시함으로써 보육교사·유치원교사들이 기존의 지침이나 지시적이며 암기식 음악교육에서 벗어나 유아가 음악의 다양한 요소를 주도적으로 탐색하고 방향을 찾아가 자연스럽게 동요를 익힐 수 있도록 안내자, 조력자 역할을 하는 데 현장교사들과 예비교사들에게 도움을 줄 것이다.

『2019 개정 누리과정』에서는 추구하는 인간상으로 감성이 풍부한 사람을 강조하였으며, 영유아 중심과 놀이 중심, 공통성과 다양성, 전인적 발달과 행복, 자율성과 창의성 신장을 함께 추구하고자 하는『표준보육과정』,『2019 개정 누리과정』에 부합하도록 편성하였다.

영유아들이 예술경험을 통해 건강한 사람, 자주적인 사람, 창의적인 사람, 감성이 풍부한 사람, 더불어 사는 사람으로 성장할 수 있도록 예비교사, 보육·교육현장 교사들이 반드시 익혀야 할 내용을 균형 있게 다루고자 노력했다. 부족한 부분은 지속적으로 내용을 보완해 나갈 것이며, 이 책의 출판을 위해 함께 협력해 주신 창지사의 사장님, 편집장님과 편집부 직원들에게 마음을 담아 깊은 감사를 드린다.

2025년 2월

저자 일동

차 례

1부 영유아 음악교육의 이론 _ 9

2부 영유아 음악교육의 실제 _ 153

1부

영유아 음악교육의 이론

1장 영유아 음악교육의 이해

영유아는 음악적 잠재력을 지니고 태어나며 영유아 음악교육은 음악적 능력과 전인적 성장의 기초가 된다. 본 장에서는 영유아를 대상으로 한 음악교육의 의의와 목적을 살펴본다.

1. 영유아 음악교육의 의의

음악은 모든 시대, 모든 문화에 존재한다. 영유아는 음악적 잠재력을 지니고 태어나며 음악 경험을 즐긴다. 영유아 음악교육은 영유아의 자기표현, 신체, 언어, 인지, 정서, 사회성 및 창의성 발달을 촉진하며 영유아의 성장과 발달에 중요한 역할을 한다.

1) 영유아는 음악 안에서 태어나고 성장한다

영유아는 음악적 잠재력(music aptitude)을 가지고 태어난다(Gordon, 1997). 갓 태어난 영아도 음악 소리와 음악이 주는 느낌에 반응한다. 말을 시작한 지 얼마 되지 않은 영아도 노래를 부르고 다양한 리듬의 소리를 만들어 낸다. 영유아들에게 음악은 언어처럼 자기 자신의 생각과 느낌 그리고 감정과 정서를 표현하는 하나의 도구적 역할을 하며 영유아는 다양한 음악활동을 통해 자신의 느낌을 표현하고 발전시켜 나간다. 특히 성인에 비해 언어적 표현이 자유롭지 못한 영유아에게 있어 음악은 감정을 전하며 느낌을 포착하고 이해하는 수단이 되므로 더욱 중요하다.

[그림 1-1] 생의 초기부터 음악적 요소에 반응하고 음악을 창조한다.

영유아는 음악활동과 연결되는 많은 기회를 갖게 되며 음악활동에 참여하기를 갈망하고 그 과정을 배우고 즐긴다. 음악적 경험은 영유아로 하여금 경이, 기쁨, 웃음, 움직임, 창의력, 표현의 잠재력을 일깨워 준다(Greenberg, 1979). 따라서 음악에 대한 민감성과 자발적인 음악표현은 이후의 예술적 성취가 있든 없든 모든 영유아의 성장과 발달에 중요한 역할을 한다(Thaut, 2009).

영유아의 음악적 잠재력은 출생 직후가 가장 높으며, 사회·문화적 경험과 교육에 의해 음악적 능력(musical ability)으로 발달하고 변화한다(권덕원, 석문주, 최은식, 함의주, 2005). 일반적으로 음악적 능력의 발달은 생애 첫 10년 동안에 가장 활발하게 이루어진다. 그 중에서도 영유아기는 청각발달이 매우 민감한 시기로서 음악적 능력이 매우 빠른 속도로 발달하는 음악적 능력 발달의 결정적 시기이다(Chen, 2000; Gorden, 1997). 코다이(Kodály)는 생에 부여된 가장 아름다운 선물은 '음악의 축복'이라고 하면서 늦어도 3~7세에는 음악교육이 시작되어야 음악적 청력과 감상력이 최대한으로 향상될 수 있다고 주장하였다(Kodály Institute, 1986).

영유아기는 발달과 학습의 결정적 시기로 음악은 마치 햇빛과도 같이 영유아가 성장하는 데 필요한 모든 발달 영역에 영양을 공급하여 준다(Wood, 1982). 따라서 영유아기 발달에 적합한 체계적이고 풍부한 음악교육이 제공되어야 한다(김명순·조경자, 2000; 김영연, 2002; Campbell & Scott-Kassner, 2006; Greenberg, 1979; Kim, 2000).

2) 영유아는 음악교육을 통해 성장하고 발달한다

모든 문화에서 음악은 영유아의 총체적 발달에 중요한 역할을 담당하고 있다(임혜정, 2013; 하정희, 조영진, 강혜정, 2010; Campbell & Scott-Kassner, 2006; Draper & Gayle, 1987). 음악성 발달뿐 아니라 음악을 통한 자기표현과 자아개념의 발달을 기대할 수 있으며, 나아가 신체, 정서, 언어, 인지, 사회성 및 창의성 발달을 가져올 수 있다. 음악교육이 영유아의 생활과 성장에 미치는 영향은 다음과 같다.

(1) 자기표현 및 자아개념 발달

영유아는 음악활동 속에서 자신의 이름, 소속, 역할 등에 친숙해지며 자신의 생각과 감정을 표현하고 이해하게 된다. 영유아가 언어적, 논리적인 능력에 제약이 있음을 생각할 때 영유아의 가장 자연스러운 자기표현이 바로 음악 또는 음악적 행위이다. 영유아는 창의적으로 음악활동을 시도하면서 한 개인으로서의 자신감과 다양한 성취감을 경험하게 된다. 음악교육은 영유아의 자기표현을 통한 자아개념 발달을 촉진한다.

사과같은 내 얼굴

김방옥 작사
외국곡

[그림 1-2] 자아 개념 발달을 돕는 동요의 예

(2) 신체 발달

영유아기는 기초운동기능을 습득하는 데 이상적인 시기로 음악을 통한 놀이로 노래 부르기, 악기 다루기, 신체 표현하기 등의 음악활동을 함으로써 신체를 움직이게 되며 자연스럽게 눈과 손의 협응력, 소근육과 대근육의 움직임과 신체 조절 능력을 증가시킨다.

엄마와 함께

양한나 작사
김성균 작곡

[그림 1-3] 신체 발달을 돕는 동요의 예

(3) 정서 발달

음악은 평소 잘 처리하지 못하는 생각이나 감정을 전달하는 도구의 역할을 하며 슬픔, 기쁨, 공상, 놀람 등의 모든 감정적 느낌을 표현하는 데 사용된다(Radocy & Boyle, 1997). 음악적 경험을 통해 영유아 자신의 정서를 자연스럽게 표출함으로써 정서적 감수성을 기를 수 있다. 음악은 영유아 자신의 감정을 표현할 수 있는 배출구가 되며 영유아의 보다 성숙한 감정의 표현과 통제를 돕는다.

사랑

김성균 작사
김성균 작곡

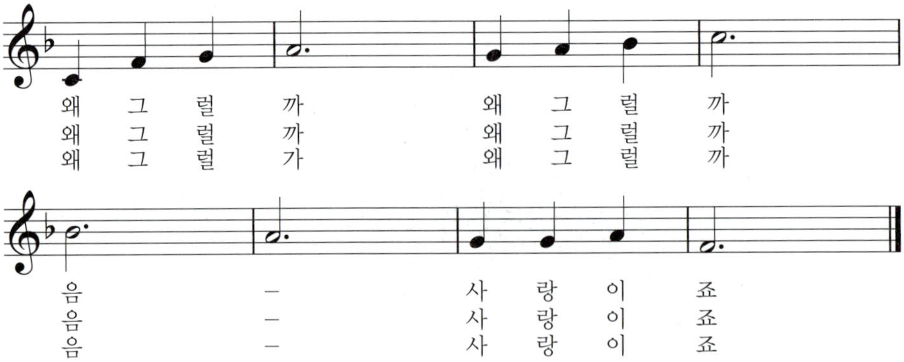

[그림 1-4] 정서 발달을 돕는 동요의 예

(4) 언어 발달

음악은 다양한 소리에 대한 영유아의 이해와 듣기 기술을 증진시킨다. 음악활동은 보다 주의 깊게 주변의 소리를 듣고 두 소리의 차이를 식별하며 비슷한 소리를 구분할 수 있는 경험을 제공한다. 또한 새로운 노랫말을 통해 어휘와 문장의 의미를 이해하고 익히도록 돕는다.

수박 파티

김영광 작사
오상철 작곡

[그림 1-5] 언어 발달을 돕는 동요의 예

(5) 인지 발달

음악적 경험은 영유아의 인지 발달을 돕는다. 다양한 재질의 자료를 두들겨 어떻게 소리가 만들어지는가를 탐색하고 소리의 성질 및 음악의 특성에 대한 인지개념을 발달시킨다. 또한 영유아들이 이해하거나 기억하기 힘든 언어나 숫자 등을 여러 번 반복하여 노래 부르게 되면 자신도 모르는 사이에 재미있게 인지하게 된다. 자연적 현상 및 사회적 상황에 대한 이해를 노래 부르기를 통해 촉진할 수 있다.

가게놀이

김성균 작사
김성균 작곡

[그림 1-6] 인지 발달을 돕는 동요의 예

(6) 사회성 발달

대집단과 소집단에서의 음악 경험을 통해 영유아 상호 간의 긍정적 상호작용과 사회성 발달이 촉진된다. 음악을 통해 영유아는 사회화되고 자신들이 어느 집단에 속해 있는지를 인식하며 자신이 속한 사회문화를 이해하게 된다. 영유아가 올바른 사회적 관계를 형성하고 도덕성 및 공공질서 등을 형성하는 데도 음악의 역할이 크다고 할 수 있다.

꼭꼭 약속해

작사·작곡 미상

[그림 1-7] 사회성 발달을 돕는 동요의 예

(7) 창의성 발달

영유아는 소리를 탐색하고 새로운 시도를 하면서 자기 나름의 소리를 창조한다. 영유아의 음악적 도전이 '작품'으로 인정되고 격려되면서 자신만의 음악적 잠재력 계발과 창의성이 발현된다. 음악을 듣고 새로운 음악을 만드는 경험과 놀이나 몸 움직임, 그림 및 다른 수단을 사용하여 음악을 표현하면서 창의성이 발달된다. 따라서 영유아들이 자유로운 음악실험과 그것을 통해 만들어 낸 작품을 통해 창의적 기쁨을 만끽할 수 있는 기회를 가져야 한다.

우린 그렇지 않아

양한나 작사
김성균 작곡

[그림 1-8] 창의성 발달을 돕는 동요의 예

이와 같이 영유아는 음악교육을 통해 성장하고 자기표현 및 자아개념발달, 신체발달, 정서발달, 언어발달, 인지발달, 사회성 발달, 창의성 발달을 도모한다. 음악교육을 통해 영유아는 자주적이고 창의적인 인간으로 성장해 나간다.

2. 영유아 음악교육의 목적

1) 영유아를 위한 음악교육

인간은 태어나는 순간부터 소리에 둘러싸여 있으며 인간이 최초로 느끼는 예술 형태가 음악이다. 영유아는 본능적으로 소리에 반응하며 흥얼거리고 노래 부르는 활동을 즐거워한다. 영유아기 음악교육의 목적은 소리에 대해 지각하고 반응할 수 있는 음악적 감수성을 최대로 길러주는 것이고, 음악을 통하여 마음속에 내재되어 있는 갈등과 긴장을 해소함으로써 정신적 건강을 가져다주는 것이다. 하지만 이보다 더 중요한 목적은 음악을 통해 자기표현의 기술을 발달시키고 생활 속에서 음악을 즐기는 기쁨을 주는 것이다. 따라서 영유아기의 음악교육이 악기를 잘 연주하도록 하거나 정확하게 소리 내어 노래를 잘 부르도록 하기보다는 놀이로써 즐거운 것이 되어야 한다.

일반적으로 영유아 음악교육에 대해 재롱잔치와 같은 음악발표회를 연상하거나 혹은 정반대로 세계적으로 유명한 음악가를 길러내기 위한 조기교육의 한 분야라고 생각하는 경향이 있다. 전자의 경우는 영유아교육에서의 음악활동이 그 자체가 지니는 목적과 가치보다는 기관의 행사나 다른 교육적 목적을 달성하기 위한 수단으로 생각하기 때문에 발생하는 통념이다. 후자의 경우에는 음악교육의 목적을 소수의 전문가 양성교육에 둠으로써 미적인 경험보다는 기능이나 기술을 연마하기 위한 훈련으로서의 의미를 더 강조함으로 영유아 음악교육의 본질적 의미를 약화시키게 된다. 이러한 측면에서 볼 때, 영유아를 위한 음악교육은 '음악'만을 위한 교육이 되어서도 안 되고, 단지 다른 영역의 발달을 위해 '수단'으로 사용되는 교육이 되어서도 안 된다.

영유아들의 음악활동은 그 자체가 목적일 뿐이지 인격을 높인다든지 아름다운 감정의 소유자가 될 수 있다는 생각을 하고 부르는 것이 아니다. 따라서 영유아들에게는 '생활로서의 음악'을 즐기도록 하여야 한다(Dewey, 1963). 영유아의 음악교육은 영유아들이 음악전문가가 되기 위한 것이 아니라 음악을 통해 즐거움과 행복감을 느끼며, 음악적 소양을 기르고 통합적인 전인 발달을 시키는 데 목적이 있다. 따라서 자기표현의 도구로써 음악교육은 영유아가 각자의 개성을 마음껏 발휘할 수 있도록 열려 있어야 한다.

2) 심미적 잠재력 계발

음악은 인간의 삶 속에 존재한다. 어린 아기를 토닥토닥 재우는 할머니의 자장가 소리, 아기를 부르는 어머니의 선율 있는 목소리가 음악의 시작이다. 우리 몸의 호흡, 배설, 식사, 수면 등 사람의 일상에서 들리는 여러 가지 소리에서 음악 혹은 음악적 요소를 발견할 수 있다.

영유아기는 자신의 몸을 비롯한 주변 사물의 소리와 움직임, 자연현상의 변화와 관련된 소리에 큰 흥미를 느끼며 자유롭게 신체로 표현하는 것을 즐기는 시기이다. 특히 자신에게 친숙하며 잘 알고 있는 것을 흉내 내거나 묘사하면서 정서적으로 큰 즐거움을 느낀다(교육과학기술부, 2008). 따라서 음악교육은 자신의 몸, 생활과 주변의 사물, 자연에 대한 영유아의 관심과 관련되어야 하고 이 관심을 지속적으로 심화, 확장시키는 방향으로 제시되어야 한다. 자연과 생활 주변 그리고 영유아 자신에게서 음악적 요소를 발견하고, 그것을 소리 만들기 또는 움직임으로 재현하면서 아름다움과 즐거움을 느끼는 경험을 통해 영유아는 삶의 주변에서 보고 듣는 것에서 아름다움을 발견하고 즐길 줄 아는 기본적인 태도를 가지게 될 것이다.

영유아 음악교육의 궁극적인 목적은 심미적 잠재력의 계발이다. 영유아가 심미적인 성장을 하기 위해서는 심미적 경험에 직접 참여하여야 한다. 음악에 있어서의 심미적 경험이란 음악을 지각하고 음악의 효과를 느끼며 반응하고 이해하고 즐기는 것 등의 다양한 음악적 경험을 뜻한다(Greenberg, 1979). 따라서 영유아 음악교육은 영유아에게 음악을 지각하고 느끼며 즐길 수 있는 다양한 음악적 환경 및 경험을 제공하고 심미적 잠재력의 계발이 이루어지도록 해야 한다.

2장 영유아 음악교육의 이론적 기초

1. 음악적 개념

음악적 개념이란 음악을 이루는 데 기본이 되는 공통요소로써, 음악의 구조와 원리를 이해하고 음악활동을 하는 데 바탕이 되는 기본적인 핵심 아이디어이다(이홍수, 1992). 인간은 주변 환경에서 들려오는 다양한 소리를 들으며 생활하는데 이 소리는 다른 소리와 구별되는 자신만의 독특한 음색, 크기, 리듬 패턴을 가지고 있다. 이러한 음악적 차이를 구분하고 들으면서 소리와 음악에 대한 인식을 시작하게 되고, 소리 세계에 대한 인식과 이해에 대한 표시로써 음악적 개념이 발달하게 된다(Greenberg, 1979). 음악적 개념은 음정, 박자, 리듬, 멜로디, 셈여림, 화성 등의 음악적 요소의 개념과 일치하는 것으로서, 이는 음악적 경험의 과정과 밀접한 관계를 갖고 있다(이숙희, 2010). 영유아는 일상생활 속에서 소리 듣기, 음악 감상하기, 노래 부르기, 악기 연주하기, 신체 표현하기, 음악 만들기 등의 활동을 경험함으로써 음악적 개념인 음색, 멜로디, 리듬, 빠르기, 음의 고저, 화음 등 음악의 여러 가지 요소들을 자연스럽게 학습하게 된다.

영유아 음악교육에서 음악적 개념은 영유아들이 학습해야 할 음악교육의 내용이다(McDonald & Simons, 1989). 영유아는 음악적 개념을 익히는 활동을 통해 음악이 생성되는 원리와 음악을 구성하는 개념들을 자연스럽게 습득하는 동시에 음악을 이해하는 능력을 기르게 된다.

영유아기에 학습해야 할 음악적 개념은 음색, 리듬, 셈여림, 음고, 멜로디, 화음, 형식 등이며 이들의 요소에 대해 살펴보면 다음과 같다.

1) 음색(Tone color)

음색이란 소리의 질 또는 색깔이며 물체의 재료, 크기, 구조 그리고 소리를 내는 방법에 따라 다양하게 나타난다(인지연, 2000). 음색은 어떤 소리가 가지고 있는 독특한 음의 질인데, 각각의 음은 서로 다른 음질을 지니고 있다. 예를 들어, 주위 환경의 소리, 동물 소리, 신체를 이용한 소리, 각각 다른 사람의 목소리, 여러 가지 악기 소리 등 저마다 다른 소리를 가지고 있다. 음색은 소리를 만들어 내는 물체의 재료와 구조 그리고 크기에 따라 다르게 구별되며, 소리를 내는 방법과 환경에 의해서도 달라진다. 영유아들에게 자신의 목소리나 주변 환경에서 나는 소리, 여러 가지 악기소리를 녹음해서 들려주거나 도구와 막대를 가지고 물건을 쳐보게 함으로써 음색 개념의 발달을 도울 수 있다.

- 좋아하는 동물의 울음소리 흉내 내어 보기
- 바람, 비, 천둥, 파도, 낙엽, 눈 등 자연이 내는 소리 흉내 내어 보기
- 손뼉 치기, 발 구르기, 배 두드리기, 손가락 튕기기 등 내 몸에서 나는 소리 만들어 보기
- 북을 쳤을 때의 느낌을 선으로 표현해 보기
- 트라이앵글을 쳤을 때의 느낌을 몸으로 표현해 보기
- 북을 쳤을 때의 느낌과 트라이앵글을 쳤을 때의 느낌을 비교해 보기

2) 리듬(Rhythm)

리듬이란 음악에 있어서 시간적 개념을 일컫는 것으로, 일정한 시간 내의 규칙적인 시간의 분할을 뜻한다(박명숙, 2000). 리듬은 음악적 소리에 대한 구성을 의미하며, 대부분의 음악에는 규칙적이고 일관성 있게 일어나는 박이 있다. 리듬은 소리의 길고 짧음으로 이루어진 묶음의 패턴이며, 박수를 길고 짧게 치면

서 '리듬'에 대한 개념을 경험할 수 있으며, 노랫말로 찬트를 하는 과정에서도 다양한 리듬을 경험해 볼 수 있다. 리듬은 박, 박자, 속도, 리듬패턴으로 구성된다.

(1) 박(Beat), 박자(Meter)

박은 규칙적인 간격을 두고 일정하게 울리는 음이며, 연속되는 박을 2, 3, 4, 6박과 같은 주기적인 반복에 의해 묶어 놓으면 박자가 된다. 이는 음악의 리듬을 이해하는 기초가 된다. 음악에 있어 박은 곡의 느낌을 다양하게 이끌어 내는데 같은 곡 중에서도 강박과 약박이 있어서 2/4박자 곡에서는 강/약으로, 3/4박자 곡에서는 강/약/약으로, 4/4박자 곡에서는 강/약/중강/약으로, 6/8박자 곡에서는 강/약/약/ 중강/약/약 등으로 나타낸다.

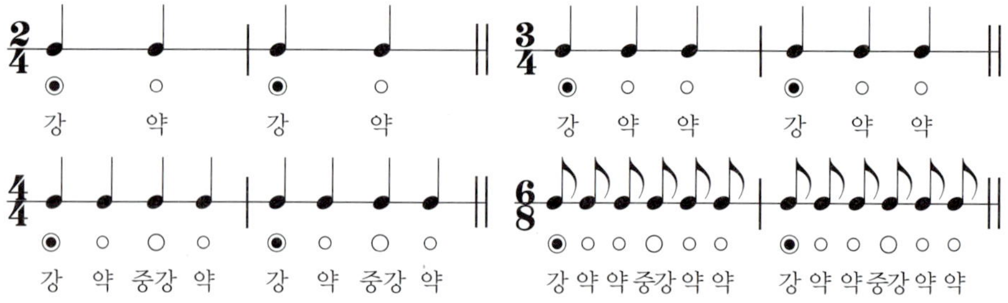

[그림 2-1] 기본 박자에서의 셈여림 진행

영유아들에게는 2/4, 4/4 박자 곡은 다른 박자에 비해 리듬이 안정되고 유아의 걸음걸이와 일치하므로 반응이 좋다. 2박자나 4박자계의 홑박자는 경쾌하고 생동감을 줄 수 있다(전인옥, 2000).

꽃을 돌봐요

박정선 작사
송지애 작곡

[그림 2-2] 예시악보 '꽃을 돌봐요'

(2) 속도(Tempo)

속도는 음악이 연주되는 빠르기, 음악의 느림과 빠름을 나타낸다. 속도의 변화는 음악의 분위기에도 영향을 주어 어떤 곡은 빠르고 신나는 느낌을 주고 어떤 곡은 느리고 조용한 느낌을 준다. 영유아는 메트로놈 바늘의 움직임과 함께 빠르기를 느낄 수 있으며, 느린 음악 또는 빠른 음악을 듣고 감상하면서 음악의 빠르기를 경험할 수 있다(곽영숙, 2010). 같은 곡이라도 기본박의 빠르기를 어떻게 정하는가에 따라 다른 느낌의 음악이 되며, 빠르기의 변화는 악곡을 다양하게 하는 역할을 한다. 느린 박자에서는 곰이 크고 둔하게 걷는 모습을 상상하게 하거나 빠른 박자에서는 다람쥐가 발 빠르고 귀엽게 움직이는 모습을 모방하게 할 수도 있고, 보폭을 좁게 자주 움직이거나 발뒤꿈치를 들어 발끝으로 사뿐사뿐 걷게 하는 활동으로 속도의 개념을 알 수 있게 한다.

- 곰처럼 느리고 둔하게 걸어보기

- 다람쥐처럼 발 빠르게 움직여보기
- 토끼처럼 깡총깡총 빠르게 뛰어보기
- 거북이처럼 엉금엉금 느리게 기어보기
- 발꿈치를 들고 나비처럼 사뿐사뿐 걸어보기
- 음악의 속도에 맞추어 리본이나 스카프 흔들어보기

속도의 개념과 관련된 기호는 <표 2-1>, <표 2-2>와 같다.

〈표 2-1〉 속도를 나타내는 기호

기호	발음(원음)	뜻
Presto	프레스토	아주 빠르게
Allegro	알레그로	빠르게
Allegreto	알레그레토	조금 빠르게
Moderato	모데라토	보통의 빠르기로
Andante	안단테	느리게
Adagio	아다지오	조금 느리게
Largo	라르고	아주 느리게

〈표 2-2〉 속도의 변화를 나타내는 기호

기호	원어	발음	뜻
rit.	ritardando	리타르단도	점점 느리게
rall.	rallentando	랄렌탄도	점점 느리게
accel.	accelerando	아첼레란도	점점 빠르게
Tempo rubato	Tempo rubato	템포 루바토	음의 길이를 줄이거나 늦추며 자유롭게
a tempo	a tempo	아 템포	본래의 빠르기로
tempo 1 (tempo primo)	tempo primo	템포 프리모	처음의 빠르기로

(3) 리듬 패턴(Rhythmic pattern)

리듬 패턴은 길고 짧은 음이 같이 묶어진 리듬의 형태이다. 영유아는 생동감 있고 경쾌한 리듬에 잘 반응한다. 연령이 어릴수록 리듬이 단순하고 반복적이며 규칙적인 박자감이 느껴지는 리듬이 좋다(황옥경, 2009). 또한 너무 긴박은 유아의 호흡조절에 무리가 따르며 너무 빠른 리듬으로 연결된 곡은 노랫말을 정확하게 표현하기 어려워 가사전달이 힘들다(최동희, 1985). 누리과정 지도서(교육과학기술부, 보건복지부, 2013)에 소개된 '선생님이 좋아서'는 4분음표와 8분음표로 구성된 단순리듬과 점 4분음표, 점 2분음표의 붓점 리듬으로 구성되어 있다.

〈선생님이 좋아서〉 노래에 사용된 리듬패턴 4가지

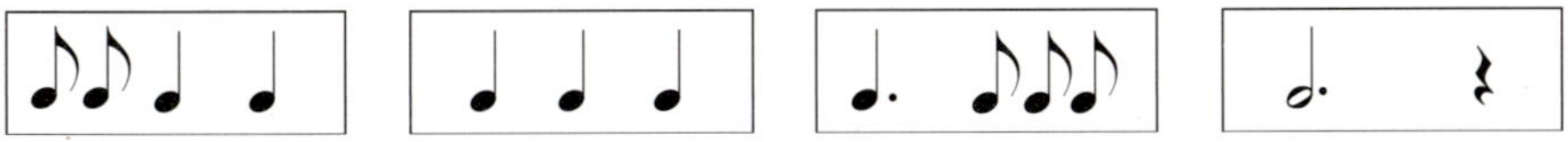

선생님이 좋아서

방은영 작사
방은영 작곡

[그림 2-3] 악보예시 '선생님이 좋아서'

3) 셈여림(Dynamics)

셈여림은 소리의 크고 작음, 세고 여림을 의미한다. 같은 높이의 음이라고 하더라도 그 음을 세게 연주하는가 여리게 연주하는가에 따라 느낌은 달라진다. 셈여림은 영유아에게 가장 먼저 나타나는 음악적 개념이다. 영유아는 태내에 있을 때부터 여러 가지 크고 작은 소리를 인지하고 소리의 강약에 다르게 반응한다. 셈여림은 악곡의 성격을 뚜렷이 해주는 표현적 요소이며, 세게 표현할 때는 동작을 크고 힘차게 하며, 여리게 표현할 때는 동작을 작고 귀엽게 한다. 그네나 시소를 이용하여 강한 음이 있을 때는 진동을 크게 하고 약한 음이 있을 때는 진동을 작게 하는 등의 활동을 통해 셈여림 개념을 발달시키도록 도울 수 있다(강신영, 2008).

- 좋아하는 동물의 울음소리를 크게, 작게 흉내 내어 보기
- 큰 소리가 날 때는 몸을 크게 움직이고 작은 소리가 날 때는 몸을 작게 움직여보기
- 점점 커지는 소리에 웅크리고 있던 몸을 서서히 활짝 펴보기
- 크게, 작게 연주되는 피아노 소리에 맞추어 발자국 소리를 크게, 작게 내어 보기
- 셈여림을 나타내는 기호에 맞추어 손뼉 치기
- 셈여림을 나타내는 기호에 맞추어 소고 연주하기

〈표 2-3〉 셈여림을 나타내는 기호

기호	발음(원음)	뜻
ff	포르테시모	아주 세게
f	포르테	세게
mf	메조포르테	조금 세게
mp	메조피아노	조금 여리게
p	피아노	여리게
pp	피아니시모	아주 여리게

기호	발음(원음)	뜻
crescendo(cresc.)	크레센도	점점 세게
decrescendo(decresce.)	데크레센도	점점 여리게
dimimuendo(dim.)	디미누엔도	점점 여리게
sfz	스포르찬도	그 음만 특히 세게
〉	악센트	

4) 음고(Pitch)

음고는 높고 낮은 음, 같고 다른 음, 제자리에 있는 음을 말한다. 올라가는 음, 내려가는 음, 높은 음, 낮은 음, 뛰어 진행하는 음, 차례로 진행하는 음 등이 있다. 영유아는 여자소프라노의 높은 소리와 남자 베이스의 낮은 소리, 바이올린의 높은 음역과 콘트라베이스의 낮은 음역의 연주 소리를 비교해 들으며 음의 높낮이에 대한 개념을 이해할 수 있다(곽영숙, 2010). 음고는 동작을 통해서도 이해할 수 있는데 높은 음은 발꿈치를 들고 키를 세우거나 손을 드는 높은 동작으로, 낮은 음은 몸을 낮춘 낮은 동작으로, 음계가 상행할 때는 앞으로 나아가고 음계가 하행할 때는 뒤로 후퇴하는 동작으로 표현할 수 있다.

- 실로폰의 같은 음 쳐보기
- 실로폰의 아래 음부터 위의 음까지, 위의 음에서 아래 음까지 순서대로 쳐보기
- 실로폰의 어떤 음에서 순서대로 올라가기, 순서대로 내려오기
- 실로폰의 어떤 음에서 두 음씩 건너뛰어 쳐보기
- 낮은 음에서 손을 무릎 아래로 내려 손뼉 치기
- 높은 음에서 손을 머리 위로 올려 손뼉 치기
- 제자리에서 통통통 뛰어보기

그냥 두고 나갔더니

김성균 작사
김성균 작곡

[그림 2-4] 예시악보 '그냥 두고 나갔더니'

5) 멜로디(Melody)

멜로디는 음의 고저와 장단이 의미 있는 방식으로 모여 서로 다른 음높이의 흐름을 나타내는 것으로, 다양한 리듬의 음이 모여서 멜로디가 된다. 멜로디는 셈여림, 리듬 그리고 높고 낮은 음이 서로 조화롭게 결합하여 나타나는 것을 말한다. 멜로디는 음높이가 있는 소리가 리듬과 짝을 이루어 반복되거나 높이가 다른 음으로 연결되어 만드는 소리의 흐름이다. 그러므로 어떤 곡의 멜로디만 들어도 그 곡이 무슨 곡인지 알아낼 수 있다. 멜로디에는 올라가는 음, 내려가는 음, 반복하는 음, 건너뛰는 음, 도약

하는 음이 다양하다. 영유아로 하여금 노래를 부르면서 멜로디의 흐름에 손가락 또는 손으로 공중에서 선율을 그려보도록 하거나 음악감상 활동에서 귀에 들리는 음악 곡조의 선율을 손으로 그려보도록 할 수 있다.

- 음악에 맞춰 스카프나 리본을 움직여 보면서 선율의 변화 경험하기
- 음의 높낮이를 제시한 그림악보를 통해 시각적으로 음높이 탐색하기
- 노래를 부르면서 도화지에 멜로디의 흐름 그려보기
- 멜로디를 듣고 노래제목 알아맞히기
- 가사를 '음', '아', '우' 등 한 소리로 바꾸어 노래 부르기

6) 화음(Harmony)

화음이란 높이가 다른 2개 이상의 음이 동시에 울리는 음악적 현상을 말하며, 각기 다른 음성과 음성, 악기와 악기, 악기와 음성이 동시에 소리를 냄으로써 만들어진다(류경화, 1998). 화음에는 멜로디만으로 이루어진 것, 화음반주를 가진 것, 여러 멜로디가 어우러져 화음을 이루는 것이 있으며, 대개 2부나 3부 합창에서 사용된다. 영유아들은 화음을 정확한 음정으로 노래하는 것이 어려우므로 음악감상 활동을 통해 자연스럽게 화음을 접하게 한다. 또한 화음은 멜로디의 반주로도 사용되는데 영유아에게 두 개의 두드리는 막대와 실로폰, 스텝벨, 공명별, 멜로디 종과 같은 악기를 주고 화음을 낼 수 있는 실험 기회를 주거나, 피아노로 두 개 이상의 음이 동시에 나는 화음을 연주해보게 하거나, 단음으로 연주하는 경우와 반주를 붙여 연주하는 경우를 비교하게 하여 악곡의 표현이 얼마나 풍부하게 나타나는가를 경험하게 함으로써 화음 개념을 발달시킬 수 있다(한희승, 2010).

- 친구들과 핸드벨을 이용하여 화음 연주해 보기
- 실로폰으로 양손에 채를 쥐고 다른 음을 동시에 쳐 보기

- 여러 성부가 동시에 연주되는 합창곡 감상하기
- 여러 악기가 동시에 연주되는 기악곡 감상하기
- 두 단어를 미와 솔로 동시에 말하여 두 단어 맞추기 게임하기

〈표 2-4〉 기본화음의 구성

이름	기호	장조	단조
으뜸화음	I	도 미 솔	라 도 미
버금딸림화음	IV	파 라 도	레 파 라
딸림화음	V	솔 시 레	미 솔 시

7) 형식(Form)

형식은 리듬, 멜로디, 화음, 음색, 강약 등 음악을 구성하는 요소들이 전체적으로 배열되고 조직을 이루는 것이다. 형식은 영유아에게 쉽게 이해되는 개념이 아니며, 신체표현이나 율동을 통해 이해를 도울 수 있다(박명숙, 2000). 음악은 형식을 통해 통일성과 다양성을 도모하게 된다. 같은 요소의 반복으로 통일성이 생기고 다른 요소가 포함되어 다양성이 나타난다(김혜원, 장예원, 1999). 영유아의 노래는 주로 한도막(8마디), 두도막(16마디), 세도막(24마디), 작은 세도막(12마디)의 형식을 취한다(임혜정, 2004). 3세아의 경우는 8~16마디 정도가 적당하며 5세아는 24마디까지 확대될 수 있다. 유아에게 적합한 노래 길이는 8~12마디이다(이기숙, 2008).

- 노래에서 앞부분, 중간부분, 끝부분 찾아보기
- 긴 노래와 짧은 노래 찾아보기
- 같은 노래에서 반복되는 부분 찾아보기

〈표 2-5〉 악곡의 구성요소

마디	악곡의 구성요소 / 형식
2마디	동기
4마디	작은악절
8마디(4 * 4)	큰악절 / 한도막형식
12마디(4 * 4 * 4)	작은 세도막형식
16마디(8 * 8)	두도막형식
24마디(8 * 8 * 8)	세도막형식

* 음악의 가장 작은 단위는 1마디

2. 음악성 발달

영유아는 음악을 듣고 본능적으로 움직이고 흥얼거리며 노래하고 소리 만들기를 즐거워한다. 영유아는 일상생활 속에서 자연스럽게 음악을 접하면서 느끼고 음악을 통해 생각과 감정을 표현해보면서 자신의 음악성을 계발해나간다. 영유아에게 적합한 음악교육 환경을 조성하기 위해 영유아의 음악성 발달 특성과 음악성 발달 단계를 살펴보면 다음과 같다.

1) 음악성 발달 특성

인간은 누구나 음악성을 가지고 태어난다(장기범, 1989). 음악성이란 타고난 음악적인 감성과 소질을 의미하며, 음악을 듣고 이해하고, 음악의 아름다움을 감상할 수 있고, 더 나아가 음악적 표현을 가능하게 할 수 있는 능력이다. 따라서 음악적 능력, 음악적 재능, 음악적 소질 등을 포괄하는 상위개념이다(방은영, 2008). 음악성은 음악 능력과 그에 대한 가능성을 총합한 것으로 음악의 감상, 표현, 이해 등과 같은 여러 음악적 행위능력의 통합을 의미한다(Mursell, 1987).

음악성은 음을 감각적으로 지각하고 반응하는 동시에 지적으로 이해하고 분석할 수 있고 음을 창조할 수 있는 종합적인 음악능력이다(성경희, 1998).

인간은 누구나 다 음악성을 지니고 태어나지만 개인마다 차이가 있으며, 개개인의 음악성의 차이는 질의 차이가 아니라 정도의 차이이다(장기범, 1989). 선천적으로 타고나는 음악성은 사람마다 각각 다르며 선천적인 것 이상으로 후천적인 환경적 요소가 중요하므로 영유아기 음악적 환경이 중요하다(Gordon, 1990).

음악성 발달은 만 3세 이전에 거의 결정되며, 3세부터 7세까지 음악적 능력이 집중적으로 발달된다(김정화, 전영애, 2007; Reimer, 2003). Gordon(1993)은 음악성의 발달을 유동적 단계와 고정적 단계로 구분하였는데 0~9세까지의 유동적 단계는 음악성이 어느 정도 환경에 의해 변화될 수 있는가의 가변적 시기이며, 9세 이후의 고정적 단계는 음악적 환경에 의해 음악성의 수준이 향상될 수 없는 단계라고 하였다. 따라서 영유아기에 음악성 계발을 위한 노력이 필요하며, 영유아기의 질 높은 음악적 환경과 음악활동 경험은 영유아의 음악적 잠재능력의 발달에 중요한 역할을 한다는 것을 알 수 있다. 영유아의 음악적 환경과 음악활동 경험을 제공하기 위한 영유아기의 음악적 발달 특성을 살펴보면 다음과 같다(김혜경, 2009; 안재신, 2004).

- 영유아는 본능적으로 음을 만들어낼 수 있는 능력이 있다. 특히, 자기 주변에 있는 모든 물체의 소리를 음으로 만들어 내는 능력을 지니고 있다.
- 영유아는 음향환경, 소리의 변화에 민감하다. 새로운 소리, 평범하지 않은 소리는 영유아의 관심을 끈다. 영유아들은 대개 부드러운 고음을 선호한다.
- 영유아는 리듬패턴의 변화뿐만 아니라 빠르기와 박자의 변화에도 반응한다. 빠르기와 박자의 변화는 유아의 심장박동에 변화를 주는 것으로 나타났다.
- 영유아는 일종의 창작행위로 볼 수 있는 옹알이 내지는 자발적인 노래 부르기를 좋아한다. 영유아는 본능적으로 흥얼거리고 노래하며 소리내기를 좋아한다.

- 영유아는 음악에 맞추어 몸을 흔들거나 춤추기를 좋아한다.
- 영유아는 모방을 통해 노래를 배우고 기억하게 되며 선율적, 화성적인 곡보다는 리듬이 있는 곡에 더 관심을 갖는다.
- 영유아는 함께 노래 부르는 일을 어려워하고, 너무 높거나 낮거나 빠른 곡을 잘 부르지 못한다.
- 영유아는 귀로 듣고 기억하기를 좋아하고 단음으로 반주해야 잘 알아듣고, 흥미를 유발하지 않는 노래는 싫어하며 오랜 시간 동안 앉아서 음악을 듣지 못한다.
- 영유아기는 타악기에 대해 흥미가 집중되는 시기이며, 여러 악기의 특징적인 음색 자체에 호기심을 갖는다. 따라서 악기를 만지고 치고 두드려보며 자유롭게 악기를 울려보면서 소리를 탐색한다.
- 영유아기에는 음악을 좋아하고 음악에 대한 소질이 있어도 그 차이가 뚜렷이 나타나지 않는다. 박자, 리듬, 음정 등이 확실하지 않다.

이러한 영유아기의 음악성 발달특성을 파악하고, 영유아에게 맞는 올바른 지도와 질 높은 음악적 경험과 환경을 제공해주어 잠재된 영유아의 음악성을 계발시켜 주어야 한다.

2) 음악성 발달 단계

영유아의 음악성 발달은 연령별 발달수준에 의존한다. 인간은 누구나 음악적 소질을 가지고 태어난다 하더라도 환경과 교육에 의해 개발되지 않는다면 음악적 능력의 성장은 기대할 수 없다. 영유아기의 음악적 능력의 성장은 직접적이고 다양한 경험과 같은 후천적인 환경에 의해서도 영향을 받으므로 영유아가 다양한 음악적 경험을 통해 소리를 탐색하고 음악을 표현할 수 있는 기회를 통해 음악을 사랑하고 즐기며 긍정적인 음악적 능력을 가질 수 있도록 질 높은 음악교육환경을 제공해 주어야 한다. 영유아에게 적합한 음악환경 제공 및 교육을 위해 영유아의 음악성 발달단계를 세분화하여 살펴보면 다음과 같다.

(1) 태아기

헝가리의 음악교육학자인 코다이(Kodály)는 "진정한 음악교육은 영유아가 태어나기 9개월 전부터 시작된다."라고 말함으로써 어머니의 자궁에 태아가 생명의 씨앗으로 안착되는 그 순간부터 음악적 성장이 이루어진다고 하였다(김정화, 전영애, 2007). 또한 어머니의 음악적 성향에 따라 태아의 음악적 수용 및 발달은 달라질 수 있는데, 음악적인 소양이 있는 어머니의 몸에 안착된 태아는 10개월간 훌륭한 음악적 환경에서 풍부한 음악 경험을 하게 될 것이고 음악에 관심이 없거나 음악을 좋아하지 않는 어머니의 몸에서 10개월간 지낸 태아는 무미건조한 태내 생활 속에서 음악적인 발달을 할 수 없을 것이다. 그만큼 태내환경이 한 인간의 음악성 발달을 좌우한다고도 할 수 있다.

이 시기에는 뱃속에 있는 태아의 생활리듬을 고려하여 경쾌하거나 편안한 음악 혹은 부드러운 어머니의 자장가를 들려준다. 사랑을 담은 다정한 목소리로 말을 걸어주는 것도 훌륭한 음악적 환경을 제공하는 것이다.

(2) 0 ~ 1세

갓 태어난 아기는 울음으로 자신을 표현하고 주변 소리의 감각적인 자극에 반응한다. 영아는 어머니의 음성이나 덜컥거리는 소리 등에 반응을 보임으로써 소리를 구별하기 시작하고 곧 주위에서 들리는 소리를 흉내 내기도 한다. 소리를 듣고 다시 소리를 만들어 내는 것은 영아기의 매우 중요한 음악활동이다.

생후 1주일이 되면 영아는 이미 소리에 대한 반응을 나타낸다. 생후 2개월 동안의 영아는 소리 나는 방향에 민감한 반응을 보이며, 주변의 소리를 구별해내는 음색에 대한 청감각이 있다. 2개월에서 4개월에는 쿠잉, 옹알이 등의 소리를 내며 부드러운 소리와 사람의 목소리에 민감하게 반응한다. 생후 2개월 된 영아는 어머니가 부르는 노래의 선율, 강약, 윤곽 등을 알며, 생후 4개월 된 아기는 리듬 구조를 이해하는 것으로 보인다(Campbell & Scott-Kassner, 2006). 생후 5개월 때부터 영아는 항상 들어왔던 선율의 윤곽이 바뀌게 될 경우 이것을 알아차린다(정진원, 2008). 여덟 개의 음으로 된 선율에서 여덟 개 음 사이의 간격이 바뀔 때 아기의 심장박동 변화가 나타났다. 생후 6개월 된 아기는 짧은 훈련 기간을 통하여 자기가 들은 음정을 정확하게 다시 노래할 수 있으므로 아기에게 노래 부르기를 가르칠 수 있다(Kenney, S., 1997). 생후 6개월에서 1년 동안에는 소근육이 발달하는 시기로 주위 사람들에 의해 영아에게 제공된 소리가 나는 물건들을 스스로 가지고 놀 수 있으며, 다양한 소리의 변화를 식별할 수 있다. 7개월 된 아기들은 익숙해진 선율의 윤곽과 리듬패턴이 바뀔 때 아기의 심장박동이 빨라지는 반응이 나타났다.

이 시기의 영아에게 클래식 음악을 자주 들려주는 것이 좋다. 특히 노랫말이 없는 클래식 음악은 상상력을 자극하기 때문에 좋다. 또한 영아가 옹알이를 할 때 적극적으로 응답해 주어야 하며 영아에게 양질의 소리를 많이 제공해 줌으로써 음감을 발달시킬 수 있다.

(3) 1세

1세가 되면 걷고 말하기 시작한다. 사람들이 말하는 것을 몇 마디 알아듣고 이해하면서 엄마, 아빠 등을 말하기도 하고 자발적으로 노래 부르기를 시작한다. 리듬과 높낮이를 이용한 옹알이를 하기도 하고 들려오는 노래에서 간단한 음의 고저를 비슷하게 따라 한다. 음악에 맞춰 움직이지만 꼭 박자와 동시에 움직이는 것은 아니다. 음악이 나올 때 스스로 흥에 겨워서 몸을 흔들기는 해도 음악의 리듬이나 박자와는 전혀 무관하게 표현한다. 1세 영아의 자발적 노래는 모음의 지속이나 규칙적인 시간 구성면에서 말과 다르다.

음악의 3요소인 '리듬, 가락, 화음' 중 리듬이 가장 먼저 발달된다. 영아들은 리듬악기를 사용해 박자를 연주할 수 있다. 그러나 아주 완벽한 박자를 연주할 정도로 아직 음악에 맞춰 연주하지는 못한다. 가끔 음악을 들으면서 춤을 추기도 한다. 또한 무의미한 음절을 사용해서 흥얼거리기도 하나 아직 정확하게 노래를 부르지는 못한다. 사람의 목소리에 귀를 기울여 듣고 자신이 듣는 음악에 맞추어 아직 서투르지만 리듬감 있게 몸동작을 시도한다. 놀이를 할 때 노래하거나 웅얼거리며 목소리를 통제한다. 단순한 멜로디 악기나 목소리를 사용하여 선율을 만들기도 한다. 또한 자발적으로 노래를 부르기 시작하는데 음높이를 표현하나 노랫말을 동반하지 않는다(안경숙, 김소향, 2006).

18개월이 되면 영아들의 음악생활은 중요한 변화를 보인다. 이들은 처음으로 2도, 단 3도, 장 3도, 완전 4도 등과 같이 다양하고 좁은 간격의 정확한 음정을 구사하기 시작한다. 이들은 받아 적기에 어려운 즉흥적인 노래를 만들어 내고, 주위에서 흔히 듣는 노래의 특징적인 부분을 흥얼거린다(Campbell & Scott-Kassner, 2006).

이 시기의 영아는 리듬 발달에 치중하여야 한다. 다양한 도구를 두드려 보는 경험, 두드리면서 리듬을 느끼는 경험 등을 제공해 주어야 하며 리드미컬한 언어, 대비를 이루는 색상, 자연 속으로의 나들이, 적절한 몸놀림, 위험하지 않은 냄비, 주전자, 컵 등으로 영아들의 눈높이에 맞게 소리 만들기 환경을 제공해 주어야 한다.

(4) 2세

2세 영아는 노랫소리를 가다듬기 시작한다. 들려오는 노래에서 간단한 음의 고저를 비슷하게 따라 한다. 또한 음악의 박자에 맞추어 손뼉을 치거나 악기를 연주하려고 애쓴다. 근육의 움직임이 가능하게 되므로 실로폰 같은 악기를 다룰 수 있게 된다. 노래를 완전히 부르지는 못하지만 노래 듣기를 즐기고 가족을 위해 노래를 자발적으로 부르려 한다. 점차 음의 높낮이뿐만 아니라 음의 부드러움과 시끄러움을 분간할 수 있게 된다. 음악의 리듬에 몸동작을 조화시키기 시작하므로 이 시기에는 신체적인 움직임을 유발하는 노래들이 특히 좋다. 창의력과 상상력이 높은 시기로 자신의 목소리나 실로폰 같은 멜로디 악기를 이용하여 곡조를 만들어 볼 수 있다.

2세 영아의 자발적인 노래는 더욱 길어지고 음정을 조직화하려는 경향이 나타난다. 노래의 형식이 점차 일관성을 띠게 된다. 이 시기의 영아들은 녹음기와 악기에 흥미를 보이며 특별한 목적 없이 노래를 부른다. 또한 끝나는 느낌 없이 계속될 수도 있고 노래를 끝내는 지점도 마음대로 결정한다. CD 플레이어나 피아노, 벨, 실로폰 등을 사용하여 리듬이나 멜로디에 맞추어 흔들고 뛰기를 좋아한다.

2년 6개월이 되면 영아들은 주위에서 들었던 노래의 일부분을 모방하기 시작한다. 어떤 선율의 한 개 내지 두 개의 악구를 다시 부를 수 있는 능력이 나타난다. 하지만, 이때에도 선율의 음높이는 일반적으로 불안정하다. 이 시기의 영아들은 단 3도 하강하는 선율 유형을 즐겨 사용한다(Anderess, 1998). 근육의 협응이 가능하게 되므로 실로폰 같은 악기를 다룰 수 있게 된다. 실로폰, 드럼, 탬버린, 리듬판, 리듬 막대, 샌드블록, 마라카스와 같은 악기의 소리에 관심을 보인다(McDonald, 1991).

이 시기는 영아의 언어 구사력을 돕기 위해 노래를 많이 들려주어야 하며 양질의 노래와 영아가 흥미로워하는 음악을 들려주고 가족들과 함께 노래 부르는 기회를 제공하는 것이 바람직하다.

(5) 3세

3세는 음악성이 뚜렷하게 발달하는 시기로 음악적 능력을 발휘한다. 이 시기부터는 유아가 음악적인 성향이 있는지 비음악적인지 대체로 드러난다. 간단한 노래를 부를 수 있게 되고, 노래들의 노랫말을 읊조리며, 자발적인 노래 부르기의 기술이 점점 더 길어진다. 간단한 리듬패턴에 맞추어 손뼉을 칠 수 있고 간단한 노래 게임의 규칙들과 동작들을 따라 할 수 있으며, 음악의 박자에 맞추어 율동할 수 있는 능력이 향상된다. 또한 자신의 목소리나 악기를 사용해서 자신의 음악을 창조해 내는 데 강한 흥미를 보이기도 한다. 또 몸동작을 통해서 크다, 작다, 빠르다, 느리다 등의 음악적 요소들을 구체화하기 시작한다(Greata, 2006).

단순한 프레이즈로 된 노래를 부르는 것은 물론이고 음역이 2~3도인 것은 쉽게 부르며 점차 더 넓은 음역을 사용한다(Greenberg, 1979). 3세 유아들은 바이올린, 클라리넷, 첼로, 플루트, 비올라의 음색을 구별할 수 있다. 이 시기에는 모든 소리를 흡수하고 받아들인다. 박자에 관해서는 느린 박보다는 빠른 박의 기본 박을 더 쉽게 따라 하는 경향이 있다. 음악에 맞추어 적절하게 자유로운 신체적 표현을 하게 되며 반복되는 단어를 사용한 노래를 통해 어휘를 습득한다. 다른 유아와 함께 노래 부르기를 좋아하며 리듬악기를 다룰 수 있는 운동기능이 발달한다. 다른 사람의 도움 없이 두 줄 정도의 짧은 노래를 지을 수 있다. 손가락이 정교해져서 피아노 건반을 가리킬 수 있고 피아노 연주 모습을 흉내 낼 수 있다. 타악기나 주변의 물건을 이용하여 리듬, 강약, 속도를 만든다. 친숙한 곡에 맞추어 흔들고 동작하기를 좋아하거나 벨, 실로폰 등을 계속적으로 소리 내며 놀이를 즐긴다.

이 시기에는 언어적 능력이 발달하여 동요의 내용에 어울리는 동작을 이끌어 낼 수 있다. 유아가 생활의 즐거움과 심미감을 음악을 통해 느끼고 표현할 수 있도록 도와준다.

(6) 4세

4세는 음역이 확장되고 리듬과 어휘력이 향상되어 다양한 목소리로 노래 부르는 것이 가능하다. 노래 전체를 부르고 리듬과 음의 고저를 더욱 정확히 사용한다. 이 시기의 유아는 악기를 소리의 유형(울리는 소리, 나무로 만든 것의 소리, 덜거덕거리는 소리), 소리의 길이(길고 짧음), 연주기술(흔들고, 긁고, 때리는 등) 등으로 범주화할 수 있게 된다. 대부분의 리듬악기를 잘 다룰 수 있게 되며 자기 자신의 신체를 이용해서 음악을 표현하는 등 보다 풍부한 음악적 표현을 나타낸다. 또한 이미 잘 알려진 노래와 매우 흡사한 자신의 '독창적인 노래'를 지어 부르며 조성관계, 특히 단 3도에 대한 인식이 두드러지게 나타난다(Campbell & Scott-Kassner, 2006).

4세 무렵에는 어휘수가 많이 개발되는 시기이므로 손유희, 이야기, 동시, 동요를 이용해서 동작을 이끌어 낼 수 있다. 4세 중반 이후 음악을 주의 깊게 듣는 습관을 기르고 다양한 악기 소리를 구별하거나 전체적인 음악의 느낌 등을 이해하는 훈련이 가능하다. 4세에는 친구들과 같이 놀 수 있게 되면서 사회적인 행동을 보이기 시작하기 때문에 그룹에서의 음악활동에 참여하는 것이 중요하다. 그룹 음악활동에 참여함으로써 이 시기의 유아는 다른 유아들이 부르는 노래의 음에 맞추어 노래할 수 있게 되며 음정을 맞추는 것이 가능하게 된다(방은영, 2008).

> 이 시기에는 반복하는 노래, 함께 부르는 노래 등 함께 즐겁게 노래하는 경험을 제공한다. 청음 능력이 활짝 열리는 4세 시기에는 음감을 기르는 데 도움이 될 수 있도록 현악기와 건반악기 소리를 경험하도록 지도한다.

(7) 5세

5세 유아는 음악개념의 요소에 대한 변별력이 증가하고, 이에 따른 음악표현, 확장된 어휘나 음역, 리듬감각이 유아로 하여금 다양한 목소리로 노래 부르는 것을 가능하게 하며, 노래를 부르면서 손뼉 치기, 춤추기와 같은 신체적인 움직임을 동반할 수 있게 된다. 5세가 되면 손가락 운동이 자유로워진다. 양손이 다르게 움직일 수 있기에 피아노 양손연습이 가능하며 간단한 화음도 연주할 수 있다.

5세 유아는 자신이 좋아하는 노래를 갖게 된다. 이 시기의 유아들은 조와 중심음의 변화에 대한 감각을 갖게 되며 노래 부르는 음높이도 훨씬 안정감이 있다. 즉, 한 곡을 끝낼 때까지 일관된 조성을 유지하는 능력을 갖게 되며 음정에 대한 기억력의 발달로 음정을 비교적 정확하게 구사할 수 있게 된다(정진원, 2008). 또한 친숙한 음악에 대해 음악만 듣고도 무슨 음악인지 재확인할 수 있게 되며 유아들은 음색이나 노랫말과 상관없이 음의 높낮이와 리듬에 의해 선율을 식별하는 능력을 갖추기 시작한다. 동일한 노래를 다른 속도와 다른 음높이로 부를 수 있다(Anderess, 1998). 리듬과 노래를 좋아하고 음악에 맞추어 움직이거나 리듬 게임, 율동하기 등을 즐긴다(김혜경, 2009).

이 시기에는 함께 노래 부르거나 더불어 연주할 수 있으며, 함께 어울려 노래극을 할 수 있다. 음악 감상을 할 때도 교향곡이나 오페라 합창 등의 단편을 시청각 자료로 보여 주거나 들려줌으로써 서로의 감상에 대해 이야기 나눌 수 있다.

3. 영유아 음악교육의 접근법

[그림 2-5] 코다이

1) 코다이 음악교수법

코다이(Zoltan Kodály, 1982~1967, 헝가리)는 음악교육을 통해 영유아들에게 음악을 읽고 쓰고 생각할 수 있는 능력, 음악적 문해 능력(musical literacy)을 길러줌으로써 영유아들이 음악을 통해 창조적이고 풍부한 삶을 영위할 수 있게 하며, 더 나아가 바람직한 민족문화를 창건할 수 있도록 이끌어야 한다고 했다.

(1) 코다이 음악교육의 목적

코다이는 영유아의 성장 단계를 고려한 체계적인 학습 원리를 바탕으로 하는 음악교육을 실현하고자 하였다. 코다이가 지향한 음악교육의 목적은 다음과 같다.

- 말하기, 신체표현, 노래 부르기, 노래 게임 등을 통하여 흐름결의 감각을 기르고 듣고 부르기와 보고 부르기를 통하여 가락에 대한 감각을 기름으로써 영유아의 타고난 음악성을 최대한 계발한다.
- 독보와 기보 능력을 길러 음악적 언어를 이해하고 사용할 수 있도록 하며 마음으로 노래 부르기와 손 신호 학습을 통하여 내청력(inner hearing ability)을 기른다.
- 익숙한 노래를 바탕으로 흐름결 및 가락을 즉흥적으로 만들어 표현하는 능력을 기른다.
- 민요와 예술가곡을 통하여 음악의 형식을 이해하게 하고 음악적 문화유산을 이해하게 한다.
- 위대한 예술작품을 감상하고 연주하고 분석·연구함으로써 음악을 이해하고 사랑하는 마음을 갖도록 한다.

(2) 코다이 음악교육 철학과 원리

코다이가 음악 지도 전반에 걸쳐 적용한 원리는 '음악의 모든 요소의 개념과 기능을 체계적으로 조직하고 그것을 영유아의 신체적·음악적 성장 단계에 적절하게 체험하도록 제공하는 것'이었다. 코다이 음악교육 접근법은 약 60여 년에 걸친 코다이와 그의 동료 및 제자들의 결실로 코다이의 음악교육 철학은 다음과 같다(강문진, 2009; 조홍기, 2004).

① 음악교육의 보편성

음악은 모든 영유아의 것이다. 음악은 소수 상류계층의 전유물이 아니라 모든 사람의 것이다. 그는 헝가리의 모든 영유아에게 독보와 기보 능력을 길러 주는 데 힘썼으며 새로운 시창 지도방법을 창안하였다.

② 음악교육의 당위성

독보, 기보 및 음악 감상 등의 음악 지식은 영유아의 권리이다. 문맹이 퇴치되어야 문화수준이 향상될 수 있듯이 음악적 무식이 불식되어야 음악문화가 고도로 발달될 수 있다. 음악은 인류문화의 불가결한 부분이며 음악적 요소를 결여한 인간의 교양은 불완전한 것이다.

③ 조기교육의 필요성

음악교육은 조기에 시작되어야 한다. 코다이는 몇 세에 음악교육을 시작해야 하는가라는 질문에 '태어나기 아홉 달 전부터'라고 답하였다. 그는 영유아는 취학 전 시기에 이미 음악적 영향을 많이 받기 때문에 학교에서 음악교육을 시작하는 것은 너무 늦으며 만일 영유아기에 이러한 음악교육의 기회를 갖지 못한다면 평생 회복하지 못한다고 하였다. 그는 특히 '세 살부터 일곱 살까지가 음악교육에 있어서 가장 중요한 시기'라고 보았다.

④ 성악교육의 우선성

음악학습은 영유아의 생래적 악기인 목소리로 노래 부르기에서부터 시작되어야 한다. 목소리는 모든 사람에게 주어진 자연적인 악기이며 노래를 부르고 싶은 것은 자연스런 욕구이다. 영유아 음악교육은 노래 부르기로 시작하는 것이 효과적이며 독창보다 함께 부르는 합창을 강조하였다.

⑤ 민요와 모국어와의 긴밀성

음악언어는 모국어를 배우듯이 익혀져야 한다. 영아가 처음 말을 배울 때는 엄마의 말을 그대로 모방하면서 시작되듯이 음악도 모국 민요 등을 익힘으로써 자연스럽게 시작된다.

⑥ 민요의 가치성

한 민족이 가지고 있는 민요와 예술가곡이라는 문화유산은 음악학습을 시작할 때 자연스러운 발판이 된다.

⑦ 음악 경험의 일상성

음악은 영유아에게 일상적인 경험이어야 한다. 특별한 교과나 시간에 한정된 것이 아니라 영유아의 일상생활 속에서 자연스럽게 다양한 경험이 이루어져야 한다.

⑧ 음악교재의 선별성

음악교육에는 반드시 양질의 음악이 사용되어야 하며 주제, 소재, 내용과 유기적으로 연계되는 음악이 선별되어야 한다.

⑨ 영유아 교사의 음악적 자질 및 사명감

음악적 자질을 갖고 훈련된 사람만이 훌륭한 음악교사가 될 수 있다. 훌륭한 교사는 잘 훈련된 귀, 잘 훈련된 지식, 잘 훈련된 마음, 잘 훈련된 손을 가지고 있어야 하며 지속적으로 질적 성장해야 한다고 하였다.

(3) 코다이의 음악 지도법

① 음가와 음절에 의한 흐름결 지도

기본박의 길이를 기준으로 하여 음표 및 쉼표의 길이를 파악하고 표현하는 학습과 흐름결 꼴을 익히는 학습이 중요시된다. 코다이의 리듬 기보법은 아래와 같으며 그는 음표들을 결합하여 간단한 리듬패턴을 만들고 이를 리듬음절로 사용하여 영창조로 읽도록 한다.

리듬 기보법								
리듬 음절	ta	ti, ti	ta, ti	ta-a	tri-ple-ti	ti, ti-ri	ti-ri, ti	ti-di-ti-di

[그림 2-6] 코다이 리듬 기보법 및 코다이 리듬음절

② 계이름으로 노래 부르기 지도

코다이에게 있어서 계이름으로 노래 부르기는 음악을 읽고 쓰는 기초이다. 그는 노래를 부르는 데 있어서 고정도법보다는 이동도법(moveable-do system)이 더 수월하다고 보아 계이름의 첫 자를 사용하여 어린 연령에서도 계명창이 가능하도록 지도하였다.

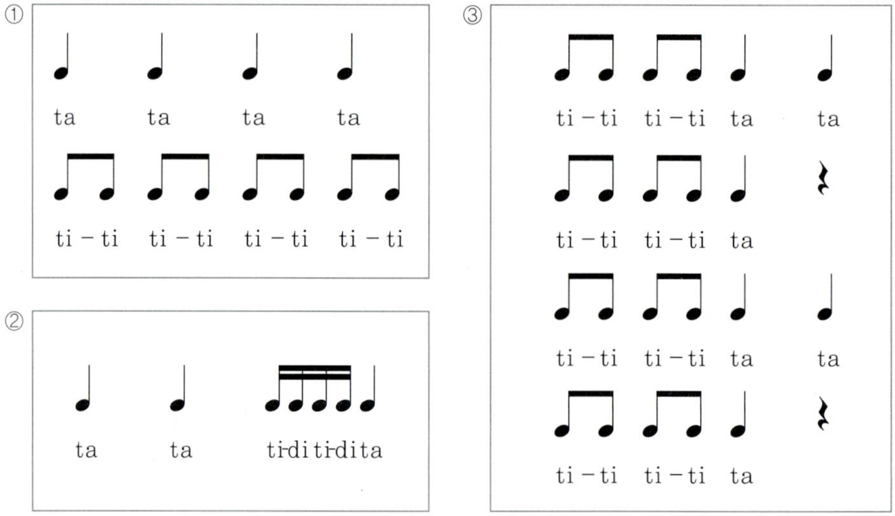

[그림 2-7] 코다이 기보 및 음절의 예

③ 손 신호방법과 계이름으로 부르기의 병행

코다이는 가락의 지도에서 손 신호(hand sign)방법을 사용함으로써 계이름으로 부르는 능력과 내청 능력을 동시에 기르고자 한다. 이 방법은 가락을 공간 속에서 표현한다는 특별한 의미를 가진다. 손의 위치와 모양, 시간에 따른 변화에 따라 음의 높이와 길이까지도 나타내는 손 신호의 체험은 가락의 흐름결을 이루는 각 음과 악보가 상징하는 것을 이해하도록 돕는다. 또한 손 신호를 보면서 실제 소리 없이도 소리를 떠올리는 내청 능력이 향상될 수 있다.

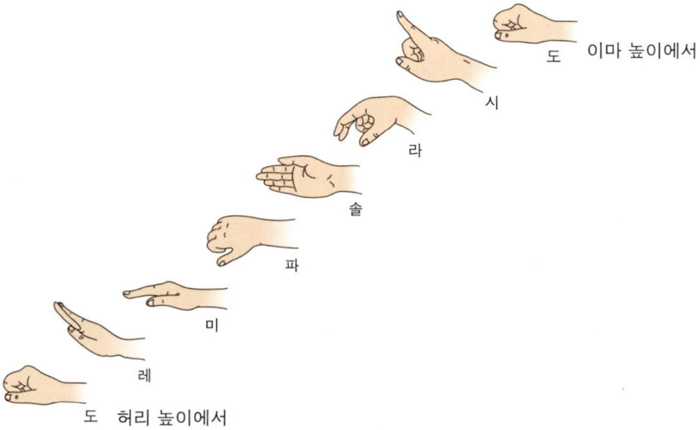

[그림 2-8] 코다이 손 신호

2) 달크로즈 음악교수법

달크로즈(Emile Jaques Dalcroze, 1865~1950, 스위스)는 스위스의 작곡가 겸 지휘자, 피아니스트이며 음악교육자로 활동하였다. 그는 인간은 태어날 때부터 음악적 재능을 갖고 있으며 신체적으로 음악적 리듬을 지니고 태어난다고 생각하였다. 따라서 음악적 잠재력을 최대로 계발하고 발전시키기 위하여 음악과 신체표현이 절대적으로 결합되어야 한다고 주장하였다.

[그림 2-9] 달크로즈

(1) 달크로즈 음악교육의 목적

달크로즈는 인간의 집중력, 반사 능력, 심신의 조화, 기억력 등을 신장시키는 데 음악이 효과적이며 이상적인 인격 형성을 위하여 음악교육이 필요하다고 보았다. 효과적인 음악교육이란 어려서부터 들어서 익숙한 가락을 적절한 신체표현을 통하여 훈련시킴으로써 청감각을 발달시키고 발달된 미적 감각을 궁극적으로는 정확한 연주로 이어주는 과정이라고 보았다.

(2) 달크로즈 음악교육 철학과 원리

음악의 원천은 인간의 감정이며 우리 몸의 각 부분은 이를 감지하여 몸의 움직임으로 표현하는데, 이는 근육의 긴장과 이완작용의 결과라고 보았다. 따라서 달크로즈는 음악예술의 기초는 인간의 감정이며, 영유아가 음악을 이해하도록 하기 위하여 귀로 듣고 마음으로 느끼며 소리 내는 법의 훈련만으로 충분하지 않고 몸 전체로 표현해야 한다고 보았다. 즉, 음악을 공부하기 위해 가장 먼저 연습해야 할 악기는 신체라고 보았다. 그의 음악교육 철학과 원리는 다음과 같다.

- 음악은 지적보다는 감각적으로 접근되어야 한다.
- 음악적 생각이나 느낌은 신체를 통하여 표현되어야 하고 신체의 주된 부분인 감각기관의 발달을 꾀하는 것이 중요하다.
- 듣기훈련이 모든 음악학습에 있어서 우선되어야 한다.
- 개개인의 개성과 독창성을 중시해야 한다.
- 영유아의 음악적 경험은 단계적으로 이루어져야 한다. 그러므로 리듬 경험과 청각훈련이 이루어진 후에 악기 연주를 배우는 것이 좋다.
- 음악의 기본 요소인 리듬, 가락, 화음, 셈여림, 형식 등에 대한 이해는 신체 표현을 통하여 이루어지는 것이 좋다.

(3) 달크로즈 음악 지도법

① 유리드믹스(Eurhythmics)

유리드믹스(Eurhythmics)란 Eu(good)와 rhythm을 결합한 것으로 리듬(rhythm)이 음악을 구성하는 가장 근본적인 요소이며 음악적 리듬은 인간의 신체적 리듬에서 기인한다는 것이다. 유리드믹스는 음악을 들으면서 음악의 리듬에서 느껴지는 이미지나 아이디어를 몸동작으로 표현하는 활동이다. 달크로즈는 몸을 하나의 악기로 보고 신체동작을 통해 음악을 표현함으로써 여러 가지 음악적 개념을 형성하고자 한다.

② 솔페이지(solfege)

솔페이지는 '계이름으로 노래 부르기'라는 의미이다. 달크로즈는 계이름으로 노래를 부름으로써 음의 높낮이를 분별하고 음들 간의 관계를 파악하는 능력이 생긴다고 믿었다. 달크로즈는 솔페이지를 통하여 내청(inner hearing)과 음형(tonal pattern)의 기억 능력이 발달되기에 기보법을 배우기 전에 솔페이지 활동이 먼저 이루어져야 한다고 주장한다. 음악교육에 있어서 바람직한 절차는 음악을 듣고 그에 따른 신체반응을 해 보고 소리 내는 과정의 활동을 거친 뒤 악보 읽기와 쓰기가 도입되어야 한다는 것이다. 특히 어린 연령의 영유아에게는 솔페이지 활동 시 음의 높낮이에 따라 동작을 결합시켜 쉽게 이해하도록 한다.

달크로즈는 고정도법(fixed do), 즉 조성에 관계없이 C음을 항상 '도'로 읽는 방법에 의한 보고 부르기 방법을 권장하였으며, 이는 절대음감을 습득하게 하고자 한 것이다.

③ 즉흥연주

즉흥연주는 표현하고자 하는 의도를 목소리와 동작, 악기 등을 이용하여 음악적으로 나타내는 창의적인 표현과정이다. 즉흥연주는 음의 장단, 빠르기 등의 리듬과 관련된 요소와 음높이, 화음 등의 음향과 관련된 요소들을 창의적으로 결합, 표현하는 능력을 기르기 위한 것으로 모든 음악활동의 통합이라 할 수 있다.

달크로즈는 피아노가 즉흥연주를 위한 가장 손쉽고 유용한 악기라고 보았다. 피아노는 음역이 넓어 다양한 음역의 소리를 만들어 낼 수 있으며 동시에 여러 음을 결합시킬 수 있고 비교적 소리내기 용이한 악기이기 때문이다. 즉흥연주에서는 교사의 역할이 중요하다. 교사는 영유아의 음악적 표현을 유도하고 충동을 이끌어 내어야 한다. 교사가 먼저 즉흥연주를 시작하고 영유아가 그 다음을 연결하도록 하거나 노래를 이어가는 게임 등을 통해 영유아의 즉흥연주를 지도할 수 있다.

3) 오르프 음악교수법

[그림 2-10] 오르프

오르프(Carl Orff, 1895~1982, 독일)는 달크로즈의 유리드믹스에 영향을 받아 음악과 신체동작과의 관련성에 관심을 가졌다. 그는 리듬을 음악교육의 근본으로 여기고 리듬훈련을 중시했다. 리듬 중심의 악곡을 바탕으로 리듬교육의 새로운 방법을 창안했으며 악기 사용과 즉흥연주를 강조하고 이를 통한 경험을 중시했다.

(1) 오르프 음악교육의 목적

오르프 음악교육의 목적은 모든 영유아로 하여금 직접적이고 종합적인 음악체험을 통해서 음악이 지닌 아름다움을 경험하게 하고 자기표현을 위한 음악적 능력을 기르게 하는 데 있다. 다음과 같은 체험 기회를 통해 폭넓은 음악 능력을 향상시키고자 하였다(방은영, 2008; 최진욱, 2005).

- 초보적인 합주활동을 통하여 흐름결과 음, 형식 등에 대한 감각과 창의적이고 즉흥적인 표현 능력, 악기 연주의 기능을 개발한다.
- 모든 영유아는 개인 혹은 합주부의 일원으로서 음악을 통하여 자신을 표현하는 방법을 발견하게 된다.
- 언어, 노래, 동작, 악기 연주 등이 상호 연결되는 통합적인 활동을 통하여 자연스럽게 음악의 본질에 접근하게 한다.
- 몸으로 음악을 경험함으로써 음악의 요소를 체득하고 음악에 대한 민감성을 갖도록 한다.
- 자유로운 신체표현과 즉흥연주를 통하여 음악적 상상력과 즉흥성을 자극한다.

(2) 오르프 음악교육 철학과 원리

오르프 음악교육의 철학은 '음악은 모든 아동의 것'이라는 것과 '음악교육은 기초적인 음악을 통해서'이다. 기초적인 음악이란 쉽고 자연스러우며 신체활동에 가까울 만큼 음악과 신체활동이 밀접하게 연결된 것으로 누구나 배우고 즐길 수 있는 음악을 말한다. 오르프의 음악교육 철학과 원리를 살펴보면 다음과 같다.

- 음악은 모든 영유아를 위한 것이다. 음악적 재능을 가진 사람만을 위한 것이 아니라 모든 사람이 즐기기 위한 것이다.
- 음악은 직접적인 경험이어야 한다. 음악에 관해 배우는 것이 아니라 음악에 대한 경험을 표현하는 것이 중요하다.
- 음악 체험은 어릴 때 시작해야 하며 놀이를 하듯 시작하여 점차 복잡한 과정으로 이끌어야 한다.
- 음악 경험이란 적극적인 참여를 의미한다.
- 음악은 기초적인 음악을 통해서 이루어진다. 기초적인 음악이란 음악과 신체활동이 밀접하게 연결된 것으로 누구나 배우고 즐길 수 있는 음악을 말한다.
- 음악은 놀이와 대화, 노래, 신체동작, 악기 연주 등이 통합되어 이루어지는 하나의 총체적 경험이어야 한다.
- 흐름결과 가락이 음악의 출발점이다. 흐름결과 가락은 음악을 이루는 기본적인 힘이며 흐름결은 말의 형태로부터 나온 것이고 가락은 그 흐름결의 형태로부터 발전된 것으로 흐름결은 가락보다 더 강력한 음악의 요소이다.
- 음악적이지 않은 영유아는 없다.

(3) 오르프의 음악 지도법

① 말하기

가장 자연스러운 음악 체험의 과정은 말하기이다. 영유아가 사용하는 낱말, 이름, 속담, 동시, 짧은 문장 등의 친숙한 말에 리듬을 넣어 크게/작게, 고음/저

음, 빠르게/느리게 반복하면서 여러 가지 형태로 말할 수 있다. 말하기 활동의 예는 다음과 같다(하정희, 조영진, 강혜정, 2010).

[그림 2-11] 오르프 말하기 활동의 예

말하기에서 시작하여 손뼉 치기, 무릎치기 등으로 말의 흐름결을 표현하고 악기로 그 흐름결을 연주하는 연속적 체험의 과정을 강조한다.

② 노래 부르기와 악기 다루기

노래 부르기는 말하기와 상호 보완적이다. 말의 흐름결 학습에 이어서 노래 만들어 부르기를 함으로써 흐름결로부터 가락이 발생하도록 이끌 수 있다. 음정

지도는 가장 단순한 음정관계, 즉 하행하는 솔-미 음정에 라, 레, 도 음정을 차례로 첨가하고 파와 시는 나중에 첨가한다는 형태로 시작하는 것이 좋다. 그러므로 도, 레, 미, 솔, 라의 5음계는 반음을 포함하지 않으면서도 노래 부르기 쉬워서 어느 음과 함께 울려도 심한 불협화음을 초래하지 않으므로 즉흥연주에도 적절하다.

오르프 활동에서 악기 지도는 오르프가 제작한 악기를 사용한다. 오르프 악기는 타악기, 리듬악기, 북, 음판악기, 흔드는 악기 등 다양하다. 유아는 오르프 악기로 놀이하면서 여러 가지 소리의 질감을 경험하고 서로 다른 음색을 대조하고 높은 소리와 낮은 소리 등 음정의 관계를 이해하게 된다.

출처: 한국오르프음악교육연구소 http://www.orff.org/

[그림 2-12] 오르프 악기

4) 고든 음악교수법

[그림 2-13] 고든

고든(Edwin Gordon, 1927~ , 미국)은 영유아의 음악을 이해하고 즐기기 위한 능력을 발달시키고자 하였다. 교사와 영유아의 상호작용을 통해 영유아의 음악성이 발달되고 음악의 기본적인 패턴 요소를 가르치는 것을 통해 영유아가 쉽게 음악을 인지하고 재구성하여 표현할 수 있다고 하였다(김현영, 2002; 방은영, 2008).

(1) 고든 음악교육의 목적

고든은 음악을 진정으로 즐기고 이해함으로써 풍요로운 삶을 영위하도록 하는 데 음악교육의 목적이 있다고 하였다. 언어가 인간 발달의 기본적인 것처럼 음악도 그러하다고 보았으며 영유아는 음악을 통하여 자신과 외부 세계 그리고 삶을 통찰하게 된다고 보았다(Gordon, 1997).

(2) 고든 음악교육 철학과 원리

고든은 음악교육의 목표를 음악을 즐기고 이해하는 것에 두고 이를 위해서는 오디에이션(audiation) 능력이 필요하다고 하였다. 오디에이션은 인간이 언어를 배우는 과정과 음악을 배우는 과정 간에 인지적 공통점이 있다는 생각에 근거하여 고안한 것으로 Brown의 말을 듣고 이해하는 과정을 '오디(Audi)'라고 한데서 유래된 것이다. 고든의 음악교육 철학은 다음과 같이 요약된다.

- 음악교육은 음악을 이해하고 즐기는 능력을 기르는 것이며 이를 위해서는 반드시 오디에이션 능력이 필요하다.
- 음악을 배우는 과정은 언어를 습득하는 과정과 유사하여 음악을 감상하고 연주해 보는 충분한 경험이 없이는 음악을 통한 자기 표현력을 기르는 것이 불가능하다.
- 음악교육은 어릴 때 시작하는 것이 좋고 빠를수록 좋다.

(3) 고든의 음악 지도법

고든에 의하면 영유아기는 음악적 발달의 기초를 형성하는 결정적 시기이며 특히 출생부터 5세까지의 음악적 경험은 이후의 음악에 대한 이해와 성취에 큰 영향을 미친다. 그의 음악학습은 오디에이션 능력의 계발에 목표를 둔다.

① 오디에이션

오디에이션은 실제로 들리지 않는 음악을 상상하며 마음속으로 듣고 이해하는 과정, 즉 내청을 의미한다. 고든은 오디에이션을 듣기를 통한 오디에이션, 읽기를 통한 오디에이션, 쓰기를 통한 오디에이션, 회상하기와 연주하기를 통한 오디에이션, 회상하기와 쓰기를 통한 오디에이션, 창작하기와 즉흥연주를 통한 오디에이션, 창작과 즉흥연주곡의 읽기를 통한 오디에이션, 창작과 즉흥연주곡의 쓰기를 통한 오디에이션의 여덟 가지 형태로 구분하였다.

② 음악학습과정

음악학습과정에서 리듬과 음정을 분리하여 리듬이 없는 음정패턴과 음정이 없는 리듬패턴을 사용한다. 교사는 개인차를 고려하여 각 학습자에게 적합한 리듬과 음정패턴을 선택하여 제시한다. 오디에이션 능력을 기르는 데 있어서 개별적인 연주 경험을 중시하고 다른 영유아의 연주를 듣는 기회를 강조하였다.

3장

영유아 음악교육의 목표 및 내용

본 장에서는 국가적 수준에서 영유아가 교육기관에서 경험해야 할 바람직한 태도, 가치, 지식 및 기술을 제시하고 있는 표준보육과정과 개정 누리과정을 중심으로 영유아 음악교육의 목표 및 내용을 살펴본다. 또한 영유아가 주변의 소리를 탐색, 노래 부르기, 악기 다루기, 신체 표현하기, 음악 감상하기 등 음악활동을 중심으로 음악교육의 내용을 소개한다.

1. 국가 수준 영유아 음악교육의 목표 및 내용

1) 표준보육과정 영아 음악교육의 목표 및 내용

어린이집 표준보육과정은 0～1세 보육과정, 2세 보육과정으로 구성되어 있다. 표준보육과정은 국가수준의 입법화된 보육과정으로 보육의 질적 수준을 높이는데 기여하고 있다. 2006년 표준보육과정령이 공포된 이후 2007년 표준보육과정이 고시되었으며, 구체적인 보육과정의 내용 및 교사 지침을 포함하고 있다. 2013년에는 제 3차 표준보육과정이 고시되었으며, 2019년 영아 관련 내용을 보완한 제 4차 표준보육과정이 고시되었다.

본서에서는 영아 음악교육의 목표 및 내용을 소개하기 위하여 어린이집 표준보육과정 중 0~1세 및 2세 보육과정의 예술경험 영역을 중심으로 살펴본다(보건복지부, 2020). 전인 발달을 추구한다는 측면에서 모든 영역이 음악교육과 관련되지만 예술경험 영역은 예술적 요소를 경험하고 즐기기 위한 영역이라고 볼 때 음악교육과 가장 밀접한 영역이다. 예술경험 영역의 목표를 통해 음악교육의 목표를 살펴보고 예술경험 영역에 포함되어 있는 음악교육의 내용을 알아본다.

(1) 0~1세 표준보육과정 음악교육의 목표 및 내용

0~1세 영아를 위한 표준보육과정의 예술경험 영역은 영아가 자신의 신체와 주변의 감각자극에 호기심을 가지고 반응하고 다양한 방법으로 표현하기를 즐기며 자연물, 사물, 환경의 아름다움에 관심을 가짐으로써 아름다움을 즐기고 풍부한 정서를 경험하기 위한 영역이다(보건복지부, 2014). 0~1세 표준보육과정 예술경험의 목표와 그에 따른 하위 목표는 다음과 같다.

아름다움을 느끼고 경험한다.

- 자신의 신체와 주변의 감각자극에 호기심을 가지고 반응한다.
- 소리와 움직임으로 반응하고 단순한 미술을 경험하며 모방 행동을 즐긴다.
- 친근한 소리나 노래를 즐겨 듣고 자연물, 사물, 주변 환경에 관심을 가진다.

0~1세 표준보육과정 예술경험 영역은 '아름다움 찾아보기', '창의적으로 표현하기' 내용 범주와 내용 범주별로 다루어야 할 내용으로 체계를 구성하고 있다.

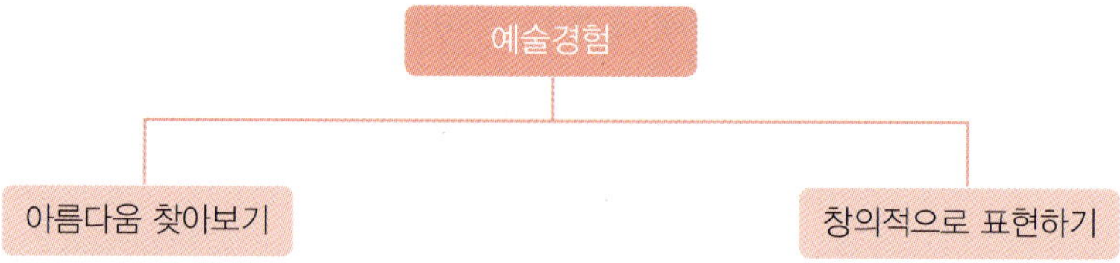

[그림 3-1] 0~1세 표준보육과정 예술경험 영역 내용 체계

0~1세 표준보육과정 예술경험 영역에서 영아 음악교육과 관련된 내용과 세부 내용을 표준보육과정 해설서의 내용을 중심으로 살펴보면 다음과 같다(보건복지부, 2020).

내용 범주	내용
아름다움 찾아보기	자연과 생활에서 아름다움을 느낀다. 아름다움에 관심을 가진다.
창의적으로 표현하기	소리와 리듬, 노래로 표현한다. 감각을 통해 미술을 경험한다. 모방행동을 즐긴다.

〈표 3-1〉 0~1세 표준보육과정 예술경험 영역에 포함된 음악교육 내용

① 아름다움 찾아보기: 예술적 요소 탐색하기

'아름다움 찾아보기'는 영아가 자연과 생활예술에서 아름다움을 느끼고 관심을 가지며 감상하는 경험과 관련한 내용을 다룬다.

'자연과 생활에서 아름다움을 느낀다'는 영아가 자신을 둘러싼 일상적인 환경에서 소리나 움직임, 색과 모양 등에 호기심을 기울이며 미적이고 감성적인 경험을 통해 아름다움을 인식하는 내용을 다룬다. '아름다움에 관심을 가진다'는 영아가 일상생활에서 자연이나 사물의 아름다움을 감상하고 즐길 수 있는 내용을 다룬다. 또한 반복적으로 경험하는 친근한 사람이 목소리, 주변의 소리와 리듬있는 소리 그리고 익숙한 노

래 등에 관심을 가지며 아름다움의 요소를 경험하는 가운데 이를 즐기는 내용을 다룬다. 영아는 출생시부터 대부분의 감각기능을 사용하여 주변 환경의 자극에 주의를 기울일 수 있는 능력을 지니고 있다. 감각을 통해 소리, 움직임에 호기심을 갖는 것은 인지적 발달을 위해서도 필수적이고 자신의 주변을 심미적인 관점으로 바라보는 태도를 형성하는 기초를 마련하는 데도 중요하다.

② 창의적으로 표현하기

'창의적으로 표현하기'는 영아가 자신의 느낌과 경험을 소리, 음악과 리듬, 미술경험, 모방행동 등을 통해 표현하는 과정을 즐기는 내용을 다룬다.

'소리와 리듬, 노래로 표현한다'는 영아가 자신을 둘러싼 환경에서 들려오는 다양한 소리, 리듬에 주의를 기울이고 익숙한 노래를 즐기는 경험을 포함한다. 이를 바탕으로 자신의 느낌과 경험을 소리, 리듬, 노래로 표현하며 즐기는 내용을 다룬다. '감각을 통해 미술을 경험한다'는 영아가 감각을 통해 미술표현을 시도하고 단순한 미술을 경험하며 즐기는 내용이다. 우연하게 미술경험을 하다 결과물을 만들어내고, 미술을 경험하는 과정에서 재료와 익숙해지며 재료를 이용하여 스스로 만들어내는 창의적 표현을 즐기는 내용을 다룬다. '모방행동을 즐긴다'는 영아가 의미 있는 타인의 행동을 모방하며 자신의 독창적인 움직임을 만들어내는 경험을 포함한다. 영아는 타인의 행동을 모방하는 과정에서 그 동안 시도해 보지 않았던 다양한 몸의 움직임을 경험하게 된다. 특히 주변의 다양한 도구를 활용한 움직임을 통해 도구가 만들어내는 움직임의 여러 모양, 선 등을 경험한다. 여러 움직임을 모방하며 즐기면서 영아는 보다 다양한 움직임을 만들어내기 위한 기초를 형성하게 된다.

(2) 2세 표준보육과정 예술경험 영역의 목표 및 내용

2세 영아를 위한 표준보육과정 예술경험 영역은 주변 생활에서 예술적 요소를 탐색하고 즐기며 리듬이나 노래, 움직임, 자발적인 미술활동, 모방행동을 자유롭게 시도해 봄으로써 아름다움에 관심을 가지고 예술경험을 즐기기 위한 영역이다(보건복지부, 2014). 2세 표준보육과정 예술경험의 목표와 그에 따른 하위 목표는 다음과 같다.

아름다움을 느끼고 즐긴다.

- 주변 생활에서 예술적 요소를 발견하고 흥미롭게 탐색한다.
- 간단한 리듬이나 노래, 움직임, 자발적인 미술 활동을 자유롭게 시도하고 모방이나 상상 놀이로 표현한다.
- 주변의 환경과 자연 및 다양한 표현에서 예술적 요소를 관심 있게 보고 즐긴다.

2세 표준보육과정 예술경험 영역은 '아름다움 찾아보기', '창의적으로 표현하기' 내용 범주와 내용 범주별로 다루어야 할 내용으로 체계를 구성하고 있다.

[그림 3-2] 2세 표준보육과정 예술경험 영역 내용 체계

2세 표준보육과정 예술경험 영역에서 영아 음악교육과 관련된 내용과 세부 내용을 표준보육과정 해설서의 내용을 중심으로 살펴보면 다음과 같다(보건복지부, 2020).

〈표 3-2〉 2세 표준보육과정 예술경험 영역에 포함된 음악교육 내용

내용 범주	내용
아름다움 찾아보기	자연과 생활에서 아름다움을 느끼고 즐긴다. 아름다움에 관심을 갖고 찾아본다.
창의적으로 표현하기	익숙한 노래와 리듬을 표현한다. 움직임과 춤으로 자유롭게 표현한다. 미술재료와 도구로 표현해 본다. 일상생활 경험을 상상놀이로 표현한다.

① 아름다움 찾아보기

'아름다움 찾아보기'는 영아가 일상에서 접하는 사물과 공간, 동식물과 사람, 자신과 또래의 표현 등에서 아름다움을 느끼고 즐기며, 아름다움에 관심을 가지고 찾아보는 내용을 다룬다.

'자연과 생활에서 아름다움을 느끼고 즐긴다'는 영아가 무심히 지나칠 수 있는 일상의 자연이나 생활 속 공간, 사물 등의 아름다움에 주의를 기울여 아름다움을 풍부하게 느끼며, 자신과 또래의 다양한 예술적 표현을 감상하고 즐기는 내용이다. '아름다움에 관심을 갖고 찾아본다'는 영아가 다양한 소리나 리듬 등의 음악적 요소, 색이나 형태 등과 같은 미술적 요소, 사람과 사물, 동식물의 움직임에서 아름다움을 발견하고 경험하는 내용이다. 예술적 탐색은 익숙한 것에서 새로움에 관심을 가지고, 주의 깊게 바라보며 변화와 차이를 발견하고 즐거워하는 경험이 중요하다. 이를 통해 영아의 탐색능력이 증진되고 심미감 및 인지적 발달의 기초를 형성하게 된다. 2세 영아는 시각과 청각이 발달하면서 주변에서 들려오는 소리와 움직임에 대하여 차이를 발견하며 즐거움을 가질 수 있다.

② 창의적으로 표현하기

'창의적으로 표현하기'는 영아가 노래와 리듬, 움직임과 춤, 미술표현, 상상놀이의 다양한 방법으로 생각과 느낌을 자유롭게 표현하는 내용이다.

'익숙한 노래와 리듬을 표현한다'는 영아가 일상에서 익숙해진 노래를 부르고

간단한 리듬을 표현하는 것을 즐기는 내용이다. '움직임과 춤으로 자유롭게 표현한다'는 영아가 운율있는 소리나 노래, 또는 보고 만지고 맛보는 등 감각적 경험에서의 느낌을 움직임이나 춤으로 표현하는 내용이다. '미술재료와 도구로 표현해본다'는 영아가 스스로 다루기 적절한 재료와 도구를 이용하여 자유롭게 미술표현을 시도하고 이 과정을 즐기는 내용이다. '일상생활 경험을 상상놀이로 표현한다'는 영아가 일상생활에서 경험한 사건에 포함된 대상이나 상황을 상상놀이로 표현하며 즐기는 내용이다. 영아는 자신의 경험을 상상놀이로 표현하는 과정에서 다양한 이야기를 만들어내고 이야기의 배경을 창조해 낸다. 자신의 생각과 느낌을 상상 놀이로 표현하는 과정은 음악, 미술, 신체표현 모든 영역이 통합되어 이루어질 수 있으며, 이 과정에서 표현능력과 예술적 감수성이 발달한다.

2) 개정 누리과정 유아 음악교육의 목표 및 내용

누리과정은 유아가 놀이를 통해 심신의 건강과 조화로운 발달을 이루고 바른 인성과 민주시민의 기초를 형성하는 것을 목적으로 유치원 교육과정과 어린이집 표준보육과정을 통합한 공통과정이다(교육부, 보건복지부, 육아정책연구소, 2019). 2011년 유치원 교육과정과 어린이집 표준보육과정을 통합한 공통과정으로 5세 누리과정이 공포된 후 2012년 3~5세로 확대되어 고시되었으며, 2013년부터 3~5세 유아를 대상으로 적용되고 있다. 누리과정은 신체운동·건강, 의사소통, 사회관계, 예술경험, 자연탐구의 5개 영역으로 구성되어 있다. 2019년 확정·발표된 개정 누리과정은 교육과정의 5개 영역은 유지하되 3~5세 5개 영역의 교육과정 세부내용을 연령별로 통합하고 유아가 경험해야 할 내용으로 간략화하여 변경하였다. 이 중 예술경험 영역을 중심으로 유아 음악교육의 목표 및 내용을 살펴본다.

누리과정 예술경험은 유아가 자연과 사물을 접하면서 느낄 수 있는 다양한 예술적 요소를 찾아보고 이를 창의적으로 표현하며 아름다움에 관심을 가지고 예술 활동을 즐기고 추구할 수 있는 소양과 더불어 아름다움의 다양성을 이해하고 존중하는 역량을 기르는 데 있다(보건복지부, 교육과학기술부, 2013b). 누리과정 예술경험 영역의 목표와 그에 따른 하위 목표는 다음과 같다.

아름다움과 예술에 관심을 가지고 창의적 표현을 즐긴다.

- 자연과 생활 및 예술에서 아름다움을 느낀다.
- 예술을 통해 창의적으로 표현하는 과정을 즐긴다.
- 다양한 예술표현을 존중한다.

누리과정 예술경험 영역은 '아름다움 찾아보기', '창의적으로 표현하기', '예술 감상하기' 내용 범주로 구성하고 있다.

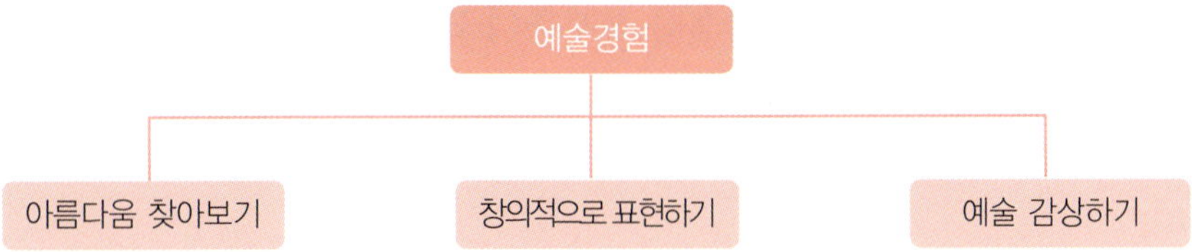

[그림 3-3] 누리과정 예술경험 영역

누리과정 예술경험 영역에서 유아음악교육과 관련된 내용범주와 세부내용을 3~5세 누리과정 해설서의 내용을 중심으로 살펴보면 다음과 같다(교육부, 보건복지부, 육아정책연구소, 2019).

〈표 3-3〉 3~5세 누리과정 예술경험 영역에 포함된 음악교육 내용

내용 범주	내용
아름다움 찾아보기	자연과 생활에서 아름다움을 느끼고 즐긴다.
	예술적 요소에 관심을 갖고 찾아본다.
창의적으로 표현하기	노래를 즐겨 부른다.
	신체, 사물, 악기로 간단한 소리와 리듬을 만들어 본다.
	신체나 도구를 활용하여 움직임과 춤으로 자유롭게 표현한다.
예술 감상하기	다양한 예술을 감상하여 상상하기를 즐긴다.
	서로 다른 예술 표현을 존중한다.
	우리나라 전통 예술에 관심을 갖고 친숙해진다.

① 아름다움 찾아보기

'아름다움 찾아보기'는 자연과 생활 및 예술에서 아름다움을 느낀다는 목표를 가지고 자연과 생활에서 아름다움을 느끼고 즐기며, 예술적 요소에 관심을 갖고 찾아보도록 하는 내용을 다룬다.

'자연과 생활에서 아름다움을 느끼고 즐긴다'는 유아가 자신의 주변에서 만나는 자연, 공간, 사물 등의 아름다움을 풍부하게 느끼며 즐기는 내용이다. 이를 통해 유아가 주변 환경 속에 잠재된 아름다움을 발견하고 적극적으로 찾아보는 태도를 형성할 수 있도록 돕는다.

'예술적 요소에 관심을 갖고 찾아본다'는 유아가 주변의 자연과 생활에서 다양한 소리나 리듬 등의 음악적 요소, 색이나 형태 등과 같은 미술적 요소, 사물이나 동식물의 움직임에서 아름다움을 발견하는 내용이다. 이 중 음악적 요소를 탐색하는 유아의 능력은 음악의 아름다움을 느끼고, 즐기게 할 뿐 아니라 동시에 이 아름다움을 소리와 악기 등으로 표현하고 감상할 수 있는 음악적 활동의 기초가 된다.

② 창의적으로 표현하기

'창의적으로 표현하기'는 예술을 통해 창의적으로 표현하는 과정을 즐긴다는

목표를 가지고 노래를 즐겨 부르며, 신체, 사물, 악기로 간단한 소리와 리듬을 만들어보고 신체나 도구를 활용하여 움직임과 춤으로 자유롭게 표현하도록 하는 내용을 다룬다. 유아는 자신이 나타내려고 하는 바를 마음껏 펼칠 수 있을 때 잠재된 창의성과 표현력이 발휘되므로 편안하고 허용적인 환경을 제공하는 것이 무엇보다 중요하다.

'노래를 즐겨 부른다'는 유아가 일상에서 흥얼거리거나 친구들과 함께 소리와 박자, 노랫말의 변화 등을 느끼며 노래부르기를 즐기는 내용이다. 유아는 전래동요를 포함한 노래를 부르는 과정에서 즐거움을 느끼고 자신을 표현하는 기회를 갖게 되며 사물에 대한 새로운 개념을 형성하기도 한다.

'신체, 사물, 악기로 간단한 소리와 리듬을 만들어 본다'는 유아가 자신의 신체, 주변의 사물, 리듬 악기 등을 사용하여 소리와 리듬을 창의적으로 만들어보는 것을 즐기는 내용이다. 자신이 흥미있어 하는 내용이나 느낌을 단순한 선율과 리듬으로 만들거나 즉흥적으로 리듬과 노래를 만드는 경험은 '음악은 듣는 것이다'라는 고정관념에서 벗어나 창의적으로 표현해보는 경험을 갖게 해준다는 점에서 가치가 높다.

'신체나 도구를 활용하여 움직임과 춤으로 자유롭게 표현한다'는 유아가 자연과 생활에서 발견한 다양한 움직임을 자유롭게 표현하며 자신의 생각과 느낌을 자신의 신체나 다양한 도구를 활용하여 움직임과 춤으로 표현해보는 내용이다. 이러한 움직임과 춤 활동은 유아에게 풍부한 상상의 기회를 제공하여 새로운 동작의 가능성을 발견하도록 하며, 자유로운 표현을 통해 자기표현 욕구를 충족시킬 수 있도록 하는 점에서 가치가 있다.

③ 예술 감상하기

'예술 감상하기'는 다양한 예술 표현을 존중한다는 목표를 가지고 다양한 예술을 감상하며 상상하기를 즐기고 서로 다른 예술표현을 존중하며 우리나라 전통예술에 관심을 갖고 친숙해지도록 하는 내용을 다룬다.

'다양한 예술을 감상하며 상상하기를 즐긴다'는 우리나라의 전통예술을 포함하여 다양한 종류의 예술을 감상하는 내용이다. 주변에서 친근하게 접할 수 있는 자연이나 사물, 예술작품을 비롯하여 인류보편의 감성을 담고 있는 다양한 문화예술작품들에도 관심을 가져볼 기회를 제공한다.

'서로 다른 예술표현을 존중한다'는 유아가 음악, 춤, 미술작품, 극놀이 등을 듣거나 보고 즐기는 활동을 통하여 아름다움을 느끼고 각자의 표현을 존중하며 예술 감상에 지속적인 관심과 흥미를 갖도록 하는 내용이다. 아름다움에 대한 기준과 취향이 사람들마다 다른 것과 마찬가지로 사람들의 성장과정에서 접하는 경험에 따라 개인이 일생동안 경험하고 즐길 수 있는 예술의 영역과 깊이는 달라질 수 있다. 따라서 유아기의 예술경험은 향후 개인의 인생전반에 걸쳐 예술적 취향에 영향을 준다는 차원에서 중요한 의미를 지닌다.

'우리나라 전통 예술에 관심을 갖고 친숙해진다'는 과거로부터 현재까지 전해져 내려오는 우리나라 고유의 전통 예술에 관심을 갖고, 이와 친숙해질 수 있도록 하는 내용이다. 유아기는 우리 전통예술에 관심을 갖고 받아들이며 익숙해지는데 중요한 시기이므로, 유아가 전통음악이나 춤, 미술작품 등 우리 고유의 전통문화를 자연스럽게 경험할 수 있도록 기회를 제공해야 한다.

2. 영유아 음악교육의 내용

영유아는 태내에서부터 주변의 소리에 귀를 기울이고 그 소리를 흉내 낸다. 노래를 따라 부르거나 만들어 부르고 자신의 몸과 주변의 사물을 가지고 소리를 만들어 내며 즐긴다. 소리 또는 음악에 맞추어 팔과 몸을 흔들거나 깡충깡충 뛰거나 빙글빙글 돌면서 소리에 맞게 몸으로 반응한다. 이와 같이 영유아가 음악활동에 직접적으로 참여하면서 음악적 행위를 하는 것 그 자체가 바로 영유아 음악교육의 내용이다. 영유아의 음악활동 유형에 따라 교육 내용을 살펴보면 다음과 같다.

1) 소리 탐색

소리는 음악에 있어서 가장 필수적인 요소이므로 소리 탐색은 음악의 여러 영역 중 가장 먼저 시작되는 경험이다. 소리 탐색 능력은 소리를 귀 기울여 들을 수 있는 능력, 그 소리를 인식하고 이해하는 능력, 소리를 통해 내면에서 울려 퍼지는 생각, 느낌을 인식하는 능력을 말한다.

소리 탐색하기에는 일정한 단계가 있다. 먼저 다양한 소리가 있음을 알게 되는 것이 첫 단계이다. 생활 주변과 자연 속에서 다양한 소리에 관심을 가지고 소리의 높이, 길이, 세기, 음질, 음색의 차이를 인식하는 것이다. 다음은 소리를 구별하고 분류하여 소리의 기본 특질을 학습하는 단계이다. 들리는 소리와 같은 소리를 만들어 내고 소리로 생각이나 느낌을 전달하기 위해 다양하게 조직화한다(안재신, 2004). 마지막으로 나의 몸에서 생활주변 환경의 소리를 탐색하고 나의 몸으로 직접 소리를 만들어가는 단계이며, 영유아는 음높이, 음길이, 음색, 음크기 등을 고려하여 소리를 만든다.

[그림 3-4] 주변 사물로 소리 만들기

〈표 3-4〉 소리 탐색 교육 내용

구분	하위 내용		교육 내용
소리 탐색	듣기와 변별	• 자연의 소리 듣기 • 목소리 듣기 • 생활 주변의 소리 듣기 • 음악의 구성 요소와 관련된 소리 듣기	• 나의 몸, 생활환경, 자연에서 들리는 소리에 관심을 가진다. • 여러 가지 소리의 차이를 느낀다. • 익숙한 주변의 사물을 가지고 낼 수 있는 다양한 소리에 관심을 가진다. • 소리를 듣고, 음높이, 음길이, 음크기, 음세기 등에 따라 소리의 차이를 찾는다,
소리 만들기	소리 탐색과 만들기	• 나의 몸을 이용하여 소리 만들기 • 자연물과 사물을 이용하여 소리 만들기	• 나의 몸, 생활환경, 자연에서 들리는 소리를 주의 깊게 듣는다. • 나의 몸, 사물, 자연물을 이용하여 여러 가지 소리를 만든다. • 소리를 내는 다양한 재료의 특징을 예측하여 소리를 만든다. • 음높이, 음길이, 음색, 음 크기 등을 고려하여 소리를 만든다.

(1) 소리 탐색의 발달

소리 탐색, 즉 듣기는 음악의 여러 영역 중 가장 먼저 시작되는 경험이며 소리를 집중하여 듣는 능력의 발달은 모든 음악활동의 기초가 된다. 영유아의 발달에 따라 듣기 능력도 발달해 나가는 데 듣기 능력 발달을 연령별로 살펴보면 다음과 같다(김광자, 2004; Greata, 2006).

① 0~1세

- 0~4개월 : 다른 종류의 음악이 들리면 즉각 다르게 반응한다. 자장가를 들으면 조용해지고 좀 더 생동감 있는 음악을 들으면 활동적으로 움직인다.
- 4~6개월 : 소리가 나는 곳을 향해 적극적으로 머리나 얼굴을 돌리며 자주 들리던 음악에 안정감을 느낀다.
- 6~9개월 : 옹알이를 하며 음악 듣는 것을 즐긴다.

시계 소리나 음악 놀잇감 같은 리듬적 소리를 즐긴다.

② 2세

- 12～18개월 : 음악적 신호를 표현하기 시작한다.
  자신이 싫어하는 음악이나 소리에 대해서는 얼굴을 찡그리는 등 싫어하는 태도를 분명하게 나타낸다.
  악기보다는 사람의 목소리를 더 좋아한다.
  친근한 음악을 들으면 박자가 맞지는 않지만 즐겁게 손뼉을 치고 몸을 위·아래로 흔들기도 한다.
- 18～24개월 : 음악적 소리의 적극적 탐색이 증가하는 시기이다.
  텔레비전이나 라디오에서 들리는 광고 음악을 매우 즐긴다.
  소리나 악기 연주에 많은 흥미를 가진다.
  짧은 시간(8마디 정도) 주의 집중하여 음악을 들을 수 있다.
  리듬이 분명한 음악과 운율이 들어가 있는 음악을 좋아한다.

③ 3세

- 자신의 몸 움직임을 통해 적극적으로 음악에 반응한다.
- 몸을 튕기거나 한 바퀴 돌고 손을 흔들거나 고개를 끄덕이며 무릎을 구부리는 등 춤추듯이 음악에 반응을 한다.
- 분명한 리듬이 있는 음악, 즉 밴드 음악이나 운율이 있는 동요 등을 매우 좋아하고 음악적 게임의 지시를 따를 수 있다.
- 주의집중 시간이 길어져 몇 분 동안은 조용히 앉아서 음악을 들을 수 있다.

④ 4세

- 음악을 통해 자기표현이 증가한다.
- 노래 극화하기를 좋아하고 음악을 다른 방법으로 해석하려는 시도를 즐긴다.
- 박자를 지속하는 능력이 상당히 증가한다.
- 아직 문화나 음악적 양식, 악기 등에 대한 선호나 제한이 없으며 모든 종류

의 음악에 개방적이고 흥미를 가진다.
- 자신이 알고 있는 곡에 관심을 가지고 주의 깊게 듣는다.

⑤ 5세

- 자신이 들었던 음악적 경험에 대해 서로 이야기 나눌 수 있는 능력이 확장된다.
- 적극적인 감상자가 되는 동시에 음악을 들으려는 욕구가 증가하는 시기이다.
- 청음 능력이 현저히 발달하며 악기의 크기, 형태, 음높이, 음색에 따라 악기를 구분할 수 있다.

(2) 소리 탐색의 유형

소리 탐색은 음악 감상 이전 단계로 아름다운 소리를 내기 위해 만들어진 악기를 가지고 이루어질 수도 있으나 더 중요한 것은 영유아의 주변에서 친근하게 접할 수 있는 여러 가지 사물의 소리를 탐색할 기회가 포함되어야 한다. 소리 탐색은 일회성으로 끝나는 것이 아니라 소리를 식별, 분류하고 느낌을 표현할 수 있도록 지속적인 활동이 이루어져야 한다. 또한 다양한 음색의 소리 종류뿐 아니라 짧은 소리, 긴 소리, 큰 소리, 부드러운 소리, 듣기 좋은 소리, 시끄러운 소리, 가벼운 소리, 무거운 소리, 한 번에 한 가지씩 나는 소리, 여러 개가 동시에 나는 소리 등 다양한 개념도 함께 탐색되어야 한다. Palmer(1993)는 '소리놀이(sound play)'가 영유아의 기본적인 지각적 듣기 기술을 발달시키고 이 기술은 다양한 장소에서 반복적인 경험을 통해 이루어지며 영유아의 인생을 통해 음악적 이해에 대한 기본을 형성한다고 주장하였다.

영유아가 탐색하고 들을 수 있는 소리의 유형을 분류하면 다음과 같다.

① 특정 사물이 내는 소리

- 각종 종이가 내는 소리 : 종이는 영유아가 매우 친밀하게 사용해 왔던 사물로 쉽게 구할 수 있고 언제, 어디서나 사용할 수 있다는 장점이 있다. 종이의 두께나 크기, 질에 따라 소리가 다르게 나며 종이를 구기거나 찢거나 손바닥이나 손가락으로 치거나 두드리고 위·아래로 펄럭이거나 던지며 둘둘 말아서

입으로 부는 등 다루는 방법에 따라 매우 다른 소리를 낼 수 있다.

- **주변 사물이 내는 소리** : 나무로 만들어진 자, 유리컵, 플라스틱 펜, 쇠로 만들어진 열쇠 또는 가위, 은박지 냄비, 은박지로 된 접시, 돌로 된 된장뚝배기, 못 쓰게 된 CD판 등 다양한 재질의 사물들은 영유아가 주변에서 쉽게 접할 수 있는 친근한 것으로서 같은 재질이나 다른 재질로 된 막대를 사용하여 두드리거나 서로 부딪치면 다양한 소리를 낼 수 있다.
- **장난감이 내는 소리** : 뮤직 박스나 태엽을 감으면 소리 나는 장난감, 인형의 배나 버튼을 누르면 다양한 소리를 내는 장난감, 불면 소리 나는 장난감, 드럼이나 실로폰처럼 막대를 가지고 두드리면 소리 나는 장난감, 딸랑이처럼 흔들면 소리 나는 장난감, 자동차처럼 굴리면 소리가 나는 장난감 등 매우 다양하다. 그러나 이러한 장난감을 동시에 여러 개를 제시하는 것은 바람직하지 않다.

② 자연이 내는 소리

- **동물이 내는 소리** : 새, 야생동물, 집에서 기르는 동물, 물고기, 곤충 등과 같이 영유아가 좋아하는 동물들의 울음소리, 하품 소리, 노는 소리, 놀랄 때 내는 소리 등을 직접 또는 비디오나 녹음테이프를 통해 들을 수 있다.
- **물, 바람, 파도, 천둥, 비, 낙엽, 눈 등이 내는 소리** : 물을 첨벙거릴 때, 호수로 품어 올릴 때, 물이 한꺼번에 또는 똑똑 떨어질 때, 물이 흐를 때, 눈을 밟을 때, 눈사태가 날 때, 눈보라가 휘몰아칠 때 등 상황과 다루는 방법에 따라 다른 소리가 들린다. 다양한 바람 소리(센 강풍, 산들바람, 바람 한 점 없는 것 등), 폭포 소리, 폭우, 천둥소리, 숲 속의 소리, 잔디 위를 밟는 소리, 낙엽 떨어지는 소리, 나뭇잎이 바람에 흔들리는 소리 등을 직접 또는 간접적으로 들을 수 있다.

③ 기계가 내는 소리

- **가정에서 쓰는 기구 및 기계의 소리** : 망치질 소리, 톱·칼·도마 소리, 세탁기 돌아가는 소리, 청소기 소리, 인터폰 소리, 전화 울리는 소리, 컴퓨터 자판 두드리는 소리 등 매우 다양한 종류의 기계와 기구 소리를 가정에서 들을 수 있으며 농

촌, 도시, 어촌 등 지역사회에 따라 가정에서 나는 소리가 다를 수 있다.

- **교통기관에서 나는 소리** : 교통기관의 종류, 즉 자동차, 버스, 트럭, 오토바이, 지하철, 기차, 배, 헬리콥터, 비행기, 자전거, 경운기, 로켓 등이 내는 소리가 서로 다르며 또한 각각의 교통기관이 멈추었다가 갈 때, 시동 걸 때, 경적음을 낼 때, 급정거할 때, 충돌할 때, 부서질 때, 최고의 속력으로 달릴 때, 멈출 때 등 어떤 상황에서 내는 것인가에 따라 매우 다른 소리를 들을 수 있다.

④ 신체가 내는 소리

- **몸에서 나는 소리** : 손가락 부딪치기, 발 구르기, 팔 두드리기, 가슴 통통 치기, 손뼉 치기, 무릎치기, 발가락으로 바닥을 톡톡 치기, 등 두드리기, 심장박동 소리 등 매우 다양한 소리가 우리의 몸에서 난다.
- **입이나 코로 내는 소리** : 킁킁거리기, 허밍, 외침, 한숨 소리, 동물 소리, 휘파람 부는 소리, 입으로 내는 뚜껑 따는 소리, 울음소리, 웃음소리, 재채기 소리, 코 고는 소리, 코 푸는 소리, 비명 소리, 성별이나 연령이 다른 목소리(아이들 소리, 남자 소리, 여자 소리, 할머니 소리), 떠드는 소리, 과자 먹는 소리, 우유 마시는 소리, 숨을 몰아쉬는 소리 등 특별히 입이나 코로 많은 소리를 낼 수 있다.

⑤ 특정 지역이나 장소에서 나는 소리

부엌에서 나는 소리(프라이팬에 음식을 볶는 소리, 달걀 젓는 소리, 물 트는 소리, 설거지하는 소리), 창고에서 나는 소리(망치, 톱, 못, 드릴, 나무), 방에서 나는 소리(연필, 공책, 자, 문 삐걱거리는 소리, 여닫는 소리), 어린이집이나 유치원에서 나는 소리, 목공소에서 나는 소리, 동굴에서 나는 소리, 정글에서 나는 소리, 운동경기장에서 나는 소리, 목욕탕에서 나는 소리, 은행에서 나는 소리, 들판에서 나는 소리, 바닷가에서 나는 소리 등 특정 지역이나 장소에서 나는 소리를 분류하여 듣기 활동에 이용하면 흥미롭다.

⑥ 리듬 있게 나는 소리

캔을 따는 소리, 다듬이질 소리, 비가 지붕이나 도로 위에 떨어지는 소리, 시계

소리, 볼이 튀는 소리, 종소리, 주전자에서 물 끓는 소리, 초인종 울리는 소리, 컴퓨터 자판을 두드리는 소리, 계단을 오르는 소리, 도마질하는 소리, 가위질하는 소리 등 규칙적 리듬이 있는 소리는 유아의 듣기 활동에 적절하다.

⑦ 전통 소리

우리나라의 옛소리들 : 솜틀 돌리는 소리, 다듬이질 소리, 연자방아 소리, 쟁기질 소리, 농악 소리, 엿장수 가위 소리, 물레 돌리는 소리, 가마솥 뚜껑 닫는 소리 등이 있다.

⑧ 악기 소리

교실 내에 있는 악기 소리, 전자 악기(키보드 등)나 컴퓨터 소리, 밴드/오케스트라 악기 소리, 영유아가 단순한 재료를 가지고 만든 악기 소리(폐품을 가지고 만든 악기) 등이 있다.

⑨ 상반되어 비교되는 소리

상반되어 비교되는 소리에는 무거운 소리와 가벼운 소리, 부드러운 소리와 날카로운 소리, 짧은 소리와 긴 소리, 큰 소리와 작은 소리, 탁한 소리와 맑은 소리, 높은 소리와 낮은 소리 등이 있다.

(3) 소리 탐색의 지도방법

소리 탐색활동을 지도할 때는 사전활동, 도입활동, 전개활동, 평가활동, 확장활동 순서로 진행하며 순서에 따른 자세한 설명은 다음과 같다(김은심, 안나경, 2008).

① 사전활동

야외활동 시간에 주변에서 들을 수 있는 자연 소리(비, 바람, 시냇물, 파도) 등, 기계 소리(자동차, 비행기 등), 사람의 목소리 등에 관심을 가지고 듣기 활동에 필요한 리듬악기, 풍선, 리듬볼, 리본 막대 등의 활동 자료와 시각·청각 자료를 준비한다.

② 도입활동

소리를 탐색하는 환경이 비형식적이고 허용된 분위기일 때 가장 의미 있는 듣기 경험이 될 수 있으므로 교사는 언어적, 비언어적, 환경적으로 편안하고 안락한 분위기를 만들도록 지지한다.

③ 전개활동

소리를 들으며 움직임, 언어활동, 그림 등으로 표현활동을 하며 신체나 주위에서 쉽게 볼 수 있는 물건을 이용하여 다양한 소리를 만들고 변별하며 표현하도록 유도한다.

④ 평가활동

소리 탐색활동에 대한 활동 목표가 잘 진행되었는지 확인하고 영유아 개인적인 반응은 각기 차이가 있을 수 있다는 점을 인정해 주었는지 평가한다.

⑤ 확장활동

소리 탐색활동에 대한 확장활동으로 그리기, 만들기, 악기 연주, 동작표현 등 다양한 활동을 진행한다.

2) 노래 부르기

노래 부르기는 영유아가 즐기는 가장 일반적인 음악활동이다. 영유아는 어릴 때부터 노래를 들으며 아름다움과 편안함을 느끼고 노래를 부른다는 것이 부르는 사람이나 듣는 사람 모두에게 즐거운 일임을 안다. 노래 부르기는 영유아가 노래의 가사를 이해하고, 가사와 가락의 관련성을 파악하며 목소리를 사용하여 음악의 의미를 만들어가는 활동이다(이민정, 2014). 노래 부르며 사고와 느낌을 표현하는 과정에서 언어 능력과 창의성이 발달하며, 함께 노래해 보는 경험을 통해 협동심과 같은 사회성 발달에 도움이 된다.

영유아에게 적절한 노래를 선정하는 일은 매우 중요한 일이다. 영유아의 발달적 측면과 함께 노래의 음악적 측면이 함께 고려되어야 하며 교사는 영유아의 발달수준에 적절한 박자, 조성, 길이, 음역, 빠르기, 셈여림, 리듬, 멜로디, 음정, 노랫말 등을 고려하여 곡을 선정해야 한다.

씨앗

김성균 작사
김성균 작곡

[그림 3-5] 영유아 발달에 적합한 박자, 길이, 음역, 노랫말의 예

일반적으로 2박자, 4박자계(2/4, 4/4)의 노래가 신나고 생동감이 있어 영유아들이 좋아하나 3박자(3/4)나 2박자계의 겹박자(6/8)의 부드럽고 서정적인 노래도 함께 제공하는 것이 좋다. 또한 길이가 대략 8~16마디 내외이며 밝고 경쾌한 느낌을 주는 장조(다, 사, 라장조)로 이루어져 있고 멜로디, 노랫말, 리듬에 있어 음률적인 반복이 많은 노래가 영유아에게 바람직하다(하정희, 조영진, 강혜정, 2010). 노랫말 또한 영유아의 생활이 담긴 것으로 기억하기 쉬우며 아름다움을

전해 줄 수 있는 문학적 가치가 있는 것이 적절하다.

〈표 3-5〉 노래 부르기 교육 내용

구분	교육 내용
노래 부르기	• 다양한 형식의 동요를 부른다. • 다양한 내용의 노랫말이 있는 동요를 부른다. • 생활주제에 따른 동요를 부른다. • 바른 태도로 노래를 부른다. • 노래로 자신의 생각과 느낌을 표현한다.

영유아가 음악을 즐기며 자기를 표현할 수 있는 가장 보편적인 방법은 노래 부르기이다. 노래 부르기는 음악적 경험의 중요한 요소일 뿐만 아니라 영유아교육과정 구성 요소 중 하나로서 보편적으로 추구하는 통합교육과정 운영의 자료로 유용하다(김영연, 2002; Hart et al., 1997). 영유아는 노래 부르기를 통하여 자신의 감정의 균형을 유지하는 능력을 기르며 지각력, 기억력, 상상력, 사고력 등 뇌기능을 촉진함으로써 인지 능력, 언어 능력, 창의력이 향상된다. 또한 친구들과 함께 노래를 부르면서 소리를 어울리게 맞추어 가는 과정을 통해 협동심과 사회성이 발달되며 즐거운 분위기에서 아름답게 노래함으로써 음악적 감동을 경험하면서 풍부한 정서와 음악성이 발달한다(전인옥, 이숙희, 2007).

영유아의 노래 부르기 활동을 지원하기 위해서는 일차적으로 영유아의 노래 부르기 발달 단계를 이해하고 적절한 노래를 선정하여 올바른 방법으로 지도하는 것이 필요하다.

(1) 노래 부르기의 발달

영유아의 노래 부르기는 언어를 배우는 것과 마찬가지로 여러 발달 단계를 거치면서 노래를 부를 줄 알게 되는데 영유아의 노래 부르기 발달 단계는 다음과 같다(이영, 유애열, 1985; Campbell & Scott-Kassner, 2006; Greenberg, 1979).

① 초기 발성기

제1단계는 1~3개월 영아의 초기 발성기이다. 영아기 때 내는 목소리는 이후, 언어 구사뿐만 아니라 모든 가창의 기초가 되는데 소리의 레퍼토리는 제한되어 있으며 매우 빨리 새로운 소리와 접촉하게 된다. 출생 후 1개월 안에 울음 이외에 다른 소리(쿠잉 : '아', '이' 등의 모음들)를 많이 사용하며 옹알거리거나 하품, 한숨, 재채기, 기침, 트림 소리를 사용하고 이러한 모든 발성에 있어서 모음 소리가 많다.

② 목소리 실험과 소리 모방하기

제2단계는 3개월~1년 6개월 영아의 목소리 실험과 소리 모방기이다. 영아는 단어를 통하여 의미 있는 말을 할 수 있기 훨씬 전부터 소리의 패턴과 억양을 흉내 낸다. 3~4개월째 언어적 옹알이가 시작되고, 다양한 높이로 말소리를 내는 음악적 옹알이는 6~9개월에 시작한다. 1년에서 1년 6개월이 되면서 리듬패턴과 높낮이를 이용한 옹알이를 한다. 새롭고 신기한 소리에 매력을 느끼며 들려오는 노래의 간단한 음의 고저를 비슷하게 따라 한다.

③ 대략적으로 노래 부르기

제3단계는 1년 6개월~3세 영유아의 대략적 노래 부르기 단계이다. 대부분의 영유아들이 노랫말이나 리듬뿐 아니라 음높이도 모방해 낼 수 있게 되며 이 시기는 영유아의 가창 능력 발달에 매우 중요한 시기이고 언어 발달에 있어서도 급격한 발달을 보이는 단계이므로 리듬악기를 이용하여 정확한 박자와 정확한 리듬을 가르쳐야 한다. 음패턴의 리듬과 반복을 좋아하며 악기에 관심을 갖고 단순한 노래 게임을 배울 수 있다.

④ 한정된 범위 내에서 정확하게 노래 부르기

제4단계는 3~4세 유아의 한정된 범위 내에서 정확하게 노래 부르기 단계이다. 약 3세가 되면 대부분의 유아가 훈련을 통해 비교적 제한된 음역(레~솔)과 몇 개의 다른 음높이를 가지는 노래나 멜로디 패턴의 노래를 부를 수 있다. 자발적으로 노래를 지어 부르기 시작하며 음의 고저와 속도를 변화시키고 점차 더 정확하게 단순한 악절을 노래한다. 이 시기는 가능한 한 많은 노래를 들려주고 불러 볼 수 있는 기회를 최대한 부여한다.

⑤ 좀 더 넓은 범위에서 정확하게 노래 부르기

제5단계는 4세 이상 유아의 좀 더 넓은 범위에서 정확하게 노래 부르기 단계이다. 이 시기는 좀 더 넓은 음높이 범위와 좀 더 어려운 리듬과 노랫말을 좀 더 복잡한 곡조로 부를 수 있게 된다. 5세가 되면서 유아는 자신을 음악적으로 표현하는 일차적인 수단으로써 목소리를 사용하는 데 능숙해진다. 표현의 정확성이 향상되고 여러 활동의 동시작업도 가능하므로 노래 부르면서 동작으로 표현하기 활동 등을 제공한다.

(2) 노래의 선택

영유아의 음악교육에서 활용되는 노래의 선택은 매우 신중해야 하며 내용이나 음악적인 면에서 영유아의 음악적 특성에 적절한 노래를 활용하여야 할 것이다. 영유아에게 적합한 노래를 내용, 조성, 형식, 박자와 리듬, 음역면에서 살펴보면 다음과 같다.

① 노래의 내용

영유아 노래의 내용은 영유아가 생활 속에서 경험한 일을 노랫말로 다루어 쉽게 이해할 수 있고 실감할 수 있는 내용이어야 한다. 영유아는 동물이나 영유아 자신에 관한 노래를 즐기고 의성어, 의태어 등으로 구성된 다양한 노래들을 좋아한다. 비교육적 어휘나 심성 발달에 저해되는 속어, 대중적인 성인 용어나 부정적 언어는 피해야 하며 영유아의 성격과 정서를 정화시키고 영유아로 하여금 호기심과 상상력을 불러일으키고, 행복감과 아름다움을 느낄 수 있게 하는 노랫말이 좋다.

노랫말의 길이는 너무 길지 않은 어구로 되어야 하며 연령이 어릴수록 노랫말이 짧고 반복이 많으면 좋다. 또한 주고받는 에코형식의 노래(echo song)를 좋아한다. 실제로 영유아를 위한 대부분의 노래는 전통적인 자장가, 손유희, 노래게임이나 동요 등으로 영유아는 다음과 같은 내용의 노래를 즐겨 부른다.

- 이야기가 있는 노래, 극화할 수 있는 노래
- 자기 자신과 관련된 노래, 특히 자신의 이름을 넣어 부를 수 있는 노래
- 영유아의 친근한 일상을 다루고 있는 노래
- 자연이나 동물, 계절에 관한 노래
- 가족이나 친구, 여러 사람에 관한 노래
- 지시가 있는 움직임을 유도하는 노래
- 손유희를 할 수 있는 노래

② 노래의 조성

영유아는 활동적이고 밝으므로 영유아 동요는 밝고 경쾌한 느낌의 장조가 더 잘 어울린다. 그러나 단조의 노래라도 노랫말과 곡의 흐름이 많이 우울하지 않는 것은 정서 발달의 균형을 이루기 위해 바람직하다(임혜정, 2013).

③ 노래의 형식 및 길이

영유아의 노래는 너무 길지 않아야 하며 대략적으로 16마디 내외가 적당하나 곡의 길이는 연령에 따라 조절될 수 있다. 음악의 형식에서 사용되는 용어는 동기(2마디), 작은악절(4마디), 악절(8마디), 2중악절(16마디) 등이며, 영유아에게 적합한 악곡의 형식은 한도막형식(8마디)이나 작은 세도막형식(12마디)이지만 5세의 경우 세도막형식(24마디)까지 확대될 수 있다.

④ 노래의 박자와 리듬, 빠르기

- **박자**: 2박자나 4박자계의 홑박자(2/4, 2/8, 4/4 등)는 경쾌하고 생동감을 줄 수 있으며 영유아들이 선호하나 영유아의 조화로운 심성 발달을 위해서는 2박자나 4박자계뿐 아니라 3박자(3/4, 3/8 등)나 2박자계의 겹박자인 6박자(6/4, 6/8 등) 같은 부드럽고 유연성 있는 음악도 필요하다.

- **리듬**: 영유아는 생동감 있고 리듬에 더 잘 반응한다. 연령이 어릴수록 리듬이 단순하고 반복적이며 규칙적인 박자감이 잘 느껴지는 리듬 형이 좋다. 너무 긴 박자는 영유아의 호흡 조절에 무리가 따르며 너무 짧은 박자의 연속(빠른 리듬패턴)은 리듬과 음정, 노랫말에 있어서 하나씩 정확히 표현하기에 무리가 따른다. 붓점 리듬이나 당김음, 셋잇단음표 등은 영유아가 이해하기 어렵다. 그러나 영유아는 보고 부르기가 아니라 주로 듣고 배우는 방법으로 터득하므로 이 같은 리듬 자체보다는 전후 리듬과의 연결이 자연스러운 리듬패턴을 이루고 있는지와 반복되는 형식으로 나타나고 있는지 여부를 파악하여야 한다.

- **빠르기**: 영유아들은 느린 곡보다 빠르고 경쾌한 곡에 더 잘 반응하며 느린 곡보다 빠른 곡을 더 잘 부른다. 너무 빠르거나 너무 느린 곡은 영유아의 운동신경 발달의 미숙과 호흡 조절의 미숙으로 노랫말과 가락의 정확한 표현이 어렵다. 빠르기는 노랫말을 포함한 곡의 성격과 분위기에 따라 빠르게, 보통 빠르게, 느리게 등으로 달라질 수 있으며 같은 곡이라도 빠르기에 따라 느낌이 달라질 수 있다. 그러므로 모든 영유아 동요에 동일한 빠르기를 적용해서는 안 되며 곡의 성격과 분위기에 따라 영유아에게 가장 적당한 빠르기가 적용되어야 한다.

⑤ 노래의 음역

음역(vocal range)이란 노래를 부를 때 소리를 낼 수 있는 최저음부터 최고음까지의 범위를 말하며 그 범위는 아래와 같이 음이름으로 표기한다.

영유아들은 음역이 너무 넓지 않은 것을 좋아한다. 영유아의 음역은 개인차가 심할 수 있지만, 연령에 따라 충분히 소리 낼 수 있는 충분 음역을 구분해 볼 수 있다. 3~5세 유아의 경우에는 가운데 도에서 라 정도의 6도 음역, 6~7세 유아의 경우는 가운데 도에서 높은 도까지 8도 음역을 적절한 음역이라고 할 수 있다(전인옥, 이숙희, 2007).

연령별 영유아의 음역과 영유아가 편안하게 노래 부를 수 있는 음역은 [그림 3-6], [그림 3-7]과 같다.

[그림 3-6] 연령별 영유아의 음역

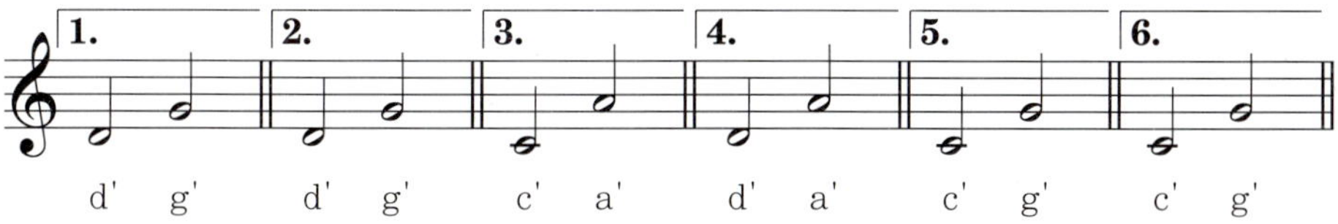

1. Swanson(1964) 2. Shelly(1969) 3. MacDonald(1978) 4. Greenberg(1979)
5. Brewer(1995) 6. Taylor(1995)

[그림 3-7] 영유아가 편안하게 노래 부를 수 있는 음역

이상을 종합하여, 우리나라 영유아교육기관에서 선호하는 동요들에 대한 분석에서 나타난 영유아에게 적합한 동요와 부적합한 동요의 특징을 살펴보면 다음과 같다(임혜정, 2004).

영유아에게 적합한 노래의 특징

- 가락의 진행은 음정 폭이 넓지 않으며 순차진행이 많다.
- 반복적 구조가 많다.
- 간단한 음표와 단순한 리듬을 주로 사용한다.
- 영유아의 호흡을 고려하여 리듬을 처리한다.
- 노랫말의 강세와 문법 구조에 따른 리듬 및 가락 표현이 적절하다.

영유아에게 부적합한 노래의 특징

- 노랫말에 대한 음악적 표현이 부적절하다.
- 영유아가 노래하기에 복잡한 리듬으로 되어 있다.
- 자연스럽지 못한 음정의 진행으로 되어 있다.
- 영유아가 호흡을 조절하기 곤란한 리듬으로 진행된다.
- 가락 흐름선의 굴곡이 심하다.
- 센내기의 곡에서 여린내기 악절로 인한 혼란을 가져온다.
- 가락이 같은 방향으로 계속 진행된다.
- 고음에서 반복되는 음을 사용한다.
- 노래의 시작 음역이 너무 높다.
- 같은 음의 지속적인 반복으로 인하여 가락의 진행이 원활하지 못하다.

(3) 새 노래 지도방법

영유아에게 적절한 동요가 선정되면 효과적으로 영유아가 노래를 배우고 부를 수 있는 과정이 필요한데, 이를 단계적으로 살펴보면 다음과 같다(임혜정, 2013).

① 미리 들려주기

새 노래에 대하여 친근감을 가질 수 있도록 사전에 놀이활동 시간이나 식사 시간 등을 이용하여 음악을 들려주면 영유아에게 친숙해질 수 있어서 좋다.

② 동기 부여

새 노래를 가르칠 때는 노래의 주제나 노랫말과 관련된 그림 자료, 소도구, 영상 자료, 음향 자료(동물 울음소리, 각종 자동차 소리 등) 등을 이용하여 노래의 내용을 소개하면 영유아의 흥미와 이해도를 높일 수 있다. 또한 노래의 주제와 관련하여 짧은 동화를 꾸며 들려주거나 주제와 관련된 영유아의 경험을 이야기 나누기, 간단한 게임 등을 통하여 노래의 내용에 대한 이해를 증진시킬 수 있다.

③ 교사의 모델링

노래를 배우는 데 있어서 교사의 모델링은 매우 중요하다. 교사의 목소리, 눈빛, 동작, 입 벌리는 모양 등 일체가 노래를 익히는 데 효과적으로 작용하므로 어느 것도 소홀히 할 수 없다. 가능하면 교사는 노래를 외워 부르는 것이 좋으며 교사의 음정은 항상 정확해야 하나 정확성에 확신이 없다면 잘 조율된 악기로 가락을 연주해 주거나 CD나 녹음테이프를 들려주어 보완할 수 있다.

④ 영유아와 함께 노래 부르기

영유아와 함께 노래 부르기를 할 때는 부분을 끊어서 가르치는 분절법보다는 곡 전체를 중단 없이 불러 보는 전체법이 더 좋다. 노래를 한 소절씩 끊어서 가르치면 곡 전체의 흐름이 중단되어 전체적인 분위기를 느끼는 데 지장이 있다. 그러나 영유아가 정확하게 표현하지 못하는 특정 부분의 부분연습을 위하여 어느 한 부분을 떼어서 여러 번 불러 볼 수는 있다. 노래를 부를 때는 무엇보다도 편안한 분위기를 조성하고 심리적 안정과 즐거운 마음으로 마음껏 표현하도록 도와야 한다. 흥에 겨운 나머지 너무 거칠고 큰 소리를 질러내지 않도록 하고 부드러운 소리와 정확한 발음으로 노래하도록 한다. 영유아에게 너무 높은 음역이나 낮은 음역의 노래는 노래 부르기에 지장을 초래하므로 조를 낮추거나 높여서 음역을 조절할 수 있으면 좋다.

⑤ 부분연습

노랫말의 발음이 어렵거나 리듬의 표현이 정확하지 않거나 음정이 부정확한 부분 등 영유아가 노래 부르기에 어려운 부분은 따로 떼어 교사의 시범과 함께 영유아를 교정하는 과정을 여러 번 반복한 후 전체를 연결하여 불러 본다. 음정의 교정은 피아노 등을 여러 번 쳐서 들려주면 좋은데, 이때 피아노 반주는 오른손 주 가락만 들려주는 것이 정확한 음정을 익히는 데 도움이 된다.

⑥ 반주에 맞추어 노래 부르기

노래 부르기 활동에서 반주의 역할은 매우 크다. 반주는 가락을 정확하게 표현하여 영유아들이 정확하게 노래하도록 돕는 이외에 화성과 리듬감을 통하여 곡의 분위기를 살려 주고 아름다움을 느끼게 하는 훌륭한 도구이다. 그러므로 영유아의 노래 부르기 활동에서 교사의 반주 능력은 매우 중요하다. 반주에 맞추어 노래 부르기에서 무엇보다 중요한 것은 반주 소리가 영유아들의 노랫소리보다 커서는 안 된다는 것이다.

⑦ 다양한 방법으로 노래 부르기

영유아들이 동요를 충분히 익혀서 익숙하게 된 후에는 원곡을 다양하게 변화시켜 노래 부르기를 하면 좋다. 이는 영유아에게 창의적 사고와 창의적 표현의 기회를 제공하는 것으로 매우 좋은 방법이다.

⑧ 평가 및 격려

노래 부르기 활동은 영유아의 자발적인 참여와 적극적이고 능동적인 표현을 유도해야 하는 것이므로 영유아의 활동에 대하여 교사의 격려는 영유아로 하여금 자신감과 적극적인 표현을 이끌어 내는 활력소가 된다. 또한 노래 부르기 활동을 마무리할 때는 전체적으로 활동에 대하여 평가의 시간을 가지는 것이 좋다. 평가의 내용으로는 활동에서 즐거움을 느낀 부분이나 자신의 느낌, 부족했던 부분 등에 대하여 이야기해 보거나 이와 관련하여 교사가 느낀 점을 이야기할 수 있다.

3) 악기 다루기

영유아는 주변에서 들리는 소리활동과 악기활동을 통해서 음악을 편안하게 받아들이며 스스로 음을 만들고 듣는 것에 대해서 기쁨을 느낀다. 악기 다루기는 영유아들에게 리듬감을 느끼게 하는 음악활동으로 음악에 대한 관심과 흥미를 길러주고 즐기도록 하여 음악적 선호를 발달시키는 데 그 목적이 있다(하정희, 조영진, 강혜정, 2010). 영유아교육기관에서 사용하는 악기는 실로폰, 피아노와 같은 선율악기와 북, 트라이앵글, 탬버린, 마라카스, 장구와 같은 리듬악기로 나눌 수 있으며 재활용품 및 손쉽게 구할 수 있는 재료를 이용하여 다양한 리듬악기를 직접 제작할 수도 있다. 영유아가 악기 다루기 경험을 할 때 교사는 영유아 스스로 악기 소리를 창조하고 실험해 볼 수 있도록 충분한 시간과 공간을 제공해야 한다(김혜경, 2009).

[그림 3-8] 리듬악기 연주하기

〈표 3-6〉 악기 다루기 교육 내용

구분	하위 내용		교육 내용
악기 만들기	악기 창작과 제작	• 주변의 재료를 이용하여 악기 만들기 • 악기 고안하기	• 자연물과 생활용품 및 재활용품을 이용하여 악기를 만든다. • 재료가 내는 소리의 특징을 고려하여 악기를 만든다. • 자신만의 악기를 고안하여 만든다.
악기 연주하기	악기 탐색과 연주	• 악기를 가지고 연주하기 • 즉흥 연주하기	• 여러 종류의 리듬악기를 탐색한다. • 리듬악기의 바른 연주법을 이해한다. • 리듬악기를 가지고 친숙한 노래에 맞추어 리듬치기를 한다. • 리듬악기를 가지고 음악의 장단, 고저, 강약을 연주한다. • 악기로 느낌을 살려 즉흥적으로 연주한다. • 악기로 간단한 가락과 반주를 연주한다.

(1) 악기 다루기의 발달

영유아의 악기 다루기 능력은 신체 발달 단계와 밀접한 연관이 있는데 연령별 발달 단계는 다음과 같다(하정희 외, 2010; Greata, 2006).

① 0~1세

딸랑이를 흔들 수 있으며 간단한 리듬악기뿐만 아니라 냄비뚜껑, 그릇 등 생활용품을 두드려 소리 내는 것을 좋아하지만 박자가 정확하지는 않다.

② 2세

음악의 박자에 맞추어 손뼉을 치거나 간단한 리듬악기들을 연주하며 악기 소리를 탐색한다. 악기나 다른 사물을 가지고 소리를 만들어 내며 건반악기의 건반들을 무작위로 치며 소리를 낸다. 또한 장난감 실로폰이나 탬버린, 마라카스 등의 악기 소리 듣기를 좋아한다.

③ 3세

근육의 힘이 가능하게 되어 우드블록, 탬버린, 귀로 등의 악기를 연주할 수 있으며 박자에 따라 리듬악기를 사용할 수 있다. 또한 리듬악기나 주변의 물건을 이용하여 리듬, 강약, 고저 등 음악적 요소를 표현하는 것이 가능해진다.

2, 3세는 청각적 호기심이 압도적으로 발동되는 시기로서 영유아는 이 물건 저 물건을 던지고 막대기로 여기저기를 두드리고 다니는데, 자신의 능력으로 물건을 두드리면 소리가 난다는 그 자체만으로도 만족하고 새로운 소리를 탐색하는 즐거움만으로도 만족한다.

④ 4세

악기를 연주하면서 박자, 빠르기, 음높이 등을 비교적 정확히 인식할 수 있으며 리듬악기로 패턴을 탐색하고 악기를 가지고 느낌이나 생각을 표현할 수 있다. 그러나 3, 4세로 성장해 가면서 다양하고 독특한 소리를 경험하게 되는데, 어떻게 두드리면 부드러운 소리가 나고 어디를 두드리면 시끄러운 소리가 난다는 것을 알게 된다. 또한 비슷한 소리, 아주 다른 소리, 큰 소리, 작은 소리, 높은 소리, 낮은 소리, 상쾌한 소리, 기분 나쁜 소리, 무서운 소리, 정다운 소리, 무거운 소리, 가벼운 소리 등 소리의 차이를 깨우쳐 간다.

⑤ 5세

이 시기의 유아는 대부분의 리듬악기들을 연주할 수 있으며 단순한 가락을 연주할 수도 있다. 노래와 찬트에 맞추어 리드미컬하게 몸을 움직일 수 있고, 음의 고저, 장단 등과 같은 음악의 구성 요소를 시각적인 부호와 연결하기 시작한다. 유아가 두드리는 것은 소리에 대한 호기심이며 새로운 것을 찾으려는 욕구이다. 이때에 소리가 곧 음악이고 새로운 것을 찾으려는 시도가 창의성이다.

(2) 악기의 종류와 연주법

영유아는 음색과 리듬에 대한 감각을 먼저 습득하고 눈과 손의 협응력이 발달하면서 악기를 다룰 수 있게 되는데, 유아 손가락 끝의 기능 발달은 8세부터 상승하여 9~10세에 거의 완성된다. 그러나 청감각은 3세부터 급속히 발달하므로 영유아에게 악기 도입은 빠를수록 좋으며 연주가 용이한 악기부터 다루게 하는 것이 효과적이다(임혜정, 2013).

영유아들에게는 가락악기보다 리듬악기가 다루기 쉽고 소리내기 쉬우므로 먼저 도입되는 것이 좋으며 영유아의 신체 발달을 고려하여 너무 큰 악기나 무거운 악기는 피하는 것이 좋다. 영유아들이 주로 다룰 수 있는 악기를 분류하여 보면 다음과 같다.

① 신체악기

인간의 신체는 영유아들에게 있어 가장 좋은 악기이다. 손, 발, 팔, 다리, 어깨, 팔꿈치, 무릎, 배 등 신체의 여러 부분이 다양한 소리를 낼 수 있다. 특히 영유아들은 다른 사람을 흉내 내기도 하지만 자기 몸으로 소리 내는 것을 좋아한다. 신체를 활용해 낼 수 있는 소리를 살펴보면 손뼉 치기, 휘파람 불기, 허밍 하기, 고개 끄덕이기, 허벅지 치기, 손가락 튕기기, 머리 두드리기, 말하기, 눈 깜박이기, 혀 차기, 발 구르기, 볼 두드리기, 쉿 소리내기, 손가락 꺾기, 가슴 두드리기, 등 두드리기 등이 있다.

② 리듬악기

리듬악기는 모든 연령층의 영유아들이 즐기는 악기로 영유아들이 쉽게 놀이도구로써 접근할 수 있는 훌륭한 악기이면서도 별로 비용이 많이 들지 않는다는 장점이 있다(전인옥, 이숙희, 2007). 리듬악기는 각 악기 나름대로의 독특한 연주방법이 있으나 처음 악기를 접하는 영유아에게 이러한 연주방법을 강요하는 것은 바람직하지 않다. 교사는 영유아가 개별적으로 각 악기의 소리 내는 방법과 쥐는 모습, 방법 등에 익숙해질 때까지 탐색을 하도록 충분한 시간과 장소를 허락한다.

리듬악기의 종류와 연주법을 소개하면 다음과 같다.

◦ 캐스터네츠(castanets)

단단한 나무나 상아 등을 재질로 한 2개의 판이 맞부딪쳐서 소리 나는 악기이다. 연주법은 한쪽 손바닥 위에 캐스터네츠를 올려놓고 다른 쪽 손가락으로 리듬감 있게 치면 된다. 손가락 검지와 장지를 교대로 빠른 속도로 두드림으로 트레몰로 효과를 낼 수 있다.

◦ 트라이앵글(triangle)

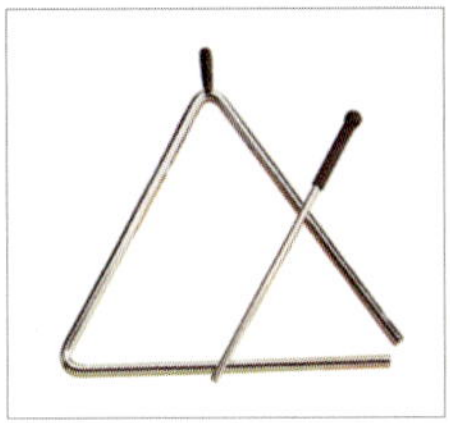

한쪽 구석이 조금 열린 역삼각형의 강철 막대로서 한쪽 고리로 매달아 같은 재질의 막대로 삼각형 밑면 중앙을 수직으로 가볍게 쳐서 소리 내는 악기이다. 열려 있지 않은 삼각형 두 변을 막대를 이용해 빠른 속도로 침으로써 트레몰로 효과를 낼 수 있다.

◦ 탬버린(tambourine)

금속 또는 나무로 만든 둥근 테의 한쪽 면에 가죽을 입히고 테에 방울을 단 악기이다. 연주법은 한 손가락은 테의 바깥쪽을 잡고, 나머지 손가락들은 테의 안쪽을 잡은 후 다른 쪽 손바닥이나 손가락 끝으로 치면 된다. 한 손으로 악기를 위를 향해 들고 빠르게 계속 흔들어서 트레몰로 효과를 낼 수 있다.

◦ 마라카스(maracas)

보통 양손에 하나씩 잡고 흔들어 소리 내는 악기이다. 금속, 플라스틱, 나무 등의 용기에 곡식이나 작은 조각을 넣고 흔들어 소리를 낸다. 빠른 속도로 계속 흔들면 트레몰로 효과를 낼 수 있다.

- 방울(bell)

손으로 흔들어서 소리 내는 악기로 조그맣고 동그란 얇은 금속 안에 단단한 작은 물질을 넣어 흔들어 소리 나게 한다. 악기를 손에 쥐고 주먹 쥔 다른 손으로 악기를 쥔 손의 주먹이나 손목을 쳐서 소리 내면 은은하고 맑은 방울 소리가 울려 퍼진다. 빠른 속도로 계속 흔들면 트레몰로 효과를 낼 수 있다.

- 우드블록(wood blocks)

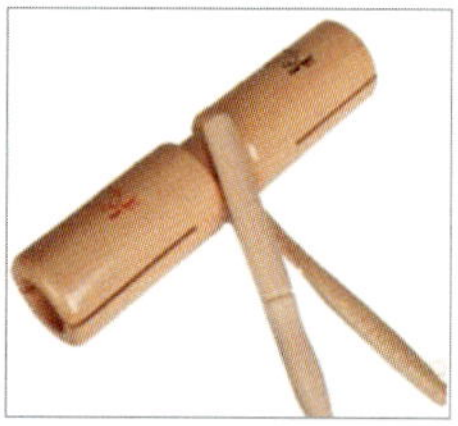

속을 파낸 단단한 나무를 막대로 두드려 소리 내는 악기로 두 개의 원통이 하나의 막대에 달려 있다. 두 원통 양면은 음의 높낮이가 조금 달라 강박과 약박의 음을 모두 연주할 수 있다. 구두 굽 소리, 물이 똑똑 떨어지는 소리 등을 잘 표현해 낼 수 있다.

- 샌드블록(sand blocks)

사포가 붙어 있는 양면을 서로 비벼 소리가 나게 하는 악기이다.

- 심벌즈(cymbals)

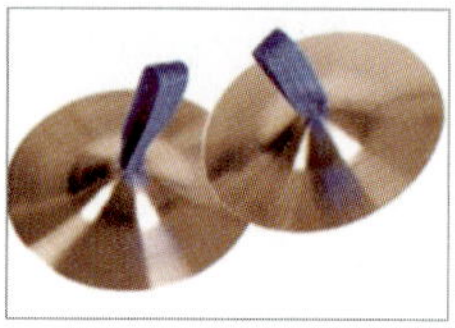

두 개의 원형 평판과 오목판으로 이루어진 악기로서 양 손에 한 개씩 들고 서로 맞부딪쳐서 소리 낸다. 악센트나 클라이맥스 효과를 위해 사용된다. 유아들은 작고 가벼운 유아용 심벌즈를 사용하는 것이 좋다.

- 큰북(bass drum)

목재나 금속재 원통 양면에 얇은 가죽을 씌우고 부드러운 북채로 반동을 이용해 쳐서 소리 내는 악기이다. 큰북은 강박, 강조되는 박자에 사용된다. 북을 세워 고정시키고 북채로 반동을 이용해 부드럽게 북면 중심부를 치면 된다.

- 작은북(snare drum)

작은 원통 아래쪽 표면에 여러 개의 울림 줄이 붙어 있는 악기로 연주 시 대개 큰북과 함께 사용되며 주로 약박에 사용된다. 트레몰로 효과가 뛰어나다.

③ 멜로디 악기

각 음이나 멜로디를 연주하기 위해 일정한 음의 높낮이를 내는 악기이다. 멜로디 악기는 음의 높낮이와 멜로디 개념의 발달을 돕고 친숙한 노래의 간단한 음정패턴을 연주하는 데 사용된다. 유아가 다룰 수 있는 멜로디 악기의 종류와 연주법은 다음과 같다.

- 리코더(recorder)

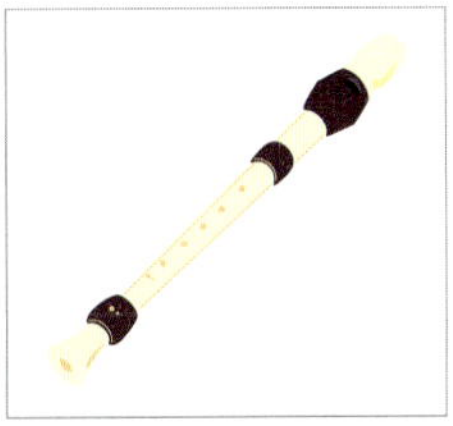

부드럽고 소박한 음색을 지닌 악기이다. 리코더는 여러 개의 손가락 구멍이 있는데, 이를 열고 닫음에 따라 음높이가 달라지기 때문에 유아들이 연주하기에는 어려운 악기이다. 그러나 소리를 탐색하고 감상할 수 있는 음악적 경험을 할 수 있는 악기이다.

◦ 하모니카(harmonica)

입에 대고 숨을 내쉬거나 들이마심으로 소리가 나는 악기로서 만 5세 이상의 유아들에게 간단한 멜로디는 큰 어려움 없이 연주가 가능한 악기이다.

◦ 핸 드벨(handbell)

종 모양을 한 맑고 깨끗한 음색을 지닌 악기로서 아름다운 하모니를 이룰 수 있는 악기이다. 유아들에게는 무지개 색깔(도－빨간색, 레－주황색, 미－노랑색, 파－초록색, 솔－파란색, 라－남색, 시－보라색, 높은 도－빨간색)의 8개의 음으로 구성된 핸드벨이 적당하며, 도에서 높은 도까지의 음역에 해당하는 단순한 멜로디의 곡을 연주하게 하는 것이 바람직하다. 종 하나가 한 개의 음을 가지고 있어 유아들은 자신의 해당 음만 연주하면 된다.

◦ 실로폰(xylophone)

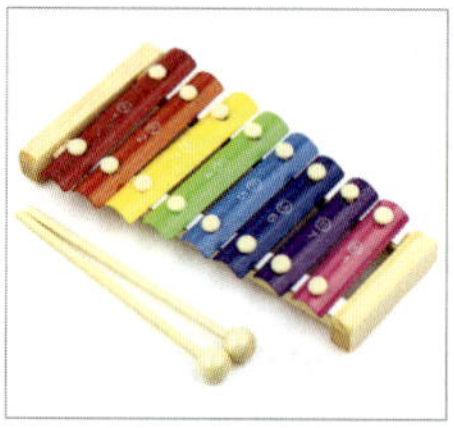

목금이나 철금이 있는데, 일정한 음높이를 지닌 나무막대나 쇠막대를 음높이 순으로 늘어놓은 악기를 말한다. 보통 양손으로 연주할 수 있으나 유아들에게는 어려워 한 손으로만 연주하는 것이 좋다. 채를 한 손에 잡고 어깨, 팔, 손목의 힘을 뺀 후 반동을 이용해 음판 중간 부분을 가볍게 친다.

◦ 멜로디언(melodeon)

마우스피스를 입으로 불면서 손가락으로 건반을 눌러 소리를 내는 소형 건반악기이다. 멜로디언은 멜로디를 느끼기 위해 유아기에 경험할 수 있

는 악기이지만 계이름을 외워 완벽한 멜로디를 연주하도록 하는 등의 방법은 적절치 못하다. 멜로디를 강조하기 위해 멜로디언을 사용하는 것은 좋지 않다(김영연, 2002). 또한 멜로디언은 공기 주입 호스를 입에 물고 바람을 집어넣으며 동시에 건반을 움직여 소리를 내는 악기이므로 유아의 입이 직접 닿는 부분은 철저한 위생 관리가 필요하다.

- 피아노(piano)

음역이 가장 넓은 건반악기로서 선율과 화음을 연주할 수 있는 악기이다. 유아들은 단순한 멜로디를 연주할 수 있다.

④ 국악기

- 장구

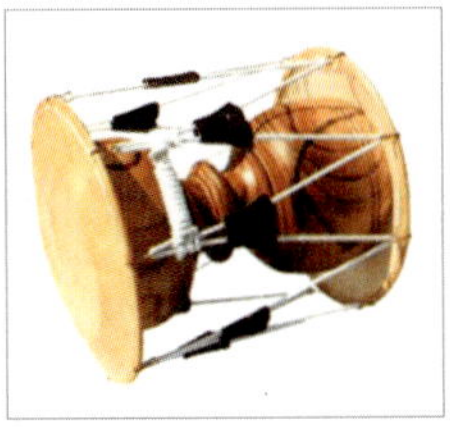

모든 음악에 거의 쓰이는 장단악기로써 왼편의 두꺼운 가죽은 손으로, 오른편의 얇은 가죽은 대나무 채로 친다. 연주법은 북편과 채편을 동시에 치는 합창단의 쌍, 채편을 채로 치는 편, 북편을 왼손 바닥으로 치는 고, 채편 가죽을 트레몰로와 같이 굴리는 네 가지 방법이 있다.

- 소고

농악과 민속무에 주로 쓰이는 북으로 왼손으로 손잡이를 잡고 오른손에 작은 방망이 채를 들어 앞뒤로 두드리며 춤추면서 연주한다.

- 꽹과리

소금 또는 꼉쇠라고도 불리는데, 농악에서 으뜸가는

리듬악기이며 주도적인 역할을 한다. 꽹과리를 치는 사람을 상쇠라고 부르며 연주법은 크게 대점을 칠 때는 꽹과리 복판과 직각으로 하여 치고 잔가락을 칠 때는 복판과 나란히 굴려 친다. 소리를 끊어 칠 때는 왼손 바닥을 꽹과리 안 복판에 대고 치고 소리를 올려 칠 때는 왼손 바닥을 꽹과리 한복판에서 떼고 친다.

◦ 박

6개의 단단한 박달나무로 쥔 편목의 위에 구멍 2개를 뚫어 만든 것으로 벌렸다가 오므리면서 소리를 내게 되어 있다. 음악이 시작할 때는 한 번 치고, 그칠 때는 세 번 친다. 또 악절이 변화할 때에 발을 한 번씩 쳐서 연주자가 구분할 수 있게 하기 때문에 지휘 역할도 하게 된다.

◦ 자바라

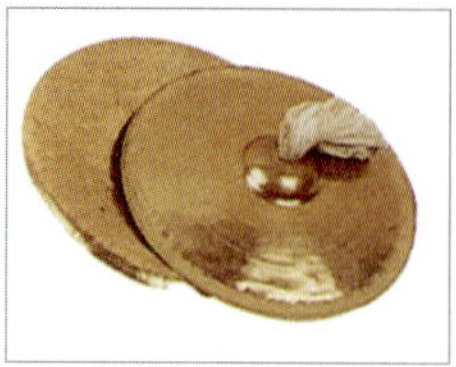

자바라는 딴이름으로 바라 또는 제금이라고 하고 예전에는 발이라고도 하였다. 불교음악에 쓰는 동발, 향발은 각각 크기가 다를 뿐 같은 종류에 속한다. 현재는 대취타, 불교음악, 무악 등의 연주에 쓰이며 바라춤의 무구로도 쓰인다.

◦ 징

음악에서 특별한 효과를 위해 사용되는데, 방울 소리를 흉내 내기도 하고 음악의 클라이맥스에 연주되기도 한다. 오래 지속되는 음의 진동의 의미를 보여주기에 뛰어난 악기이며 털로 만든 채나 금속 채로 튀기듯이 쳐서 소리를 낸다. 농악에서는 매 장단 첫 박에 많이 치는 타악기로 왼손으로 징의 손잡이를 잡으며 오른손으로 징채를 들고 징의 복판을 친다.

◦ 용고

북통 양편 고리에 끈을 매어 어깨에 메고 두 손에 쥔 채로 위에서 내려쳐서 연주한다. 군례나 대취타 등의 행악에 사용된다.

◦ 목탁

목탁은 원래 불교에서 독경할 때 쓰이던 종교적 도구였으나 나무로 만들어서 맑고 고운 음색을 지니고 있고 크기에 따라 각기 다른 음을 나타내기 때문에 요즘에는 좋은 타악기의 하나로 각광을 받고 있다. 최근에는 목탁이 아동용 악기로 개조되어 사용되고 있다.

⑤ 재활용품 악기와 생활용품 악기

일반적인 악기 이외에 주변의 생활용품이나 폐품으로 만드는 악기가 있는데, 유아들은 상품화된 악기보다 재활용품을 이용하여 악기를 직접 만드는 것을 더 좋아한다. 시중에서 구입하는 리듬악기는 두드리거나 흔들면 비교적 요란한 소리가 나는 반면 주변에서 쉽게 구할 수 있는 폐품이나 생활용품으로 만드는 악기는 소리가 은은하고 잔잔하며 매력적이다. 또한 리듬악기를 만드는 재미를 느낄 수 있으며 버려지는 물건을 활용하기 때문에 구입하는 데 비용이 들지 않는 이점이 있다. 유아와 함께 만들어 볼 수 있는 재활용품 악기와 생활용품 악기의 종류는 다음과 같다.

◦ 마라카스

• 요구르트병(플라스틱 병) 마라카스

요구르트병이나 작은 플라스틱병에 콩, 조, 팥, 쌀 등의 곡식, 다양한 모양의 마카로니, 작은 돌, 모래, 고운 흙, 색깔 빨대를 잘게 자른 것, 작은 나뭇조각 등을 넣어 유아가 서로의 소리를 비교할 수 있도록 한다.

• 달걀 마라카스

2등분 된 플라스틱 달걀 안에 콩, 팥, 단추 등을 넣은 후 닫고 겉면을 시트지로 장식한다.

• 아령 마라카스

빈 플라스틱 물통에 쌀, 콩, 팥 등을 넣고 겉면을 장식한다. 4개의 빈 플라스틱 병에 쌀, 콩, 팥 등을 넣고 두 개씩 붙여 겉면을 장식한다.

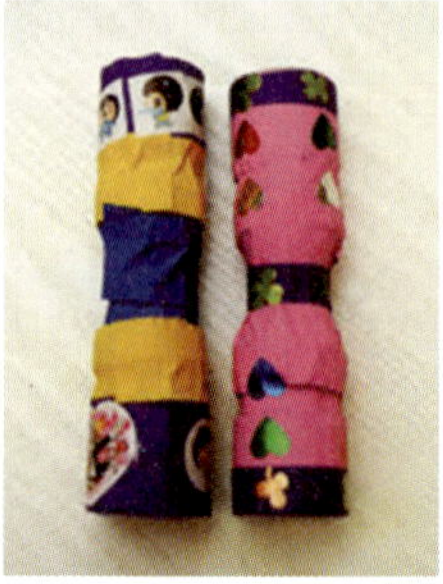

◦ 드럼

• 깡통(플라스틱 통) 드럼

다양한 크기의 원기둥 모양의 깡통(플라스틱 통) 겉면을 컬러 시트지로 장식하고 깡통을 뒤집어 깡통 바닥을 손이나 북채를 만들어 친다. 깡통(플라스틱 통)의 옆면을 까슬이와 보슬이로 이어 붙여 두 개의 드럼이 되게 한 후 드럼 채로 치면 또 다른 재미를 느낄 수 있다. 북을 칠 때는 두 무릎 사이에 끼우고 치거나 실외 놀이터에서는 모래 바닥에 놓고 쳐도 재미있다.

• 드럼 채

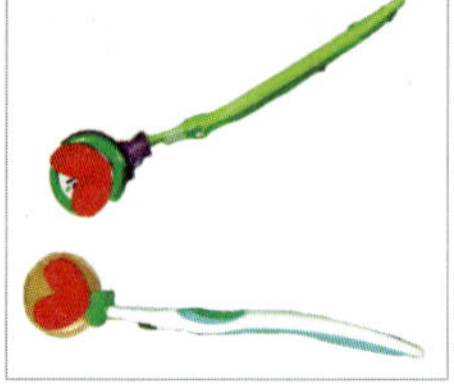

헌 칫솔이나 나무젓가락을 한지나 컬러 시트지로 싼 후 볼 스티로폼이나 지우개에 나무젓가락이 적당히 들어갈 만큼 뚫은 다음 글루건으로 잘 붙인다. 나무에 헝겊이나 스타킹을 감아서 만들어도 된다.

◦ 기로

• 빨래판 기로

영유아의 소꿉놀이용 빨래판을 컬러 시트지 또는 유성 사인펜으로 장식한 후 나무막대를 사용해 위·아래로 긁으며 연주한다. 또는 톱으로 안 쓰는 나무 빨래판을 적당한 크기로 잘라 모래 종이로 다듬고 컬러 시트지로 예쁘게 장식한 후 연주한다.

• 강판 기로

강판의 손잡이나 테두리를 컬러 시트지로 장식한 후 나무막대나 쇠막대로 강판을 긁어 소리 낸다.

• 깡통 기로

홈이 패어 있는 깡통의 옆면은 그대로 두고 윗면과 아랫면만 컬러 시트지로 장식한 후 나무막대나 쇠막대로 깡통의 옆면을 긁어 소리 낸다.

• 대나무 기로

톱으로 대나무를 30~40cm 길이로 자른 후 수십 개의 홈을 내어 나무막대로 긁어서 소리 낸다.

◦ 탬버린

• 주걱 탬버린

플라스틱 또는 나무주걱 가장자리를 몇 군데 뚫어 낚싯줄로 방울을 매단다.

• 스티로폼 탬버린

스티로폼을 원하는 모양으로 잘라 예쁘게 장식한 후 낚싯줄로 방울을 매단다.

• 벨트 탬버린

안 쓰는 벨트를 잘라서 일정한 간격으로 구멍을 낸 후 둥글게 접어 스태플러로 찍어 고정시키고 낚싯줄로 방울을 매단다.

• 부채 탬버린

플라스틱 부채를 모아 펀치로 구멍을 뚫어 단추나 콩과 같은 다양한 재질의 작은 물체를 매달아서 부채를 흔들 때마다 여러 다양한 소리를 낼 수 있다.

◦ 캐스터네츠

• 병따개 캐스터네츠

같은 모양의 병따개 두 개가 맞부딪쳐 소리 날 수 있게 병따개를 연결하여 만든다.

• 병뚜껑 캐스터네츠

같은 모양의 병뚜껑 두 개가 맞부딪쳐 소리 날 수 있게 병뚜껑을 송곳으로 뚫어 끈으로 연결하여 손가락에 걸 수 있게 한다.

• 장갑 캐스터네츠

흰 면장갑 손바닥 안쪽 10개의 손가락에 병뚜껑 열 개를 각각 글루건으로 붙인다. 손뼉을 칠 때마다 병뚜껑들이 부딪쳐 소리 나게 된다.

(3) 악기 다루기의 지도방법

① 악기 다루기의 기본원리

- **힘 빼기** : 몸에 힘이 많이 들어가 있으면 악기 소리가 무겁고 둔해지므로 어깨, 팔, 손목 등의 힘을 빼고 유연성을 유지한 채 자연스럽게 연주한다.
- **반동, 탄력, 공명** : 손가락, 손바닥, 채 어느 것으로 악기를 치더라도 팔의 움직임에 있어서 반동의 원리를 이용해 탄력 있게 쳐서 공명이 훌륭히 이루어지도록 한다(임혜정, 2013).

② 악기 다루기의 지도방법

악기 다루기에서 유념해야 할 사항은 악기 탐색의 주체가 교사가 아닌 영유아가 되어야 한다는 것인데, 영유아가 주체가 되는 악기 다루기 지도방법을 정리하면 다음과 같다(이춘자 외, 2013).

- 영유아의 발달에 적합한 악기를 선택한다 : 소근육이 발달하지 않은 영아들에게는 팔 전체를 흔들어 소리가 나는 딸랑이나 방울 종류의 악기를 선택하고 근육의 협응이 가능해지는 3세 이후의 시기에는 우드블록, 탬버린, 캐스터네츠 등을 선택하고 소근육 발달이 이루어진 시기에는 손가락 심벌즈, 트라이앵글 등의 악기가 적합하다.
- 악기를 미리 음률 영역에 제시하여 충분한 탐색이 이루어지도록 한다.
- 악기 사용에 대한 규칙을 영유아들과 이야기한다 : 악기에 대한 탐색이 충분히 이루어진 후 악기의 바른 연주방법, 사용 후 제자리 두기, 악기 보관법, 악기 사용 시 필요 이상의 큰 소리 내지 않기, 악기 다루는 태도 등 악기 사용 규칙에 대해 유아들과 이야기 나눈다.
- 활동에 사용할 악기를 나눠 주기 전에 약속을 정한다 : 영유아들이 악기를 받으면 한꺼번에 소리를 내게 되므로 매우 소란스러워진다. 그러므로 교사는 악기를 나눠 주기 전에 악기를 받으면 바닥에 내려놓기, 교사의 신호에

따라 악기 소리 멈추기 등을 약속하여 영유아들이 소란스러워지지 않도록 미리 약속을 정한다.

- 악기 연주를 하기 전에 리듬에 익숙하도록 손뼉 치기, 발 구르기, 무릎치기 등 신체를 이용한 리듬 치기를 먼저 한다.
- 악기로 합주할 때는 3종류 정도의 악기가 적합하다 : 리듬악기로 합주할 때 너무 많은 종류의 악기로 합주를 하게 되면 악기의 음색이 잘 드러나지 않고 합주의 효과를 보기 어려우므로 3종류 정도의 악기로 합주하는 것이 바람직하며 악기별로 너무 복잡하지 않으면서도 명쾌하게 리듬을 들을 수 있도록 리듬 치기를 계획하는 것이 바람직하다. 또한 곡의 특성에 맞게 악기를 선택하는 것이 좋은데, 예를 들면 노랫말에 종소리가 있다면 트라이앵글, 핸드벨, 방울 등을 준비하고 밝고 힘찬 곡에 탬버린, 캐스터네츠 등 리듬이 분명하게 들리는 악기를 선택하는 것이 좋다.
- 악기 연주 후 영유아들의 연주를 감상하고 평가하는 기회를 갖는다 : 악기 연주에 익숙해지면 자신의 연주를 다른 친구들에게 들려주고 싶은 영유아들을 앞에 나오게 하여 연주하도록 한다. 또한 전체 영유아들의 연주를 녹음하여 다시 들어 보거나 동영상으로 촬영하여 시청해 보는 활동을 통해 자신들의 연주를 감상하고 평가해 보는 기회를 갖도록 한다. 이러한 활동으로 영유아들은 더 높은 만족감과 성취감을 얻을 수 있으며 추후활동에 대한 재미있는 아이디어를 제안하기도 한다.

4) 신체표현

신체 표현하기는 영유아의 음악에 대한 학습을 도우며 리듬에 대한 개념을 발달시킨다(Stabley, 2001). 영유아들은 음악을 들으면 자연스럽게 음악에 맞추어 몸을 움직이고 음의 크고 작음, 높고 낮음, 빠르고 느림, 음색, 점점 세고 점점 여리게 등 음악적 개념을 몸으로 표현한다. 영유아는 자연스럽게 신체와 음악을 연결시키면서 음악의 방향과 흐름에 맞춰 자신의 신체를 움직이고 자신의 감정과 사고를 표현한다(Metz, 1989).

신체표현의 목표는 영유아가 음악 움직임과 춤동 등 다양한 활동을 경험해 보는 과정을 통하여 자신의 느낌과 생각을 자유롭게 표현하도록 하는 것이다(안경숙, 김소향, 나은숙, 2014). 음악에 따른 신체표현활동은 공간 지각이나 공간 속에서의 관계를 자연스럽게 이해하고 습득하도록 하며 또래들과 조화를 이루고 활동함으로써 사회성 발달을 돕는다(김광자, 2004).

[그림 3-9] 음악에 맞춰 신체표현

〈표 3-7〉 신체표현 교육 내용

구분	하위 내용	교육 내용
신체 표현	• 음악의 구성 요소에 따른 신체 표현 • 노랫말과 내용에 따른 신체표현 • 음악에 따른 창의적 신체표현 • 손유희	• 소리 또는 음악의 구성 요소에 맞게 몸을 움직인다. • 노랫말과 노래의 느낌에 반응하여 적절하게 몸을 움직인다. • 음악을 들으면서 사물 또는 동물의 움직임을 모방하여 몸을 움직인다. • 음악을 들으면서 자신의 느낌과 생각을 몸으로 자유롭게 표현한다. • 노랫말의 내용에 맞게 신체를 표현한다.

(1) 신체표현의 발달

동작 능력의 발달은 출생 전부터 시작하여 성숙할 때까지 연속적으로 진행된다. 계속적으로 성장·발달하는 동작 능력은 연령에 따라 두드러진 특성을 나타낸다. 겔라후(Gallahue, 1993)는 동작 능력의 발달 단계를 연령에 따라 4단계로 구분하였는데, 영유아기에 해당하는 3단계까지만 살펴보면 다음과 같다.

① 반사적 동작기

제1단계는 반사적 동작기(reflexive movement, 0세~1세)로서 태아기와 신생아기에 많이 나타나는 운동 능력이다. 반사적 동작이란 외부 자극에 따라 신체를 즉각적으로 움직이는 것이다. 예를 들어 신생아의 뺨에 손가락을 대면 그것을 찾아 머리를 돌린다든지(방향 반사), 발바닥에 자극을 주면 발가락을 쫙 펴는 행동(바빈스키 반사) 등이다. 이런 움직임은 영아의 자발적 의도 없이 자극에 따라 무의식적으로 일어나는 동작이다. 대표적인 반사 동작들을 살펴보면 빨기 반사, 방향 반사(근원 반사), 바빈스키 반사, 모로 반사, 파악 반사 등이 있다.

② 초보적 동작기

제2단계는 초보적 동작기(rudimentary movement, 출생~2세)로서 신체 발달에 커다란 전환점이 되는 시기이다. 직립운동이 이루어지는 시기이고 자발적이며 의도적인 신체운동이 이루어지기 시작하는 시기이다. 이때는 초보적인 안정동작, 이동동작, 조작동작의 기능이 발달된다. 초보적인 안정동작이란 영아의 근육조직이 안정된 직립자세를 취할 수 있는 몸의 균형을 잡고 앉고 서기 위하여 목, 머리, 허리 등을 잘 조절하게 되는 것을 의미한다. 초보적 이동동작이란 움직이되 장소를 한 장소에서 다른 장소로 이동하여 움직이는 것이다. 초보적 조작동작이란 어떤 사물과 접촉할 때 필요한 움직임으로 목표물에 손을 뻗친다거나 물체를 잡았다 놓는 것을 의미한다. 이 시기에는 이 세 가지 능력이 상호작용해서 발달하지만 그 수준은 생존을 위해 필요한 가장 초보적인 단계에 그친다.

③ 기본적 동작기

제3단계는 기본적 동작기(fundamental movement, 2세~7세)인데, 이 시기에는 여러 가지 다양한 기본동작을 성숙하게 수행할 수 있는 성숙 단계에 이르게 된다. 영유아가 2, 3세가 되면 이전 단계에서 했던 안정된 직립의 자세로 원하는 장소로 이동할 수 있고 또 발달된 조작력으로 많은 사물을 탐색하고 실험해 볼 수 있다. 안정감 있게 뛰며 올라가고 달릴 수 있으며 공을 던지고 잡을 수 있다. 그러나 이 단계에서도 세분화되고 정확한 기술적인 움직임은 발달되지 않는다.

(2) 신체표현의 유형

신체로 표현하기의 유형은 기본동작과 음악에 반응하는 리듬동작으로 나눌 수 있다.

① 기본동작

영유아기에는 전문적인 운동기술보다는 자신의 신체를 효율적으로 관리하는 기초적 동작기술의 습득이 더 중요하다. 기본동작은 이동동작, 비이동동작, 조작동작 세 가지로 구분된다.

ㄱ. 이동동작

이동동작은 공간을 통해 신체의 위치를 변화시키면서 움직이는 동작을 말한다. 전위동작이라고도 부른다. 이동동작이란 신체가 바닥의 어떤 지점에 대해 변화하는 것을 말하는데, 이 이동동작은 안정성과 함께 발달한다. 그러나 이동성이 효율적이기 위해서는 안정성의 기본적 측면이 먼저 숙달되어야 한다. 예를 들면 걷기, 달리기, 뛰어넘기, 뛰기, 앙감질, 말뛰기, 미끄러지기, 스키핑, 오르기 등이다.

ㄴ. 비이동동작

비이동동작은 우리의 몸을 축으로 해서 장소를 옮기지 않고 한 자리에 선 채로 움직일 수 있는 동작을 말한다. 안정동작이라고도 부른다. 안정동작의 기반이 되는 안정성이란 신체 부분이 이상한 위치에 놓여 있거나 힘 작용의 본질이 변화한다 하더라도 인간이 비 중력과의 관계에 있어서 균형을 유지할 수 있는 능력을 말한다. 안정동작은 동작의 가장 기본적인 형태로서 모든 효율적인 동작의 기초이면서 이동동작과 조작동작을 가능하게 하는 동작이다. 예를 들면 구부리기, 뻗기, 꼬기, 회전하기, 흔들거리기, 균형 잡기, 피하기 등이다.

ㄷ. 조작동작

조작동작은 이동이나 비이동동작의 분류에서 두 가지 이상의 움직임을 결합시킨 동작이며 손이나 발을 이용하여 사물에 힘을 주고 사물로부터 힘을 받게 되는 동작이다. 조작동작은 대근육 조작의 형태로서 차기, 던지기, 받기, 튀기기 등이 포함된다. 조작은 또한 단추 끼우기, 자르기, 그림 그리기, 쓰기 등과 같은 과제를 수행할 때 필요한 소근육 협응력을 의미하기도 한다.

② 리듬동작

리듬동작이란 음악리듬과 신체리듬이 함께 어우러져 이루어지는 동작을 말하는데, 구조적 리듬동작, 비구조적 리듬동작과 창의적 리듬동작으로 구성된다.

ㄱ. 구조적 리듬동작

구조적 리듬동작은 노래나 음악에 맞추어 움직임의 형태를 보여 주거나 노랫말이나 노래 제목에 따라 특별하게 정해진 동작을 따라 해 보도록 하는 활동이다. 흔히 노랫말만 들어도 동작표현을 할 수 있는 노래나 노랫말에 따라 정해진 동작표현을 할 수 있는 것이다. '호키 포키'. '둘이 살짝', '옆에 옆에', '만화 주제곡' 등을 들 수 있다.

ㄴ. 비구조적 리듬동작

비구조적인 리듬동작은 영유아가 음악적 요소를 잘 듣고 동작으로 표현하는 활동으로 유아의 사고를 자유롭게 표현할 수 있는 활동이다. 교사는 영유아에게 음악적 요소인 세기, 박자, 리듬, 강약, 고저 등을 다양하게 경험할 수 있도록 하고 동작으로 표현하기 전에 박자나 리듬, 멜로디의 특성을 충분히 이해할 수 있도록 한다. 교사는 빠른(느린) 소리, 높은(낮은) 소리와 같이 대조적인 소리의 비교, 같은 소리와 다른 소리의 비교처럼 현저하게 차이를 구별할 수 있는 소리를 먼저 들려준다. 활동에 필요한 음악은 교사나 영유아가 직접 악기를 사용하여 만들거나 녹음을 하여 들려줄 수 있다. 이때 주의할 점은 음악적 요소의 뚜렷한 차이를 구별할 수 있게 녹음하여 들려주어야 한다.

ㄷ. 창의적 동작

창의적 동작은 한 가지 주제를 선정하여 그 주제에 맞은 표현을 창의적으로 해 보는 활동이다. 구체적인 노랫말이나 문학적인 이야기가 없더라도 어떤 자연 상태를 묘사한 음악(예 나뭇잎이 떨어지는 소리, 물이 흐르는 소리, 눈 밟는 소리 등), 사람이나 동물의 움직임을 표현해 주는 음악을 활용하여 다양한 사람, 동물, 사물 등을 신체 또는 소도구를 활용하여 표현해 보는 동작활동을 말한다. 즉, '~인 체하기', '~처럼 되어 보기'를 통해 신체를 다양한 방법으로 움직여 보는 동작이다.

창의적 동작에서는 다양한 자료를 활용하여 주제에 대한 충분한 탐색과정이 필요하다. 주제에 대한 인식이 정확하고 다양할 때 영유아의 표현은 확장되기 때문이다. 또한 교사는 영유아에게 주제에 대한 움직임의 표현을 다양하게 해 보고 자신만의 표현을 찾을 수 있도록 발산적인 질문을 하는 것도 매우 중요하다. 따라서 교사는 영유아의 창의적 표현을 촉진하기 위해서 시범과 모방을 보이기보다는 영유아의 능동적이고 다양한 표현을 격려해 줌으로써 영유아 스스로 문제를 해결할 수 있도록 지원한다.

종전에는 유치원이나 어린이집에서 노래와 함께 정형화된 율동이나 유희, 게임들을 주로 강조하여 가르쳐 왔으나 최근에는 창의적 동작이 교육 내용에 포함되어 강조되고 있는 추세이다. 창의적 표현활동을 통하여 영유아는 상상의 세계 속에서 시간과 공간 및 부여받은 역할의 움직임에 대해 구상할 수 있고 실제 자신들이 겪은 감각적 경험에 의미를 부여할 수 있다고 보았다. 이러한 접근방법은 창작율동, 창작표현활동이라고 부르며 최근 창의성 교육을 강조하는 영유아기 동작교육에서 가장 많이 강조되고 있는 방법이다.

(3) 신체표현의 지도방법

영유아들이 음악을 듣고 신체로 표현해 보도록 하는 지도방법에 대한 학자들의 연구를 요약해 보면 다음과 같다(김은심, 안나경, 2008; 김혜경, 2009).

- 영유아가 움직이기 전에 조용히 듣고 생각하는 기회를 제공하며 절대 한 번만 듣기, 즉시 동작하지 않도록 한다. 음악이 길면 중요한 부분만 사용해서 움직인다. 음악을 함께 들으면서 빨라지는 부분, 큰 소리가 나는 부분, 반복되는 부분, 멈추는 부분 등을 찾아본다. 영유아의 상상력을 자극하기 위해 언어나 그림을 사용한다.
- 어린 영아일수록 자신의 동작을 쉽게 조절할 수 없고 넘어지거나 비틀거릴 수 있다. 동작을 시작할 때 영유아들의 능력을 이해해야 하며 신체부위별로 어떻게 움직일 수 있고 어떻게 움직여야 하는지 함께 탐색해야 할 필요가 있다. 높고 낮은 행동, 빠르고 느린 행동 등 대조되는 요소를 적용하면 시도하기 쉽다. 다른 영역의 영유아교육 원리와 마찬가지로 동작활동의 종류를 단순한 것에서 복잡한 것으로 계획하고 개인차를 인정하며 다양한 시도를 격려한다.
- 다른 영유아와 부딪치지 않도록 충분히 넓은 공간이 필요하다. 그러나 너무 넓은 공간은 오히려 산만함을 초래할 수 있으므로 영유아 상호 간에 팔을 벌

려서 닿지 않을 정도의 거리를 유지한다.

- 평행봉 등과 같은 장비를 사용해야 하는 경우에는 안전 규칙을 반복해서 알려주고 교사가 시범을 보여줄 수 있다. 장비나 도구를 사용하는 조작적 동작활동은 영유아가 자신의 능력을 탐색해 보고 성공적인 느낌을 경험할 수 있도록 능력에 맞는 동작활동을 계획한다.
- 남과 다른 독특한 생각으로 새롭게 시도하는 영유아들의 움직임이나 표현에 대해 계속적으로 칭찬하면서 격려한다. 동작을 상상하게 하거나 창의성을 발휘하도록 적합한 언어로 자극을 준다. 창의적 사고의 확장을 위해 발산적 사고를 도와주는 질문을 많이 한다. 영유아들의 표현을 증진시키기 위해 리듬 막대, 리본테이프, 스카프 등 음악의 분위기에 맞는 소품을 제시해 주고 격려할 수 있다. 소심한 영유아를 위해서는 가면을 쓰고 움직여 보도록 한다.
- 교사는 영유아의 창의적인 신체표현활동을 자극하기 위해 동화·동극, 사진, 시, 이야기 등을 이용하여 상상력을 불러일으킬 수 있다.
- 신체로 표현하기 활동에서는 정답이 없으므로 교사는 영유아의 표현에 대하여 적극적으로 수용하고 격려하는 자세가 필요하다.
- 신체표현활동은 과정 자체가 매우 의미 있는 활동으로서 교사는 과정이 즐겁고 자유스러운 분위기가 되도록 해야 한다.
- 영유아의 창의성이 발휘될 수 있도록 하기 위해 교사는 유아에게 지시적인 지도방법을 사용하거나 표현을 제한하는 일이 없도록 해야 한다.
- 즐겁고 흥미로운 경험이 되도록 하기 위해 교사 스스로가 활동에 즐겁게 참여한다.

5) 음악 감상

음악 감상의 목적은 영유아들이 음악을 듣고 음악에 내재된 여러 가지 음악적 요소를 느끼고 음악의 아름다움을 감상하고 표현할 수 있도록 하는 것이다(이춘자, 조인경, 2013). 음악을 들을 줄 안다는 것은 음악을 듣고 표현할 수 있다는 것과 같다. 따라서 다양한 장르의 음악을 감상하고 음악을 듣고 느낀 아름다움과 즐거움을 능동적이고 창의적으로 표현할 수 있는 기회를 제공할 필요가 있다.

[그림 3-10] 엘가의 '사랑의 인사' 연주를 감상하며 그림으로 표현하기

영유아기에는 음악적 능력과 기호를 형성해 가는 시기이므로 교사의 관심 아래 주변 환경의 소리, 직접 연주되는 음악, 녹음된 음악 등 다양한 음악을 들을 수 있도록 해야 한다. 또한 영유아들의 바람직한 음악적 경험을 위해 고전음악, 대중음악, 동요, 민요, 성악곡, 기악곡 등 다양한 유형의 음악을 감상하도록 한다.

〈표 3-8〉 음악 감상 교육 내용

구분	하위 내용	교육 내용
음악 감상	감상과 표현	• 다양한 장르의 음악을 듣는다. • 음악을 듣고 아름다움과 즐거움을 느낀다. • 음악을 듣고 느낌을 글, 그림, 또는 신체로 표현한다. • 바른 감상 태도를 갖는다.

(1) 음악 감상 능력의 발달

음악 감상 활동은 음악에 대해 느끼고 이해할 수 있는 가장 기본적이고도 중요한 활동이다. 음악은 듣는 것에서부터 출발하기 때문에 주의 깊게 들을 수 있는 능력은 매우 중요하다. 그러나 음악 감상활동은 음악을 집중하여 듣는 활동이므로 초등학생의 경우에도 그리 쉬운 활동은 아니며 영유아의 경우 집중 시간이 짧기 때문에 몸을 움직이지 않고 조용히 있을 수 있는 것이 쉽지 않으므로 더욱 어려울 수 있다. 그러므로 영유아들의 음악 감상활동은 영유아들의 발달을 고려한 접근방법이 필요하다. 음악 감상활동의 주된 목적은 음악에 내재된 여러 가지 요소들을 느끼고 파악하여 전체적으로 음악의 미적 아름다움에 반응하는 것이다. 이를 위하여 우선은 영유아의 흥미와 집중 시간을 고려한 적합한 음악 감상 능력의 발달을 고려하여야 한다. 이에 스완윅(Swanwick)과 틸먼(Tillman, 1986)의 연구를 토대로 영유아기의 음악 감상 능력의 발달을 살펴보면 다음과 같다(이숙희, 2010).

① 감각적 단계

0~3세는 감각적 단계이다. 이 시기의 영유아는 감동적인 것과 강한 인상을 주는 것에 반응하며 음악의 고저, 강약, 음색 등에 강한 관심을 보인다. 또한 이 시기에는 주로 소리에 대한 탐색과 실험을 하게 된다.

② 조작적 단계

4~5세는 조작적 단계이다. 이 시기의 유아는 박자와 같은 음악적 특징, 음악적 소리를 만들어 내기 위한 환경, 음악에 있어서의 효과나 분위기 등을 인식하게 된다.

③ 개인적 표현 단계

5~6세는 개인적 표현 단계이다. 이 시기의 유아는 음악에 있어서 표현적 몸짓, 분위기와 특징을 인식하게 되고 음악을 이야기나 시각적인 이미지 등과 쉽

게 연관시킬 수 있다.

그 외, 7~8세(전문적 표현 단계)에는 음악적 관습을 알게 되고 박자, 반복과 같은 음악적 특징을 알 수 있게 되며 기술적인 분석을 할 수 있고, 9~11세(모험적 단계)에는 음악의 형식적 구조에서 벗어남을 알 수 있게 되고 음색, 악기의 특색, 강약, 속도, 고저, 리듬과 같은 음악적 개념을 참조하여 변화를 인식할 수 있게 된다.

(2) 음악 감상곡의 선택

영유아를 위한 음악 듣기 활동곡을 선택할 때 간단한 동요에서부터 성악곡, 기악곡, 독주곡, 협주곡, 합창곡, 민속음악, 전통음악, 묘사음악, 동화음악, 표제음악 등 다양한 음악이 선정되어야 한다. 같은 동요라도 특색 있는 악기로 변화 있고 다양한 방법으로 연주된 곡을 들려주어야 한다.

영유아를 위한 감상곡의 선정을 위해 고려되어야 할 세 가지 요건은 다양한 음악적 소재, 리듬을 중시한 곡, 영유아의 상상력을 자극하는 곡이어야 한다는 것이다.

① 다양한 음악적 소재를 활용한 곡

영유아를 위해 다양한 음악적 소재를 감상곡으로 선정한다.

- 다양한 종류, 다양한 장르의 감상곡으로서는 간단한 동요와 합창곡, 기악곡과 민속음악, 전통음악, 묘사음악, 동화음악, 표제음악 등이 적합하다.
- 다양한 방법으로 연주된 감상곡을 선정한다. 즉, 같은 동요라도 특색 있는 악기로 다양한 연주방법으로 연주된 곡을 들려주는 것이 좋다.
- 자연과 환경 소리, 사람의 목소리, 악기 소리, 전자 소리 등 다양한 발음체의 소리와 음악이 감상곡으로 적합하다.

② 리듬이 중요시된 곡

리듬이 중요시된 곡이란 영유아가 음악을 들으며 발을 구르거나 춤을 추거나 가볍게 뛰며 즐길 수 있는 곡을 의미한다. 리듬체조나 리듬놀이가 영유아에게 전달될 때 영유아는 음악에 친밀감을 느끼게 된다. 따라서 음과 리듬의 배합을 잠재적으로 인식시키는 음악 감상이 자연적으로 이루어져 음악활동의 기초적 역할을 할 수 있도록 리듬이 중요시된 곡을 감상활동곡으로 선정하는 것이 중요하다.

③ 상상력을 자극하는 곡

영유아의 감상활동곡으로 음악의 아름다운 예술성이 살아 있는 아름답고 훌륭한 곡을 선정하는 것은 당연하다. 그러한 예술성이 살아 있는 아름다운 곡 중에서 영유아에게 적합한 감상곡으로는 영유아가 곡의 내용을 상상할 수 있도록 하고 영유아의 상상력을 자극하는 곡을 선정하여야 한다. 영유아가 음악을 들으면서 풍부한 상상력을 자극하기 위해서는 먼저 영유아의 연령과 발달에 적합한 곡이어야 한다. 영유아가 흥미를 느끼기에 너무 막연한 곡보다는 영유아의 연령과 발달 정도에 적합하고 영유아가 자연스럽게 상상할 수 있도록 이야기에 관련되거나 경험에 의한 연상과 상상을 가능하게 하는 곡이 좋다.

(3) 음악 감상의 지도방법

① 교사의 지도원리

음악 감상이란 감상이 주가 되는 활동으로 교사가 활동하기 어려워하는 영역 중 하나이다. 왜냐하면 교사는 음악 감상활동을 통해 영유아들이 얼마나 많이 듣고, 이해하고, 감상하고, 가치화하는가를 파악하기 힘들기 때문이다(이숙희, 2010). 그러나 영유아 음악 감상활동의 목적은 영유아들이 음악을 주의 깊게 듣고 자신의 상상력을 동원하여 음악을 느끼도록 하는 것이기에, 교사는 음악 감상의 기회를 다양하게 제공하여 영유아 스스로 타고난 잠재력을 발휘하도록 하는 것이 바람직하다. 그러기 위해서는 음악 감상이 너무 경직되고 진지한 나머지 영유아들에게 지루한 시간이 되어서는 안 되고 다른 활동과 마찬가지로 음악 감상도 신나고 즐거운 놀이가 될 수 있어야 한다.

교사는 음향기기나 영상기기를 이용하여 음악을 감상하도록 하는데, 일반적으로는 CD나 녹음테이프를 이용하는 것이 보통이나 영유아들에게는 소리만 제공되는 것보다는 영상이 함께 제공되는 뮤직비디오 형식으로 된 것이 훨씬 흥미 있고 감상하기에 수월하다.

교사는 곡을 한 번 들은 후에 반드시 영유아들과 느낌을 이야기해 보고 곡의 여러 가지 특징들에 대해서도 이야기 나누어 보는 것이 필요하다. 감상은 곡을 처음부터 끝까지 끊지 않고 듣는 것은 물론이고 특별한 설명이나 곡의 특징을 파악하기 위하여 특정 부분을 다시 들어볼 수도 있다. 반복적으로 나타나는 특정한 가락이나 리듬 등은 영유아들과 함께 소리를 내어 보는 것도 좋다.

감상곡은 한두 번 듣는 것으로 그치지 않고 영유아교육기관에서 감상한 곡을 가정통신문을 통하여 가정에서도 계속적으로 들을 수 있도록 하면 영유아들이 자연스럽게 음악을 듣는 일에 익숙해질 것이다.

감상은 반드시 교실에서 이루어져야 하는 것은 아니다. 영유아로 하여금 연주에 방해가 되지 않는다면 지역사회의 음악회장에 가거나 이웃 영유아교육기관의 음악발표회를 관람하거나 지역 대학의 유아교육과에서 주최하는 영유아를 위한 음악발표회를 관람한다면 실제로 연주하는 살아 있는 음악을 만날 것이며 즐거운 경험이 될 것이다.

음악 감상 지도 시 교사가 고려할 점은 다음과 같다.

- 교사는 곡의 느낌에 대하여 획일화된 대답을 기대하지 않아야 하며 영유아들이 느낀 것을 언어로 표현하는 데 어려움이 있을 수 있으므로 그들이 말하고자 하는 느낌이 무엇인지 파악하여 표현을 도울 필요가 있다.
- 감상을 하기 위하여 영유아들이 소란스럽지 않도록 감상을 위한 자세를 준비할 필요가 있으나 반드시 바른 자세로 앉아서만 음악 감상을 할 수 있는 것은 아니다. 그러므로 경우에 따라서 모두 자유롭게 누어서 눈을 감고 들어볼 수도 있으며 행진곡 등은 감상에 방해가 되지 않는 범위에서 박자에 맞추어 걸으면서 들을 수도 있다. 또한 춤곡은 감상에 방해가 되지 않는 범위 내

에서 자유로이 몸을 조금씩 움직여 춤을 추듯 하며 들을 수 있다.

- 교사는 감상이 딱딱하고 부담스런 시간이 되지 않도록 하기 위하여 영유아에게 어울리는 곡을 선정할 필요가 있으며 반드시 양질의 곡을 양질의 음향기기를 통하여 듣도록 배려하여야 한다.
- 교사는 영유아에게 어울리는 곡이 무엇인지 파악하기 위하여 평소에 꾸준히 다양한 음악에 자신을 노출시켜 자신이 먼저 음악의 아름다움에 취해 보는 경험을 가져야 한다.

② 교사의 지도방법

영유아들에게 들려주는 음악이라도 항상 줄거리가 있는 묘사음악만이 아니라 가슴으로 음악을 듣고 아름답고 황홀한 감정을 느낄 수 있는 곡, 즉 순수하게 음악적인 표현을 위해 작곡된 곡들도 제공해 준다. 음악 감상활동을 계획하고 지도하고자 할 경우에 다음과 같은 순서로 지도해 나갈 수 있다.

첫째, 음악에 담긴 특징적인 내용이나 소리를 간략하게 말해 주고 음악가와 곡명도 소개한 후, 음악을 들려준다.

둘째, 음악을 듣고 난 후, 상상해 볼 수 있는 특징적인 내용이나 악기 소리에 대해 이야기 나눈다. 필요하면 음악 내용이 담긴 그림책을 보여 준다.

셋째, 다시 한 번 음악의 내용을 생각하며 감상해 본다.

넷째, 음악의 성격에 따라 여러 가지 표출방법(동작적, 그림, 언어적, 극적, 악기 다루기 등)에서 적합한 방법을 선택하여 표출하면서 음악을 들을 수 있도록 계획한다.

영유아의 음악 감상교육은 듣기에 기초한 음악활동이 중심이 되어야 하며 영유아의 전인 발달을 도모하고 영유아 수준에서 쉽게 이해하고 다양한 방법으로 음악에 반응하도록 하는 재미있는 음악활동이 되어야 한다.

- 초기 단계에서는 특정 곡에서 가장 뚜렷한 요소(예를 들면 셈여림, 빠르기

등) 한두 가지를 정하여서 음악을 듣는 동안 유아가 그 한두 가지 요소에만 주의를 집중하도록 한다. 그렇게 반복하는 동안 그것에 대한 음악적 개념이 확실해진다. 그리고 점차 다른 요소들도 경험하다 보면 음악 전반에 대한 지각력이 길러지게 된다.

- 음악은 한 번 들어서는 기억하거나 이해하는 것이 어렵다. 그래서 가능하다면 여러 번 들려주어야 한다. 주제선율이 그려진 그림악보에 색연필로 따라할 때 색깔 바꾸기 등 다양한 방법을 이용하거나, 첫 번 감상 때 셈여림에 초점을 맞추고 들었다면 다음은 빠르기에, 그 다음은 선율의 움직임에 중점을 두고 반복해서 들려줄 때 영유아는 그 음악을 익히고 이해하게 된다.
- 음악을 통하여 심미적 경험을 갖고자 한다면 감상하려는 곡에 주의 집중하는 것은 필수적이다. 주의집중을 하지 않는다면 진정으로 음악 감상을 한다고 말할 수 없다. 교사는 그 점을 고려하여 영유아의 연령과 주의집중 시간, 음악적 배경 등에 맞추어 음악을 들려주어야 한다.
- 음악 감상할 때 시청각 매체의 활용은 매우 효과적이다. 귀로만 듣는 것보다 눈으로 볼 수 있고 손으로 쓸 수 있는 것들을 준비하면 훨씬 도움이 된다.

영유아기 음악 감상의 표현방법

음악 감상은 음악을 주의 집중하고 들으며 감정을 느끼고 심미적으로 반응하는 것이다. 그러므로 영유아기의 음악 감상은 음악을 듣고 사색하거나 아름다움을 간직하는 차원보다 즐겁게 듣기 놀이에 참여하도록 하며 억지로 앉혀서 듣게 하는 것이 아닌 흥미로운 방법을 이용하여 영유아가 음악 세계를 발견하도록 이끌어야 한다.

그러기 위해서는 영유아들의 발달 단계, 흥미, 집중 시간, 지각 능력, 정서수준 등 여러 요인을 고려하여 음악을 들을 수 있는 방법을 제시해야 한다. 즉, 음악에 맞추어 몸 움직이기, 고갯짓하기, 손뼉 치기, 악기 다루기, 율동하기, 그림으로 그려보기, 이야기 나누기 등 다양한 활동을 통해 음악을 흥미롭게 들을 수 있도록 하며 감상을 통해 다른 음악성을 기를 수 있도록 유도한다.

이에 영유아기 음악 감상의 표현방법을 제시하면 다음과 같다.

ㄱ. 음악의 느낌을 그림으로 그리기

음악을 듣고 느낌이나 음악의 흐름을 기호·선·그림으로 그리게 하는 활동이다. 재료는 크레용, 핑거페인팅 재료, 그림물감, 색분필, 매직 등 다양하다.

ㄴ. 음악 듣고 이야기하기

이 음악을 들으면 어떤 느낌이 드니? 어떻게 하고 싶니? 이 음악은 빠른 곡이니, 느린 곡이니? 빨랐다가 느려지니? 씩씩한 행진곡이니? 조용한 자장가니? 등 음악의 느낌에 관한 이야기나 속도에 관한 이야기, 높고-낮은음에 대한 질문과 대답, 오페라 속에 나오는 주인공에 관한 이야기, 묘사음악이나 동화음악의 줄거리 등을 영유아가 이야기하고 느낌을 말해 보도록 한다.

ㄷ. 음악을 듣고 극으로 나타내기

음악을 들은 후에 상상되는 바를 영유아와 교사가 함께 이야기 나누고, 이를 정리하여 사건 전개를 해본 후 한편의 동화처럼 만들어 연극을 해 보는 것이다.

영유아들의 수준에 맞도록 극의 길이가 5~10분 정도로 짧고 대화 중의 언어가 쉬우며 영유아들이 좋아하는 사건이 전개되어야 한다.

ㄹ. 음악의 느낌을 동작으로 나타내기

영유아의 기초적인 음악적 생각은 몸의 움직임에 의해 시작된다. 영유아는 움직임을 통해서 리듬과 멜로디의 개념을 얻게 되는데, 특히 움직임이 음악이나 타악기의 리듬과 관련될 때 소리의 길고 짧음, 높고 낮음, 빠르고 느림 등 음악의 기초적 개념을 얻게 된다. 따라서 음악의 흐름과 리듬의 변화를 자유로운 동작으로 표현할 수 있도록 적절한 음악을 제공하고 동작활동을 돕기 위해 스카프, 줄, 공, 풍선, 후프, 신문지, 탱탱 볼 등과 같은 도구를 주어 더욱 생기 있고 흥미로운 동작을 유발하도록 한다.

ㅁ. 음악에 맞추어 지휘하기

음악을 틀어 놓고 음악에 맞추어 지휘를 해 보는 활동이다. 음악의 흐름에 따라 손을 높게, 낮게, 크게, 작게, 빠르게, 느리게 움직여 보면 음악의 기본 개념을 알 수 있게 되며 음악의 변화에 직접적으로 세밀히 반응할 수 있어 영유아기 감상활동의 아주 좋은 방법이 된다. 이 활동을 통하여 박자감, 리듬감, 기초 지휘법 등 여러 가지 음악적 기능을 몸에 익힐 수 있다.

ㅂ. 악기로 표현하기

음악을 들은 후, 악기 연주를 해 보는 것이다. 듣는 음악의 박자에 맞추어 타악기를 두드리면서 즐겁게 음악을 듣거나 흥미 있는 리듬이나 선율에서 부분적으로 악기 연주해 보기 등의 경험은 또 다른 흥밋거리가 되어 음악 감상을 즐길 수 있을 것이다.

악기로 표현할 경우 처음에는 간단한 곡으로 시작해 보고 리듬과 선율이 분명하여 악기로 음악의 흐름을 표현할 수 있는 곡을 선정해야 할 것이다.

③ 음악 감상을 위한 교수 매체

영유아에게 소도구를 사용하는 것은 음악에 관심을 가지면서 활동을 지속시키는 데 도움이 된다. 각 곡의 특징에 따라 교구나 소품 선택을 잘해야 하며 어떻게 사용할 것인지, 소품을 이용(굴리기, 튀기기, 전달하기), 활동 방향(시계방향으로 할 것인지, 좌우), 활동의 자세(서서 하기, 앉아서 하기), 활동 대형은 원 모양, 평행 모양, 몇 줄로 할 것인지 등 미리 구상해야 한다.

ㄱ. 공

공 굴리기의 표현은 시간, 힘과 공간의 개념을 익히기에 좋은 방법이다. 감상곡에 맞추어서 같은 거리에서 공을 빠르게 또는 느리게 굴려봄으로써 빠르기와 힘의 관계를 경험하고 같은 박자에서 다른 힘의 움직임을 느껴보는 기초 단계이기도 하다. 교사는 영유아가 공을 굴리는 동안 '또르르르…', '굴리고 잡고…' 등의 언어적 표현을 사용하여 공 굴림의 모양을 표현해 주는데, 이것은 곡에 대한 이해를 더욱 높일 수 있고 곡을 표현할 때 도움을 받을 수 있다.

공의 활용방법

- 공 굴리기 : 둘이서, 여러 명이 할 수 있음
- 공 전하기 : 여럿이 동그랗게 앉아 박에 맞추어 공 전하기
- 공 튀기기 : 악센트, 마디 첫 박 등의 부분에서 공 튀기기
- 공 던지기 : 여러 가지 지시에 따라 공 던지기

공으로 할 수 있는 활동 가운데 공 굴리기는 가장 쉽게 감각을 느낄 수 있는 활동이며 공 전하기 활동은 박과 리듬을 익히기 위한 활동이다. 공 튀기기는 악센트 교육을 위해 그리고 공 던지기는 박과 짧은 악절을 익힐 때 활용하면 좋다. 공의 크기(대, 중, 소)와 형태(탱탱 볼, 스펀지 공, 볼풀 공, 천으로 만든 공)를 선택할 때에는 음악에 맞는지를 고려해서 선택해야 한다.

ㄴ. 스카프

영유아 음악에 대한 반응에서 스카프는 손쉽게 사용이 가능하며 흔들기, 던지기, 숨기기, 연결하기 등 동작을 자연스럽게 이끌며 음악의 연속적인 흐름을 쉽게 표현할 수 있도록 한다. 특히 느린 음악에 사용하면 음악의 느낌을 이해하는 데 효과적이다. 스카프를 들고 악절 단위로 동작 방향을 바꿔가며 표현한다. 음악 감상을 위한 동작이므로 간단하고 명료한 움직임, 다양한 방향의 움직임으로 방향감각을 익힌다. 부드럽고 흐느적거리는 천의 소재 특성은 감상곡의 특성에

맞추어서 스카프의 길이(장, 중간, 단)를 결정하는 것도 필요하다.

ㄷ. 풍선

풍선은 왈츠풍이나 곡의 빠르기가 너무 빠르지 않은 곡에 사용하면 좋다. 풍선의 특징을 이용하여 활동하는데, 풍선은 너무 무거운 느낌의 곡이나 다이내믹이 너무 강한 곡에는 어울리지 않는다. 감상에 앞서 먼저 리듬만 이용하여 영유아와 교사가 던지는 활동을 하며 익숙해지면 감상곡의 프레이즈에 맞추어 던지기를 한다. 팔목에 1m 정도의 끈을 묶어 달고 하면 혼잡해지는 것을 막을 수 있다.

ㄹ. 리본테이프나 끈

색깔이 예쁘고 긴 끈의 움직임을 통해 영유아들은 즐거운 감상활동을 할 수 있다. 가락의 흐름, 높낮이 프레이즈의 표현에 효과적이다. 줄에 구슬이나 단추를 꿰어 음악에 맞추어 돌리거나 흔든다.

ㅁ. 손, 발, 별, 자동차 등 여러 가지 모양의 색깔 종이

여러 가지 모양의 색깔 종이는 음악의 특징을 상징화하여 음악의 형식 및 프레이즈를 표현하고 즐기도록 돕는다.

ㅂ. 다양한 밴드, 고무줄, 스타킹 등(긴 것, 짧은 것, 굵은 것, 가는 것)

스타킹 등의 탄력적인 밴드는 음악의 흐름 및 긴장과 이완 등을 느끼고 표현하도록 도우며 음악활동 시 개인의 음악표현 및 그룹활동에 효과적으로 사용된다.

ㅅ. 여러 가지 오디오 기자재

비디오, 컴퓨터, 빔프로젝터, DVD 등 여러 가지 오디오 기자재를 효과적으로 사용한다.

ㅇ. 종이(신문지, 한지, 잡지 등)

신문지나 잡지 등의 종이는 음악의 분위기 및 강약의 표현에 효과적으로 사용한다.

ㅈ. 음악 게임활동을 위한 다양한 준비물(주사위, 리듬 코팅판 등)

음악 게임활동을 위해 주사위, 리듬 코팅판 등을 준비한다.

ㅊ. 미술표현을 위한 여러 가지 재료(솜방망이, 스펀지, 물감 등)

미술표현을 위해 솜방망이, 스펀지, 물감 등의 여러 가지 재료를 준비한다.

ㅍ. 기타

의자, 줄넘기, 훌라후프, 부채, 우산 등 우리 주변에서 쉽고 흔하게 접할 수 있는 놀이 도구들을 감상소품으로 사용하면 영유아들이 더욱 즐겁게 음악 학습과 경험을 할 수 있다.

4장

영유아 음악활동의 교수 방법

영유아 음악교육은 영유아가 태어나면서부터 갖고 있는 음악적 잠재력을 바탕으로 음악을 듣고 노래 부르고 연주하며 신체로 표현하는 경험을 통해 음악에 대한 정서를 느끼고 표현할 수 있는 심미감을 갖게 하는 것이다(김은심, 안나겸, 2008). 교사는 영유아에게 일상생활 속에서 음악을 경험하고 표현할 수 있도록 기회를 제공해 주어야 하며 영유아가 음악을 어떻게 느끼는지를 파악해야 한다. 본 장에서는 영유아 음악활동의 계획, 영유아 음악활동의 운영, 영유아 음악활동의 평가, 영유아 음악활동의 환경구성을 살펴본다.

1. 영유아 음악교육의 계획

영유아 음악활동의 계획이란 음악교육의 효율성을 도모하기 위해 영유아를 위한 음악교육 목표와 내용, 교수방법뿐 아니라 음악활동의 평가에 이르는 일련의 교수계획을 말한다. 교사는 영유아의 전인적 발달을 위해서 영유아가 흥미로워하는 주제를 중심으로 의미 있는 학습경험을 제공하며 영유아로 하여금 그들을 둘러싼 주변의 세계에 대한 이해를 향상시킨다. 최근 누리과정이 개정되었는데 이에 따르면 영유아 음악활동의 계획은 교사가 유아의 놀이를 통한 배움을 지원하기 위하여 음악교육과정 내용과 시간을 조직하는 거라고 말하였다.

영유아교육기관에서의 음악활동은 영유아가 계획하는 음악활동으로 교사가 영유아들을 위해 음률영역에 준비해 둔 다양한 자료들을 영유아 스스로 선택하여 개별적 또는 몇 명의 영유아가 모여 창의적으로 작업하는 활동을 의미한다. 음악활동은 실내놀이활동 시간에 음률영역에서 이루어지는 것이 대부분이지만 영유아가 다른 영유아와 함께 신체표현이나 악기합주 등의 활동을 할 필요가 있을 때 또는 모든 영유아에게 새로운 음악활동에 대한 교육이 필요할 때 대·소집단 활동과 실외활동으로 음악활동을 실행할 수도 있다.

영유아의 발달과 흥미에 맞는 음악교육을 계획하기 위해서 교사는 전체 또는 개별 유아가 진행하고 있는 음악놀이에 초점을 두되 유아가 생활 속에서 경험하고 있는 음악적 요소와 일상생활에서의 필요한 경험, 계절이나 날씨와 같은 자연현상, 기관의 특별한 행사 등을 반영하여 계획할 수 있다. 또한 교사는 영유아들이 접한 음악적 경험들에 대해서 언어나 몸짓, 그림 등으로 다양하게 표현할 수 있도록 예측하여 자료를 준비해 주고 놀이를 지원해야 한다.

영유아 음악활동은 영유아의 흥미에 기초하여 교사가 선정한 주제나 영유아들이 계획한 주제를 여러 영역을 통합하여 탐구·학습하는 일환으로서 음악활동이 실시되는 것이다. 영유아는 흥미와 관심에 따라 음악활동에 자유롭게 참여하고 즐기며, 놀이를 통해 음악교육의 내용을 학습할 수 있다. 교사는 유아가 다양한 음악활동에 참여하여 경험할 수 있도록 실내외 환경을 구성하고 유아와 유아, 유아와 교사, 유아와 환경 간에 능동적인 상호작용이 이루어지도록 한다. 또한 교사는 음악활동에 있어서 5개 영역의 내용을 통합하여 유아의 경험과 연계되도록 계획하며, 사전계획을 최소화하고 놀이가 먼저 실행되도록 음악활동을 구성하여 유아가 주도하는 놀이를 통해서 음악활동의 내용을 배울 수 있도록 놀이를 지원한다.

교사는 영유아의 놀이지원을 위해서 영유아의 연령별 발달에 적합한 음악적 행동을 이해하고 영유아의 발달에 적합한 음악활동을 제공한다. 0~5세의 연령별 발달에 적합한 음악적 행동(안재신, 2004; 이춘자, 조인경, 2013)을 재구성하면 다음과 같다.

〈표 4-1〉 연령별 발달에 적합한 음악적 행동

연령	음악적 행동
0세	• 리듬 있는 소리에 관심을 가진다. • 리듬과 노래에 소리로 반응한다. • 일상생활에서 반복되는 소리와 노래에 관심을 가진다.
1세	• 노래를 부분적으로 따라 부른다. • 리듬과 음높이에 맞추어 소리를 낸다. • 일생생활에서 리듬 있는 소리와 노래를 즐겨 듣는다.
2세	• 친근한 노래를 따라 부른다. • 신체, 사물, 리듬악기 등을 이용하여 간단한 리듬과 소리를 만든다. • 노래나 리듬에 맞춰 몸으로 표현한다. • 자연이나 생활의 소리, 친근한 음악, 또래가 표현한 노래를 관심 있게 듣는다.
3세	• 소리의 차이를 점차 표현한다. • 여러 다른 음악적 소리(똑똑, 딸랑딸랑, 쿵쿵)에 호기심을 갖는다. • 목소리를 이용해서 자신의 멜로디를 만들거나 작곡된 노래의 일부를 부를 수 있다. • 음악적 자극에 상호작용하여 즉흥적인 동작을 한다. • 기본박자에 대한 자신의 구체적 감정에 반응한다.
4세	• 집단에 참여하여 함께 음악을 즐긴다. • 간단한 음과 음색을 구별하는 놀이를 할 수 있다. • 즉흥연주에서 목소리나 악기로 악절의 느낌을 나타낼 수 있다. • 특정한 곡조의 노래를 음에 맞게 노래할 능력이 생긴다. • 악기 반주에 맞추어 즉흥노래를 부를 때, 음계의 시작 음에 반응하는 능력이 커진다.
5세	• 단순한 표현적인 움직임과 즉흥적으로 만든 노랫말에서 더욱 폭넓은 상상력을 표현한다. • 간단한 반복패턴을 좋아하고 연주하는 능력이 생긴다. • 균형감, 안정된 박자의 느낌, 반복되는 움직임의 패턴 등이 신장된다. • 챈트나 노랫말의 기본박자와 리듬패턴을 손뼉으로 쳐볼 때 리듬이 정확해진다. • 음에 맞추는 능력이 증가되고 음과 리듬의 기억력이 늘어난다. • 동시에 여러 소리가 연주되는 것을 알아듣는다(화음감). • 빠르기의 변화, 계속되거나 끝나는 느낌, 긴 음과 짧은 음, 큰 소리나 작은 소리, 높고 낮은음의 차이에 적절한 반응하게 된다.

영유아의 음악활동을 지원하기 위해서는 교사는 음악교육의 내용을 이해해야 한다. 음악교육 내용은 탐색, 표현, 감상으로 구성되어 있으며, 영유아가 다양한 음악적 요소를 찾아보고 표현하며 감상하는 것을 정해진 순서 없이 한 활동에서

통합적으로 경험되도록 계획한다. 음악교육 내용인 탐색, 표현, 감상의 세부내용은 다음과 같다.

〈표 4-2〉 음악교육 내용의 세부 내용

내용	세부 내용
음악적 요소 탐색하기	• 시각적, 청각적 감각 경험하기 • 자연과 주변 사물의 음악적 요소(셈여림, 빠르기, 리듬, 박자 등) 탐색하기 • 자신의 생각, 경험, 느낌 탐색하기 • 소리와 악기 탐색하기
음악으로 표현하기	• 노래로 자신의 생각과 느낌을 표현하기 • 전래동요를 즐겨 부르기 • 리듬악기를 연주하기 • 리듬과 노래 등을 즉흥적으로 만들어 보기
음악 감상하기	• 자연과 주변 환경에서 나는 소리 감상하기 • 자신과 또래의 음악활동 감상하기 • 우리나라와 다른 나라 음악 감상하기

교사는 이러한 연령별 음악행동과 음악교육 내용을 알아야 유아의 음악놀이를 지원할 수 있다. 교사는 유아의 음악교육적 지원을 위해 매일 진행되는 음악놀이에 대해 기록하고 다음에 지원할 내용을 간단히 계획할 수 있다.

2. 영유아 음악활동의 운영

영유아 음악활동의 목표는 영유아가 자연과 사물을 접하면서 느낄 수 있는 다양한 음악적 요소를 찾아보고, 이를 창의적으로 표현하며, 아름다움에 관심을 가지고 음악활동을 즐기고 추구할 수 있는 소양과 더불어 아름다움의 다양성을 이해하고 존중하는 역할을 기르는 데 있다.

교사는 영유아들이 일상생활 속에서 다양한 음악매체와의 친숙한 경험을 통해 아름다움을 찾고 소리와 악기, 신체 등으로 표현하며 감상하는 활동들이 순환되고 통합되도록 하는 것이 중요하다. 이에 각 영유아가 자신이나 사물의 느낌을 파악하고 편안한 마음으로 자유롭게 표현하고 즐길 수 있도록 하는 허용적인 분위기 조성이 필요하다. 교사는 영유아가 음악활동에 동기부여가 될 수 있도록 구체적으로 접근을 하고, 창의적인 표현이 잘 발산되도록 교실의 환경, 분위기, 교사의 언어, 풍부한 음악교육 자원 등을 준비해주며, 영유아의 음악활동에 세심하고 긍정적인 격려가 요구된다. 또한 영유아의 활동에 긍정적인 반응 및 피드백을 제공하여 영유아가 음악활동을 통해 음악적 능력을 증진시킬 수 있도록 지원한다.

음악활동은 하루일과 중 실내·외 놀이상황 어느 때나 이루어질 수 있다. 실내 음악활동은 영유아들의 흥미를 유발시키고 편리하게 자료를 사용할 수 있도록 음악자료와 교구를 효과적으로 배치한다. 음악악보, 악기 사용하는 방법 등을 기록하여 벽면에 붙여줄 수도 있다.

음악활동은 각 흥미 영역의 활동과 상호 연결되도록 한다. 오후 놀이활동시간에는 음악활동에 관련된 확장활동을 진행할 수도 있다. 영유아는 놀이시간에 각자 자신의 흥미와 요구, 발달 수준에 따라 스스로 선택한 영역에서 개별적으로 또는 다른 영유아와 함께 놀이를 한다. 교사는 주제와 밀접한 내용을 사전에 준비하여 영유아들이 자유롭게 음악활동을 행할 수 있게 한다(이숙재, 2001). 난이도 수준이 다양한 음악활동을 준비하여 영유아가 발달수준에 적합한 활동을 선택할 수 있게 한다. 필요에 따라 활동자료와 음악악보, 음악가와 악기그림과 사진 등을 준비해주면 영유아 스스로 음악활동을 진행할 수 있다.

음악활동은 새로운 노래를 소개하거나 설명할 때 교사가 개입하기도 하지만 주로 영유아의 흥미와 관심사, 사고와 생각 등을 반영하여 영유아들이 일상생활에서 융통적으로 음악활동에 참여하고 영유아 주도로 이끌 수도 있다. 영유아들이 개별적으로도 음악활동은 진행할 수 있지만 악기합주나 신체표현, 음악 감상, 음악에 관련된 이야기 나누기 등 집단으로도 이루어진다.

교사는 유아의 음악놀이를 관찰하고 놀이가 활발하게 이루어질 수 있도록 지원하는 과정에서 필요한 경우 이야기 나누기, 동화, 게임 등 적절한 유형의 활동을 연결하여 운영한다(교육부, 보건복지부, 2019).

[그림 4-1] 음률 영역 악기 연주

[그림 4-2] 음률 영역 소리 탐색

[그림 4-3] 악기 배우기

[그림 4-4] 음악에 맞춰 나비 표현하기

실외에서의 음악활동은 영유아를 둘러싼 자연이나 주변 환경 혹은 친근하게 접하는 대상에서 음악적 요소를 자발적으로 찾아보도록 한다. 음악에 대해 관심을 가지고 찾아보는 경험은 영유아교육기관의 일과 중에 자연스럽게 이루어지도록 지도한다. 실외음악활동은 개별 활동이나 소집단 활동으로 지도하는 것이 효과적이며, 계절이나 날씨의 변화에 따라 흥미 있는 실외음악활동이 이루어질 수 있다.

실외에서 찾을 수 있도록 소리탐색카드(예 새소리, 바람소리, 낙엽 밟는 소리 등)를 만들어 비치해두면 자연스럽게 소리탐색활동이 진행된다. 노래게임을 위한 자료 등도 준비하면 넓은 공간을 활용하여 노래를 이용한 게임도 할 수 있다(이춘자, 조인경, 2013). 실내와 실외의 균형 있는 활동은 영유아들에게 보다 풍부한 경험을 제공해 줄 수 있고 놀이의 발달수준을 높여나갈 수 있다.

[그림 4-5] 나무의 소리 탐색

[그림 4-6] 노래 부르기

교사는 영유아의 음악활동을 지원하기 위해 다양한 지도전략을 사용하게 된다. 교사는 음악활동 상황과 목적에 적합한 지도전략을 사용하여 영유아의 음악활동을 유지·확장시켜줄 수 있다. 영유아 음악활동의 지도유형을 지시하기, 시범보이기, 함께 구성하기, 비계설정하기, 지원하기, 촉진하기, 인정하기로 구분하여 음악활동의 예와 함께 기술하면 다음과 같다.

- 지시하기는 교사가 영유아에게 특정한 방법으로 음악활동을 수행하기 원할 때 구체적으로 명확하게 수행방법을 지시하는 것이다. 예를 들어 전래동요를 부르면서 장단치기를 할 때 장단치기를 지시할 수 있다. "손과 채편으로 덩덩덕 쿵덕을 쳐보세요." 등
- 시범 보이기는 교사가 영유아에게 기대하는 행동을 직접 시연해보이고, 영유아는 이를 관찰함으로써 바람직한 행동을 형성하고 습득하도록 하는 것이다(신혜은, 고태순, 장세희, 2011). 예를 들어 교사가 노래를 부르고 다음에 영유아가 따라 부르도록 한다.
- 함께 구성하기는 교사와 유아의 공통 프로젝트 형태로 문제나 과업을 교사와 유아가 함께 배우고 해결해나가는 것이다. 예를 들어 리듬악기를 가지고 교사와 함께 합주를 하며 함께 소리를 만들어 본다.

- 비계설정하기는 유아 스스로의 힘으로는 할 수 없지만 도움을 주어 과제를 수행하게 함으로써 도전의 기회를 마련해주는 것이다. 예를 들어 유아가 노래를 부를 때 노랫말 가사를 자꾸 틀린다면, 노랫말 가사로 지은 노래동화를 들려주어 그림과 함께 가사를 기억하여 가사를 잊지 않고 노래를 부를 수 있도록 하는 것이다.
- 지원하기는 교사가 영유아에게 처음부터 끝까지 도움을 제공하는 것이다. 예를 들어 새 노래를 들려주고 새 노래를 배울 때 교사가 영유아와 같이 노래를 부르고. 영유아 스스로 더 이상 도움이 필요하지 않다고 할 때까지 교사가 같이 부르는 것이다.
- 촉진하기는 영유아 스스로 전개해 나가는 활동에서 교사가 일시적으로 도움을 주는 것이다. 예를 들어 유아가 노래만 반복해서 부르고 있을 때 교사가 리본막대를 제시해주어 노래와 춤으로 연결해주는 것이다.
- 인정하기는 영유아가 하는 행동이나 말을 교사가 인정하는 것이다. 교사는 유아의 행동에 대한 언급을 하기도 하고, 옆에서 영유아의 행동을 지켜보는 것만으로도 인정하기는 이루어질 수 있다. 예를 들어 영유아가 악기탐색을 하고 있을 때 "ㅇㅇ이는 리듬을 잘 다루는 구나."라고 격려해주거나 단순히 "마라카스를 흔들고 있네."로 영유아의 행동을 읽어줄 수 있다.

교사의 지도방법은 다양한 학습 상황과 영유아 발달의 수준, 교육활동의 유형 등에 따라 달라질 수 있다. 교사는 여러 가지 지도방법을 다양하게 사용하여 영유아의 발달을 촉진시킬 수 있다.

3. 영유아 음악활동의 평가

영유아 음악활동의 평가란 음악활동의 결과뿐만 아니라 음악활동 과정 전반의 가치나 중요성에 대해 판단하는 과정으로, 이러한 평가의 결과가 음악교육과정의 구성 및 운영에 적극적으로 반영될 때 음악교육과정의 효율성을 보장하게 되며 나아가 영유아의 전인적인 발달을 도모하게 된다.

음악활동평가의 목적은 영유아의 올바른 성장을 위하여 새로운 지도방안을 모색하고 더욱 자신감 있게 영유아의 음악표현활동과 음악적 안목을 길러주기 위한 것이다. 음악활동의 평가는 음악교육이 실제로 영유아의 탐색, 창의력, 표현력, 관찰력 및 음악적 감각, 감상능력 등을 어느 정도 변화시켰는가를 반영하여 다음 음악활동지도에 도움이 되어야 한다. 영유아의 음악활동 평가를 위해 영유아 음악활동 평가의 의의, 영유아 음악활동의 평가방법을 살펴본다.

1) 영유아 음악활동 평가의 의의

영유아 음악활동의 평가는 음악활동의 교육 목표의 성취 정도와 교육 목표에 따른 영유아의 변화과정을 파악하고 다음 활동에 필요한 기초 자료를 제공하기 위해서 필요하다. 즉, 영유아 음악활동의 평가는 영유아의 음악적 발달에 대한 정보를 알 수 있으며 이후의 수업계획과 전개를 보다 용이하게 해 주며 또한 교사와 부모 간의 의사소통을 원활하게 해 준다(심성경 외, 2013). 이러한 음악활동 평가의 목적을 달성하기 위해 음악활동 평가의 의의를 제시하면 다음과 같다. 첫째, 교사에게 영유아에 대한 이해의 기회를 주고 영유아에게는 자신의 표현을 개선하고 발달시키는 데 도움을 준다. 둘째, 영유아가 스스로 자신의 표현을 발견하고 자신감을 갖게 한다. 셋째, 정기적인 평가의 실시로 영유아 개별적인 음악행동의 발달상황에 대한 이해를 돕고 교사 자신의 교육계획의 수행을 점검할 수 있다.

2) 영유아 음악활동의 평가방법

(1) 영유아에 대한 평가

교사는 하루 일과를 통해 영유아들을 관찰하고 상호작용하여 이를 바탕으로 영유아를 평가한다. 교사는 음악활동에서 영유아의 행동을 관찰하고 평가하므로 영유아의 발달 상황을 파악할 수 있고 그것을 기초로 영유아에게 적절한 지원을 제공할 수 있다. 영유아에 대한 평가를 영유아 관찰 평가, 영유아 면접 평가로 나누어 살펴보면 다음과 같다.

① 영유아 관찰 평가

영유아에 대한 평가는 주로 관찰에 의해 이루어진다. 관찰은 영유아가 언어표현에 한계가 있고 주의집중 시간이 짧기 때문에 자연스러운 상황이 아닌 검사 상황에서 자신의 능력을 최대한 발휘하지 못한다는 점을 극복하고 영유아의 자연스러운 발달을 있는 그대로 평가한다는 점에서 관찰법이 최근 들어 강조되고 있다(보건복지가족부, 2008). 일반적으로 영유아를 관찰하는 데 있어 주로 많이 사용되는 방법으로는 행동목록법, 평정척도법, 일화기록법 등이 있다.

행동목록법

행동목록법(체크리스트)은 어느 한 시점에서 특정한 기술이나 행동의 출현 여부 자체에 관심이 있을 때 사용한다. 체크리스트는 교사가 영유아의 발달 단계와 수준에 맞는 행동 목록을 사전에 준비하여 각 행동의 출연 여부를 관찰한 뒤 '예/아니오' 혹은 '그렇다/아니다'로 표기하는 방법이다. 영유아의 음악활동을 관찰하여 활동과정에서 나타난 반응을 기록한다. 영유아의 음악적 태도의 성취는 정서, 표현, 감상 등으로 평가할 수 있다. 유아의 음악적 태도의 성취에 대한 기록지(안재신, 2004)를 재구성하여 제시하면 다음과 같다.

〈표 4-3〉 음악적 태도에 대한 체크리스트

이름:
성별: 관찰자:
생년월일: 관찰일:

구분	평가 내용	예	아니오	비고
정서	• 노래를 함께 부를 때 적극적으로 참여한다. • 노래 부르기, 듣기 등을 표현할 때 즐거워한다. • 노래를 부르며 자신의 감정을 자연스럽게 표현한다. • 다른 사람이 노래 부를 때 주의 깊게 듣는다. • 음악활동에 있어서 다른 사람의 생각이나 표현을 인정하고 존중한다.			
표현	• 노랫말 기억하기와 노래 부르기에 관심이 많다. • 여러 가지 노래를 즐겨 부른다. • 감정을 넣어 노래를 부를 수 있다. • 여러 가지 악기를 다루어 보며 즐긴다. • 리듬, 장단에 맞추어 악기를 다룰 수 있다. • 리듬악기 다루기에 적극 참여한다. • 리듬악기를 노래에 맞추어 연주할 수 있다. • 노래에 맞추어 몸을 율동적으로 움직일 수 있다. • 노래를 듣고 몸을 움직여 표현하는 것을 즐거워한다. • 노래를 듣고 몸을 움직여 표현함에 있어 창의적이다. • 노래를 듣고 역할놀이 또는 극 놀이로 표현할 수 있다. • 노래를 통해 극 놀이하는 것에 적극적으로 참여한다. • 신체기관을 이용하여 박자치기를 할 수 있다. • 깃발을 리듬에 맞추어 다양하게 움직이거나 흔들 수 있다. • 소리에 민감하게 반응하여 그 느낌을 표현할 수 있다. • 녹음기에서 나오는 노래를 듣고 노랫말대로 따라 할 수 있다. • 높은 음과 낮은 음을 구별할 수 있다. • 여러 가지 소재를 이용하여 소리를 만들 수 있다. • 소리를 만들고 듣는 과정에 적극 참여한다. • 간단한 노랫말이나 노래를 만들 수 있다.			

구분	평가 내용	예	아니오	비고
감상	• 여러 가지 소리나 악기의 소리 등에 관심을 갖고 즐겨 듣는다. • 다양한 종류의 음악을 듣고 즐긴다. • 우리나라 전래동요, 전통악기 듣기를 좋아한다. • 노래를 듣고 몸을 움직여 표현하는 것에 관심을 갖고 감상한다. • 우리나라의 전통예술을 친숙하게 느낀다. • 우리나라의 전통예술이나 놀이에 관심을 두고 적극 표현하며 감상한다. • 노랫말을 정확하게 듣는다. • 다른 사람의 노래를 주의 깊게 듣는다. • 음악을 듣고 그것을 나타내는 그림 카드를 찾을 수 있다. • 듣기 좋은 소리와 시끄러운 소리를 구별할 수 있다.			

평가척도법

영유아의 음악적 표현 능력의 발달에 대한 진보를 평가하기 위해서는 평가목록표가 필요하다. 평가목록표를 통하여 영유아의 음악적 표현 능력의 발달 상황을 파악할 수 있을 뿐 아니라 영유아 음악교육의 목표가 어느 정도 달성되었나를 확인할 수 있다. 영유아의 음악적 표현 능력의 발달 상황은 노래 부르기, 악기 연주하기, 신체 표현하기, 음악 만들기로 구분하여 평가하며 1년 동안 3회 이상 기록하여 노래 부르기, 악기 연주하기, 신체 표현하기, 음악 만들기 능력의 진보를 알 수 있다. 이러한 영유아 음악적 표현 능력 발달의 진보에 대한 평가지(권오선, 2011)를 재구성하여 제시하면 다음과 같다.

〈표 4-4〉 영유아의 음악적 표현 능력 발달에 대한 평가척도

이름 : 성별 :

생년월일 :

영역	세부 능력	*1:못함, 2:보통, 3:잘함								
		1회(월 일)			2회(월 일)			3회(월 일)		
		1	2	3	1	2	3	1	2	3
노래 부르기	• 자기가 좋아하는 노래를 선택해서 교사와 함께 이어 부르기	·	·	·	·	·	·	·	·	·
	• 교사의 노래에 맞춰 고개나 손뼉치기	·	·	·	·	·	·	·	·	·
	• 주어진 음보다 더 높은 음 소리 내기	·	·	·	·	·	·	·	·	·
	• 노래 부르는 동안 리듬, 박자 맞추기	·	·	·	·	·	·	·	·	·
	• 노래 분위기에 맞는 자기감정 표현하기	·	·	·	·	·	·	·	·	·
악기 연주 하기	• 노래 속도에 맞추어 강약을 악기로 나타내기	·	·	·	·	·	·	·	·	·
	• 타악기로 크고 작고 빠르고 느린 소리 표현하기	·	·	·	·	·	·	·	·	·
	• 신체동작에 반주로써 악기 사용하기	·	·	·	·	·	·	·	·	·
	• 타악기로 긴 음과 짧은 음 만들어 보기	·	·	·	·	·	·	·	·	·
	• 같은 악기로 특수한 음악적 소리 내보기	·	·	·	·	·	·	·	·	·
신체 표현 하기	• 리듬 특징에 맞추어 걷기	·	·	·	·	·	·	·	·	·
	• 두 가지 리듬악기에 맞추어 앞, 뒤로 걷기	·	·	·	·	·	·	·	·	·
	• 리듬 유형에 따라 신체리듬 표현하기	·	·	·	·	·	·	·	·	·
	• 음의 높고 낮음을 신체로 표현하기	·	·	·	·	·	·	·	·	·
	• 강박과 약박에 따라 신체로 표현하기	·	·	·	·	·	·	·	·	·
음악 만들기	• 주어진 노랫말에 멜로디 만들어 보기	·	·	·	·	·	·	·	·	·
	• 주어진 리듬패턴을 다양한 리듬패턴으로 바꾸어 보기	·	·	·	·	·	·	·	·	·
	• 같은 악기로 다양한 사물의 소리 만들어 보기	·	·	·	·	·	·	·	·	·
	• 같은 악기로 강, 약의 셈여림 만들어 보기	·	·	·	·	·	·	·	·	·
	• 신체로 소리 및 사물 만들어 보기(높은 곳, 낮은 곳, 물고기, 나뭇잎, 코끼리 등)	·	·	·	·	·	·	·	·	·

일화기록법

영유아를 대상으로 가장 많이 사용되는 평가방법은 일화기록법이다. 일화기록은 한 가지 행동이나 상황에 초점을 맞추어 기록하기 때문에 관찰자는 영유아 행동의 패턴이나 변화, 발전, 특기할 만한 사건 혹은 미리 정해진 범주에 따라 영유아들의 행동을 관찰할 수 있다(전남련, 권경미, 김덕일, 2005). 영유아의 음악활동 상황, 음악활동에서의 상호작용 등의 행동에 초점을 맞춰서 기록하여 영유아 개인의 특성을 이해하기 위한 구체적인 행동 사례나 어떤 사건에 관련된 상황들을 상세히 기록할 수 있다. 유아의 악기 다루기 행동에 대한 일화기록은 다음과 같다.

〈표 4-5〉 유아 음악활동 일화기록

유아명 : 전○○ 관찰일 :	성별 : 여 관찰자 :	생년월일 :　　년　월　일(만 3세) 관찰장소 : 교실 내 음률 영역
장면 :		

기록
○○이가 목각실로폰을 두드리고 있다. 실로폰 건반을 두드리며 소리를 내다가 연속적으로 건반을 두드려 소리를 내고 있다. ○○이를 보고 있던 □□이가 실로폰 주변을 손가락으로 만지며 ○○이를 바라본다. ○○이가 "□□아 너 실로폰 할래?" 물어보자 □□이가 고개를 끄덕이며 ○○이가 들고 있는 실로폰 채를 가져간다. □□이가 실로폰 건반을 한 개씩 두드리며 실로폰 건반에 귀를 댄다. 옆에서 □□이를 보고 있던 ○○이가 "아니 그렇게 하는 게 아니야" 하며 다시 □□이의 채를 가져간다. ○○이가 2번 실로폰 건반을 두드리자 □□이가 손가락으로 실로폰 건반을 똑같이 2번 두드린다. ○○이가 옆에 있던 또 다른 실로폰 채를 □□이에게 건네주며 "□□아 나는 이쪽(오른쪽)으로 칠께. 너는 이쪽(왼쪽)을 쳐."라고 이야기하며 건반을 두드린다.

발달 요약
- 목각실로폰을 연주할 줄 안다.
- 친구에게 양보한다.
- 친구와 상호작용을 잘한다.

② 영유아 면접 평가

면접법은 영유아와의 대면을 통해 자료를 수집하는 방법으로 영유아에 대한 많은 정보를 알고 싶을 때 유용하게 사용된다. 상황에 따라 질문이 달라질 수 있는 융통성이 있으며 문자해독 능력이 없는 영유아에게 질문을 함으로써 질문에 대한 답변을 명확히 할 수 있다. 음악활동을 한 후에 영유아에게 질문이나 대화를 통해서 음악활동의 전반적인 과정에 대해 평가할 수 있다. 이를 위해서는 다음과 같은 질문을 할 수 있다.

- 오늘 음악활동이 어땠나요?(느낌, 소감)
- 오늘 음악활동을 열심히 했나요?
- 오늘 음악활동에서 무엇이 좋았나요?
- 오늘 음악활동에서 무엇이 어려웠나요?
- 음률영역의 활동을 혼자서도 잘할 수 있었나요?
- 도움이 필요할 때 선생님이 잘 도와주셨나요?
- 음악활동을 위한 악기다루기를 할 만큼 악기가 충분했나요?
- 다음에 하고 싶은 음악활동은 무엇인가요?

(2) 놀이에 대한 평가

교사는 유아의 음악활동과정을 관찰하여 평가에 필요한 자료를 모을 수 있다. 유아의 음악놀이에 대한 기록(예: 계획안 또는 일지에 기록한 유아들의 실제 놀이 모습, 유아의 놀이 결과물, 작품, 사진이나 동영상 등)을 통해 유아의 흥미와 관심, 선호 음악, 또래와의 상호작용 등 유아의 특성과 변화 정도를 평가할 수 있다.

교사는 학급내 놀이의 내용, 놀이를 통해 학급에서 일어나고 있는 유아들의 배움과 참여 등에 대한 기록을 바탕으로 교육과정을 평가하고 교육과정 개선 계획에 이를 반영할 수 있다(교육부, 보건복지부, 2019). 즉, 음악활동에서의 유아 놀이관찰을 토대로 누리과정 운영 평가를 실시하고 추후 교육과정 운영지원에 반영할 수 있다.

교사는 유아가 음악놀이를 하고 있을 때 이 놀이에서 누리과정 5개 영역을 경험하였지를 확인하고 기록하여 누리과정 5개 영역의 내용이 놀이에서 어떻게 경험되고 어떤 배움이 일어났는지 살펴본 후 이를 추후 놀이지원에 반영할 수 있도록 한다.

영유아의 음악활동 사진, 영유아가 쓴 글, 영유아의 음악활동에 대한 기록, 친구들과 활동한 것들이 자료가 될 수 있다. 자료를 수집하는 과정에서 사진이나 비디오로 촬영하여 보관할 수 있다. 사진과 비디오를 촬영한 장면에 대해서는 사건의 전후 상황, 목적, 장소, 참여 영유아의 이름, 각 장면의 의미 등을 기록해 두는 것이 유용하다. 사진을 기록하기 위해 양식지를 이용할 수도 있고 간략하게 사진의 뒷면에 기록하거나 포스트잇 같은 접착식 메모지를 이용할 수도 있다(황해익 외, 2001). 누리과정 운영 평가를 포함시킨 개정 누리과정에서 소개된 음악활동에 대한 간략한 일지를 소개하면 다음과 같다(보건복지부, 중앙육아종합지원센터, 2019).

〈표 4-6〉 음악활동에 대한 간략한 일지(포트폴리오)

<table>
<tr><td colspan="2">놀이주제</td><td></td><td colspan="2">반</td><td></td></tr>
<tr><td colspan="2">대상</td><td></td><td colspan="2">날짜</td><td></td></tr>
<tr><td rowspan="2">교사의
생각</td><td>기대</td><td colspan="4"></td></tr>
<tr><td>내용</td><td colspan="4"></td></tr>
<tr><td colspan="2" rowspan="2">유아의
놀이내용과
배움</td><td colspan="2">사진
자료</td><td colspan="2">놀이관찰의
내용</td></tr>
<tr><td colspan="4">배움</td></tr>
<tr><td colspan="2">누리과정
운영평가</td><td colspan="4"></td></tr>
<tr><td colspan="2">내일
필요한
지원</td><td colspan="4"></td></tr>
<tr><td colspan="2">안전</td><td colspan="4"></td></tr>
</table>

(3) 음악환경에 대한 평가

영유아들의 음악활동은 음률 영역의 환경에 따라서 영유아들의 경험이 달라지기 때문에 영유아들의 다양하고 교육적인 음악적 경험을 위해 음률 영역의 환경 구성에 대한 평가가 필요하다. 영유아교육기관에서 교사가 준비해야 할 음악환경의 평가항목(김영미, 2010)을 제시하면 다음과 같다.

〈표 4-7〉 영유아교육기관의 음악환경 체크리스트

문항	예	아니오	비고
1. 교실에는 음악에 관련된 책이나 음악가의 생애에 관한 책이 준비되어 있다.			
2. 교실에는 음악에 관련된 그림이나 사진 자료가 마련되어 있다.			
3. 교실에는 악보나 노랫말, 리듬패턴, 카드가 준비되어 있다.			
4. 교실에는 리듬악기, 멜로디 악기, 현악기 등이 준비되어 있다.			
5. 교실에는 소고, 장구, 징, 꽹과리, 북 등 전통악기류가 준비되어 있다.			
6. 교실에는 시청각 장비 및 컴퓨터, 음악테이프, CD류, 비디오 자료가 준비되어 있다.			
7. 교실에는 음악교육 및 활동을 위해 음악회 방문 등 현장학습의 활동이 이루어지고 있다.			
8. 교실에는 음악교육을 위한 교사의 지식과 기술습득을 위해 원장의 지원이 있다.			
9. 교실에는 음악활동을 위해 교사들 간의 정보 교류 및 장학 등의 활동이 이루어지고 있다.			
10. 교실에는 노랫말, 악보, 감상곡 목록 등을 통신문 등을 통해 가정으로 전달되고 있다.			

또한 가정에서도 영유아에게 음악환경을 제공할 수 있다. 영유아들은 부모와 함께 가정에서 보다 더 자유롭고 편안하게 음악을 접한다. 가정에서 많은 음악을 들으며 자유롭게 소리 탐색이 이루어지고 주위의 소리 나는 물건, 자연의 소리 등에 귀 기울일 수 있는 기회가 많이 제공된다면 영유아들의 음악적 경험은 풍부해지고 음악적 성장에 도움이 될 것이다(이춘자, 조인경, 2013). 가정에서

부모가 준비해야 할 음악환경의 평가항목을 제시하면 다음과 같다.

〈표 4-8〉 가정에서의 음악환경 평가척도

문항	예	아니오	비고
1. 부모는 가정에서 노래를 즐겨 부른다.			
2. 부모는 가정에서 악기를 연주한다.			
3. 부모는 가정에서 CD음악을 듣는다.			
4. 부모는 가정에서 음악에 맞춰 춤을 춘다.			
5. 부모는 영유아가 음악적 요소를 탐색하도록 질문을 한다.			
6. 부모와 영유아가 함께 노래 부르기를 한다.			
7. 부모와 영유아가 함께 악기 연주를 한다.			
8. 부모와 영유아가 함께 음악에 맞춰 신체표현을 한다.			
9. 부모와 영유아가 함께 음악을 자주 듣는다.			
10. 부모는 영유아와 콘서트나 음악회에 간다.			
11. 부모는 영유아와 음악 프로그램(TV)을 함께 본다.			
12. 부모는 영유아가 차를 탈 때 차 안에서 음악을 틀어준다.			
13. 가정에는 리듬악기, 멜로디 악기, 현악기 등이 준비되어 있다.			
14. 가정에는 카세트 및 컴퓨터, 음악테이프, CD류가 준비되어 있다.			

4. 영유아 음악활동의 환경구성

교사는 영유아들이 생활 속에서 친근하게 자주 접하는 자연과 사물, 음악 등을 자연스럽게 보고, 듣고, 만지는 경험을 통해 아름다움을 느끼고 표현하며, 이를 즐겨 감상할 수 있도록 배려해야 한다(교육과학기술부, 2008). 영유아의 음악활동을 위한 공간은 영유아가 음악적 활동에 대해 개별적인 생각과 느낌을 표현하는 과정을 즐기도록 자유로운 분위기를 조성한다. 또한 영유아들이 편안한 분위기에서 창의적인 음악활동을 자유롭게 펼칠 수 있도록 영유아의 발달수준과 음악활동의 특성, 음악활동의 효율성을 고려하여 구성한다.

1) 물리적 환경

(1) 환경구성

영유아교육기관의 음률영역은 흥미영역으로 구분하고 영유아들이 풍부한 음악자료와 악기를 자유롭게 사용하여 자신의 생각과 느낌을 적극적이며 능동적으로 표현할 수 있도록 구성해야 한다.

음률영역은 활동적이며 소음이 많은 영역이기 때문에 쌓기놀이 영역이나 역할놀이 영역 가까이에 위치하는 것이 좋으며, 낮은 탁자에 악기를 놓고 선반 등을 이용해서 영역의 경계를 만든다(교육과학기술부, 보건복지부, 2013). 이러한 환경구성의 원리에 기초하여 배치된 영유아교육기관 음률영역의 예(이기숙, 2008)는 다음과 같다.

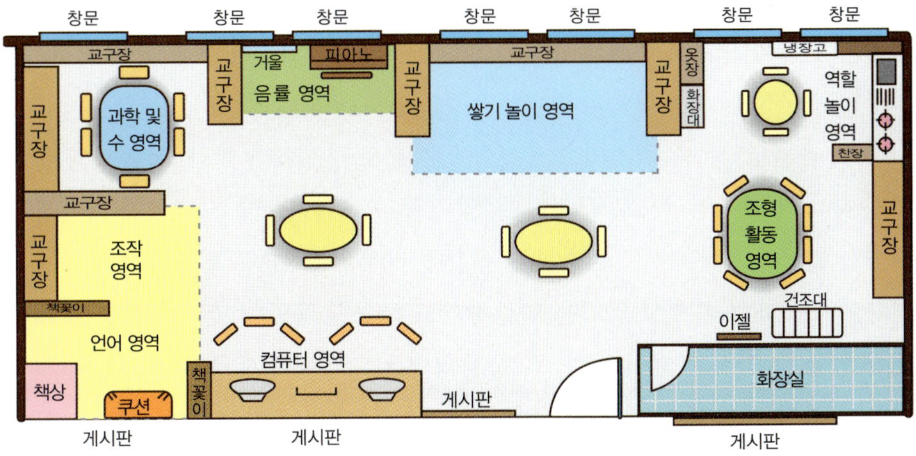

[그림 4-7] 영유아교육기관의 음률영역 배치의 예

음률영역은 음악 감상, 노래 부르기, 악기다루기, 신체표현 등을 모두 할 수 있는 영역이다. 음률영역에서는 감각적인 놀이에서 창의적인 놀이에 이르기까지 다양한 활동이 이루어진다. 즉, 준비된 기자재를 이용해서 음악을 듣고, 악기나 음악적 놀잇감 등을 흔들고 두드리고 치면서 다양한 감각적인 경험을 하며, 노래를 부르고 음악에 맞추어 몸을 자유롭게 표현해 봄으로써 창의적인 사고와 표현의 기회를 갖는다.

교실 내에서 음률영역은 정해져 있는 것이 아니므로 유아의 놀이를 지원할 수 있도록 공간을 융통성 있게 구성한다. 유아는 놀이를 통해 하나의 공간을 자신들의 놀이에 적합한 공간으로 새로운 목적을 부여하여 사용하기도 하고 놀이할 공간을 스스로 찾아내거나 만들기도 하고, 공간과 공간을 연결하여 새로운 놀이로 확장하기도 한다.

(2) 음률영역의 구성 원리

음률영역은 영유아들이 음악을 듣고, 노래를 부르고 여러 가지 악기 및 소리를 탐색하며 몸을 움직여 보는 영역이다. 음률영역은 영유아가 음악에 반응하고 표현할 수 있는 능력을 개발시킬 수 있어야 하며, 음악적 능력의 발달뿐 아니라 인지적·신체적·사회적 측면의 통합적 발달을 도울 수 있도록 구성될 수 있다. 음률영역의 구성 원리는 다음과 같다.

첫째, 음률영역은 독립적이고 충분한 공간으로 구성해야 한다. 음률영역은 독립된 하나의 흥미영역으로 구성하며, 악기들과 음악자료를 자유롭게 탐색하고 다양한 활동을 할 수 있도록 충분한 공간을 갖추어야 한다. 음률영역의 공간은 영유아가 노래를 부르고 악기를 연주하기도 하지만 음악에 맞추어 몸을 자유롭게 표현할 수 있도록 해야 한다. 즉 음률영역은 영유아에게 풍부한 감각적 경험과 창의적인 표현의 기회를 제공하고, 다양한 형태의 음악활동이 가능할 수 있도록 하기 위해 충분한 공간을 필요로 한다. 또한 소음방지를 위해서는 바닥에 카펫을 깔아둔다.

[그림 4-8] 음률영역

[그림 4-9] 음률 영역 바닥매트

둘째, 음률영역에는 교구장과 책상, 기본교구, 각종 악기들, 각종 소품들과 음악관련 책 등이 구비되어 있어야 한다. 교구장은 1~2개 배치하고 선반위에 악기를 비치할 수 있는 바구니나 쟁반을 준비해준다. 음악 감상과 악기탐색을 위해 낮은 책상과 다양한 소리가 나는 악기 혹은 교구를 제공하는 것이 필요하다. 특히, 서양악기와 우리나라 전통악기를 포함하여 영유아들이 쉽게 다룰 수 있는 리듬 악기나 타악기부터 시작해서 점차적으로 멜로디 악기로 확장해가면서 균형 있게 경험할 수 있도록 제공한다. 음률영역의 벽면에는 그림으로 된 간단한 노래 악보나 악기 연주 악보를 붙여 놓아 영유아들이 보고 노래하거나 연주할 수 있도록 한다(보건복지부, 2012). 또한 악기는 재질이나 연주방법에 따라 분류하여 배치한다. 즉 우리나라 악기, 다른 나라 악기, 멜로디악기, 리듬악기는 종류별로 다른 위치에 보관하고 악기는 2~3주마다 영유아교육기관에서 이루어지는 생활주제에 맞게 다양하게 바꾸어 주는 것이 바람직하다. 벽면에는 악기의 그림과 사진, 음악가(작곡자, 지휘자, 성악가, 연주자)의 사진, 오선지, 노랫말 판, 음악관련 포스터 등을 전시함으로써 음악적 분위기를 마련해 준다. 이는 영유아에게 음악적 활동의 동기를 제공하고 흥미를 유지시키며 활동을 확장시키는 데 효과적이다(심성경 외, 2013).

[그림 4-10] 음률 영역 교구장

[그림 4-11] 음률 영역 벽면 게시

음률영역에 비치할 수 있는 자료(보건복지부, 2012)는 다음과 같다.

- 기본 교구 : 녹음기, 헤드폰, 노래 테이프, 음악가 및 악기에 관련된 사진 자료, 그림 악보 등
- 우리나라 전통악기류 : 소고, 장구, 북, 징, 꽹과리, 가야금 등
- 서양악기류 : 리듬악기류(탬버린, 캐스터네츠, 트라이앵글, 방울, 우드블록, 마라카스 등), 멜로디 악기류(실로폰, 멜로디언, 목금, 피아노 등), 다른 나라 전통악기 등
- 각종 소품 : 신체 표현에서 사용할 소품류(각종 동물가면, 리본 테이프, 공, 탈춤소품, 스카프 등)
- 음악과 관련된 책 : 악기나 음악가에 대한 그림책, 영유아들이 즐겨 부르는 노래를 그림과 함께 제시한 노래책, 다른 여러 나라의 악기를 소개한 그림책, 우리나라 전통 악기에 대한 그림책, 악기를 만드는 과정을 소개한 그림책 등

셋째, 음률영역의 교구장 선반위에 표시를 해둔다. 음률영역에 있는 악기와 기본교구, 교수자료를 제자리에 정리할 수 있도록 위치스티커를 붙인다. 음률영역에 비치할 구체적인 음악자료들과 교구들을 영유아가 스스로 선택하고 정리

할 수 있도록 교구장의 선반위에 교구나 악기의 모양을 붙여 표시해둔다. 또한 교구장 위에 정리된 바구니에 악기나 교수자료의 이름을 종류별로 부착하여 제시해준다. 악기를 종류별로 배치하여 정리하도록 하는 것은 악기의 종류를 자연스럽게 익히도록 돕는다.

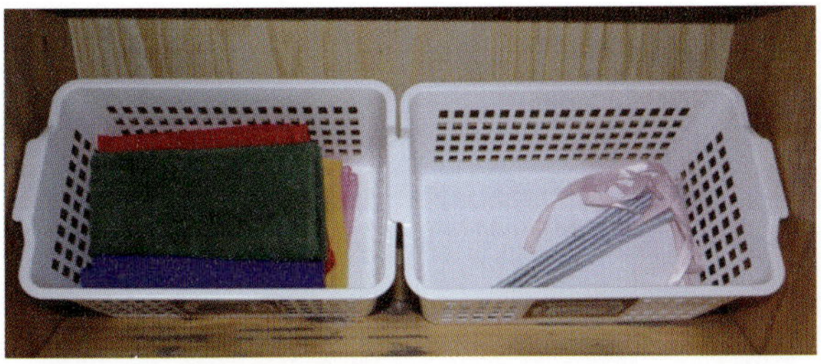

[그림 4-12] 신체표현 소품

[그림 4-13] 음악퍼즐

[그림 4-14] 음률 교구 위치스티커

[그림 4-15] 악기 위치스티커

넷째, 음률영역은 기본영역을 유지하되 유아의 놀이에 따라 융통성 있게 공간을 배치할 수 있다. 유아의 흥미와 놀이에 따라 영역이 확장되거나 축소되기도 하고, 구석진 곳이나 조용한 곳에 옮겨지기도 하며 놀이가 서로 연결될 수 있도록 가까이에 배치하기도 하여 충분한 공간을 만들어 줄 수 있고 유아 스스로 놀이공간을 배치하거나 변경하도록 지원할 수 있다(교육부, 보건복지부, 2019).

2) 인적 환경

(1) 교사의 역할

교사는 영유아의 발달수준을 고려하여 적극적인 환경과 다양한 경험을 제공해 주어야 한다. 교사는 일반적인 역할부터 전문적인 역할까지 요구되는 수많은 역할을 담당하게 된다. 음악활동 시 교사는 영유아에게 행동이나 활동을 직접 시범보이는 모델링과 영유아의 행동이나 동작의 움직임을 언어적으로 말하여 주는 방법, 영유아의 반응을 이끌어 내기 위해 제시되는 신체적 표현을 통하여 충분한 상호작용을 이끌어 낼 수 있도록 해야 한다(김명순 외, 2000). 교사는 영유아의 발달수준을 고려하여 적극적인 환경과 다양한 경험으로 제공해 주어야 하며, 영유아가 소리와 음악, 소리와 움직임 활동의 자유로운 표현과정에서 자신의 생각이나 느낌을 좀 더 풍부하게 확장해 나가도록 지도한다.

교사는 영유아에게 스스로 음악활동을 선택할 수 있는 기회를 많이 제공하고 격려하여야 하며, 영유아들의 창의적 생각을 확산시켜 자신의 생각에 자신감을 가지도록 도와주어야 한다. 이러한 교사의 적극적 사고와 지도는 영유아들에게 자율적이고 심미적인 판단능력과 창작적 표현능력의 계발을 최대화시키는 원동력이 될 수 있다. 영유아교육기관의 교사는 음악활동에서 시범자, 공동참여자, 창조자, 음악전문가의 역할을 한다.

① 시범자로서의 교사

새로운 노래지도, 새로운 음률활동을 제시할 때 소그룹에서 활동의 시범을 보여 준다. 교사는 새노래를 완전히 익혀야 한다. 알고는 있지만 인쇄물로 본 적이 없는 노래는 악보를 만들어 보고, 가사는 제공할 수 없고 선율만 알고 있는 노래는 새로운 노랫말로 개작하여 불러보는 등 정확하게 익히는 것이 필요하다. 또한 좋은 교사는 다른 교사들이 어떻게 가르치는가를 관찰하여 교수방법을 배울 수도 있다. 음악교사는 영유아들에게 개방적이고 허용적인 환경을 제공하고, 이전의 경험이 현재의 음악교육에 미치는 영향에 관심을 갖고 연구하는 교사로 거듭나야 한다.

② 공동참여자로서의 교사

영유아는 음악자료와 악기의 사용을 잘 모를 때, 칭찬받고 싶을 때 그들의 작업에 성인이 참여하는 것을 좋아한다. 영유아는 음악활동을 통해 성취감과 자신감을 얻게 되며 과정중심의 중요성도 깨닫게 된다. 성인의 참여 또는 개입은 영유아의 음악 세계를 때론 세련되고 수준을 향상시켜 높은 안목을 기르는데 도움을 준다. 교사는 자신이 음악을 표현함에 있어서 흥미를 가지고 열정적으로 참여하는 태도를 가져야 하며 영유아와의 긴밀한 신체접촉이 이루어져야 하기 때문에 자신의 체력을 잘 관리하여 항상 건강하고 적극적, 생동적이어야 하며, 부자연스러운 표정, 제스처, 신체적 동작을 영유아가 모방하지 않도록 주의한다.

③ 창조자로서의 교사

창조적인 교사는 영유아의 독특한 개성을 인정하고, 영유아의 창의적 사고와 또 다른 방법으로 시도해 보는 것을 격려한다. 또한 교사주도보다는 영유아주도 프로그램에 중점을 두고 영유아의 결정을 존중하며, 프로그램을 융통성 있게 운영하고, 생활 전반에서 음악적 창의성을 다룬다. 음악 경험을 위한 새로운 아이디어를 찾는 끊임없는 노력과 창의성의 개발은 교사의 능력을 증진시켜 줄 것이다. 교사는 영유아의 개별성과 개성을 존중하여 영유아의 표현활동에 적극적이고 긍정적으로 반응하고 격려한다. 또한 교사는 영유아들에게 활동할 수 있는 자유로운 분위기를 조성해주고, 그 속에서 음악개념을 경험하며 신체표현을 스스로 탐색해 볼 수 있도록 충분한 시간과 공간을 제공한다.

④ 음악전문가로서의 교사

교사 자신이 음악, 음악가, 음악적 요소, 발달에 적합한 음악활동에 대한 식견이 있어야 하며, 음악활동에 대해 끊임없는 관심을 갖는 것이 중요하다. 교사는 교사자신이 음악전문가적인 모델이 되도록 연구하여 영유아들이 다양한 장르의 자극을 받을 수 있도록 지원하며, 영유아의 발달수준에 적합한 음악활동의 문학적 접근을 제공해야 한다. 영유아에게 적절한 음악활동을 이끌어내기 위해서는 영유아의 발달 수준이나 행동 특성에 관한 지식은 물론, 기초적인 음악 이론에 관한 지식의 습득이 선행되어야 한다.

(2) 교사-영유아 상호작용

교사는 영유아의 하루일과 중 상호작용을 통해 영유아의 개별적 차이를 이해하게 되며, 영유아에게 발달적으로 적합한 경험을 제공한다. 교사는 영유아와 행위적, 언어적, 비언어적 등 다양한 방법을 통해서 직·간접적으로 상호작용하게 된다(중앙보육정보센터, 2006). 교사는 영유아에게 음악활동을 학습으로 가르치기보다는 영유아와 상호작용하는 놀이를 통하여 소리의 탐색, 음악 만들기, 노래부르기 등 음악적 개념을 경험하도록 격려한다.

교사는 영유아들이 다양한 음악경험을 하도록 여러 가지 음악교구와 자료들을 주어야 한다. 또한 교사는 영유아의 음악관련 경험을 바탕으로 언어적 상호작용을 활발하게 진행하여 영유아들의 사고력을 증진시키고, 새로운 표현을 시도할 수 있도록 격려해준다. 이때 교사는 지시적인 대화가 아닌 영유아의 수준에 맞는 대화와 영유아 중심적인 이야기 나누기가 이루어지도록 세심한 배려를 한다.

교사는 영유아들이 자신의 생각과 느낌을 적극적으로 표현할 수 있도록 긍정적인 반응과 피드백을 제공해 주어야 한다. 교사는 영유아들의 확산적 사고를 돕기 위해 개방적인 질문을 해야 한다. 개방적인 질문하기는 영유아가 질문에 관해 스스로 발견하고 탐색하며, 생각해보도록 유도하는 것으로 교사의 질문형태는 영유아의 문제해결 및 다양한 표현에 도움을 준다. 교사의 질문에 의해 영유아의 인지발달에 중요한 영향을 줄 수 있기 때문에 영유아의 경험을 재구성할 수 있는 확산적 사고를 촉진할 수 있는 다양한 답을 요구하는 질문이 필요하다. 교사는 개방적인 질문을 통해 음악적 요소를 명확히 하며, 음악적 탐색·표현·감상 활동을 격려할 수 있다.

영유아의 음악활동을 지원하기 위해 교사는 영유아들과 언어적 상호작용을 한다. 언어적 상호작용은 탐색, 제안, 지시, 설명, 시범, 확장, 지지, 예측, 촉진, 분석 등으로 이루어지며, 이를 이해하기 위한 질문들을 제시하면 다음과 같다.

- 탐색 : 음악활동이나 음악요소에 대한 기능이나 속성 등의 이해를 목적으로 다감각적 자극을 통해 직간접적으로 관찰하도록 상호작용을 한다. 탐색 시 음악적 요소에 대해 말해주어 영유아들의 음악적 잠재력 발달에 도움을 줄 수 있다. "사자의 울음소리를 들어보았나요?", "이 악기는 어떤 소리가 날까요?" 등
- 제안 : 음악활동이나 음악적 요소에 관심과 흥미를 갖도록 안내하거나 음악활동을 유지, 확장할 수 있도록 상호작용을 한다. "음악에 맞춰 각자 악기를 두드려 볼까요?"
- 지시 : 음악활동 시 직접적으로 행동을 요구하거나 제안하여 수행해야 할 행동을 즉각적으로 행하도록 상호작용을 한다. "갤롭 음악에 맞추어 빠르게 또는 느리게 걸어보세요."
- 설명 : 음악활동이나 상황 등의 이해를 돕기 위해 정보를 이해하도록 나열하거나 구조화하는 상호작용을 한다. "음악 감상활동에서 호다운은 로데오 경기가 끝나고 사람들이 함께 모여 즐겁게 노는 모습을 보고 만든 음악이에요."
- 시범 : 음악활동을 구체적으로 알려주기 위해 교사가 시연을 하여 과정을 보여주며 상호작용을 한다. "선생님이 노래를 불러볼테니 잘 들어보렴."
- 확장 : 음악활동 시 이전 경험과 연결하여 확대되도록 음악활동을 통합하거나 확장하는 상호작용을 한다. "수박파티 노래를 불러봤는데 수박으로 어떤 요리를 만들 수 있을까요?"
- 지지 : 영유아의 음악활동 수준이 한 단계 향상되도록 도움을 주거나 도전해 볼 수 있는 기회를 제공하는 상호작용을 한다. "선생님은 네가 충분히 해낼 수 있을 거라 믿어요", "노래에 맞게 신체표현을 잘하고 있네요."

- 예측 : 현재 상황을 기반으로 이후 상황을 추리하는 추상적 사고의 안내로, 기존의 지식을 기반으로 하여 이후 상황을 상상과 추상하도록 촉진하는 상호작용을 한다(박근주·임현숙·강경민·이자현·이혜원, 2017). "(생상스의 동물의 사육제 중 '서주와 사자왕의 행진'을 들려주며) 이 음악을 들으니 어떤 동물이 떠오르나요?"
- 촉진 : 영유아의 음악활동에 교사의 최소한의 개입으로 수준의 향상과 방법의 변화를 위해 과제나 문제를 보다 쉽게 해결할 수 있도록 상호작용을 한다. "(음악에 맞추어 손뼉치기만 하고 있는 영유아에게 리듬악기를 지원하며) 마음껏 소리를 만들어봐요."
- 분석 : 원인, 과정, 결과에 이르기까지의 이해를 위해 설명하거나 논리적인 상호작용을 한다. "('꽃을 돌봐요' 노래와 관련하여) 꽃이 힘이 없어요. 우리가 무엇을 해 주어야 할까요?"

교사는 여러 가지 언어적 상호작용을 다양하게 사용하여 영유아의 발달을 촉진시킬 수 있다. 이러한 질문들을 통해 유아로 하여금 보다 높은 수준으로 사고할 수 있도록 유도하며 새로운 상상을 놀이로 구현하게 하고, 다시 문제를 발견하고 해결할 수 있도록 도울 수 있다(교육부, 보건복지부, 2019).

영유아의 수준에 맞는 대화를 위한 언어적 상호작용의 예시를 살펴보면 다음과 같다.

음악활동 중 언어적 상호작용의 예시

- 영유아의 활동과정에 대해 물어보는 질문을 한다.
  - 집에서 들리는 소리를 만들어 보니 어땠나요?
  - 음악을 듣고 악기를 어떻게 연주했는지 이야기해 볼까요?
- 영유아들이 생각하고 반응할 수 있는 개방적인 질문들을 한다.
  - 이 노래를 들으니 무엇이 생각나나요?
  - 트라이앵글과 우드블록의 소리는 어떻게 다르나요?
  - 손으로 어떤 소리를 만들 수 있을까요?
- 영유아들의 노력을 격려하고 지지하는 단어를 사용한다. 영유아가 활동과정에서 보인 노력, 기술, 사용한 방법, 문제해결 과정을 읽어 준다.
  - 스카프를 이용하여 다양한 동작을 만들었구나.
  - 작은 북을 열심히 두드렸구나.
- 영유아들의 활동 속에 나타난 음악적 요소에 대해 말해 준다. 활동 속에서 사용된 음악적 요소를 중심으로 하는 대화는 유아들의 음악적 지식 발달에 도움을 줄 수 있다.
  - (악기 탐색 시) 비가 약하게/세게 올 때는 어떻게 소리를 낼까요?
  - 큰 트럭 소리는 어떻게 낼까요? 작은 트럭 소리는 어떻게 낼까요?

(3) 가정과의 연계

영유아교육기관과 부모가 서로 협조할 때 영유아의 음악활동은 더더욱 편안하고 즐거워질 것이다. 교사가 꾸준히 부모에게 무슨 음악활동을 하는지에 대해서 알리고 가정에서 할 수 있는 활동들을 제안해 줄 때 부모는 많은 도움을 얻게 되고 가정과의 일관성 있는 교육을 실시해 가는 데 서로 협력하는 방법이 될 수 있다. 교사들은 가정통신문을 활용하여 영유아교육기관에서 이루어지는 음악활동이 가정에서 자연스럽게 연계될 수 있도록 한다. 교사는 부모가 자녀들과 함께 음악의 즐거움을 느끼도록 격려한다. 영유아교육기관의 교사가 가정과의 연계를 위해 부모에게 안내해 줄 내용은 다음과 같다.

- 가정에서 부모와 영유아가 함께 음악활동을 할 수 있도록 노래의 가사, 악보, 감상곡 목록, 부모와 영유아가 함께 만들어볼 수 있는 악기를 소개한다.
- 가정에서 영유아의 듣기 활동에 이용할 수 있는 곡목들의 목록을 제공해 준다. 또한 부모가 음반을 사거나 오디오 시스템을 구입하기 위해 안내 책자를 보거나 실제 물건을 보기 위해 가게를 방문하는 과정에 영유아를 포함시키도록 안내한다.
- 부모와 영유아가 함께 볼 수 있는 음악공연의 정보를 제공한다. 가족이 음악의 즐거움을 더하도록 영유아를 위한 뮤지컬 등과 같은 공연이나 음악회에 대한 정보를 제공한다. 지역사회의 공연단체나 문화센터에서 이루어지는 공연에 대한 정보를 줌으로써 영유아가 부모와 함께 음악적인 경험을 할 수 있는 기회를 가질 수 있도록 한다.
- 부모를 위해 교육을 하거나 프로그램을 보여준다. 영유아음악교육의 개념이나 방법 등에 대한 이해를 돕기 위해 부모교육을 실시한다. 이런 시간을 통해 부모는 기관의 목표와 교수법에 대해 알게 된다.
- 음악을 전공한 부모를 전문적인 인적자원으로 활용한다. 음악을 전공한 부모님과 지역의 음악전문가들에게 음악활동을 위한 일일교사를 부탁한다(심성경외, 2013). 음악을 전공한 학부모들에게 부탁하여 영유아에게 적합한 음악을 선정하고 영유아교육기관에서 작은 음악회를 개최할 수도 있다.

가정에서의 음악활동을 위해 영유아교육기관에서 부모에게 보낸 가정통신문의 예는 다음과 같다.

〈표 4-9〉 가정에서의 음악활동을 위한 가정통신문

[가정에서 이렇게 도와주세요]

부모님과 함께 '하얀나라'를 불러 보아요.
① '하얀나라' 동요를 들으며 눈이 오는 날을 떠올려 보아요.
② 가정에 있는 악기, 주방도구(냄비뚜껑 등), 재활용품(페트병, 마라카스 등)을 탐색해요.
③ 악기를 마구 두드리며 소리를 탐색한 후 순서를 정해 한 가지씩 두드려 보아요.
④ 음악에 맞추어 정해진 악기를 두드려 보아요.
※ 확장활동으로 신문지 또는 뽕뽕이를 이용해 눈놀이를 할 수 있어요.

[새 노래]

하얀나라

김성균 작사
김성균 작곡

출처: 정읍근로복지공단어린이집(2014).

참고 **가정과 지역사회에서의 음악환경**

〈가정의 음악환경〉

- 일상생활 속에서 다양한 음악을 경험하도록 한다. 예를 들면 잠잘 때, 밥 먹을 때, 놀이할 때, 유아와 차를 타고 갈 때 노래를 들려준다.
- 부모와 함께 다양한 음악활동을 해 본다. 예를 들면 노래 부르기, 악기 두드리기, 악기 만들기, 음악에 맞추어 신체 표현하기 등의 활동을 함께해 본다.
- 음악회 포스터나 음악가, 악기 사진 등으로 집안을 꾸며 음악적인 분위기를 마련한다.
- 부모와 함께 음악서점, 음악 공연 등과 음악과 관련된 공연장이나 교육기관을 견학한다.

〈지역사회의 음악환경〉

- 여러 가지 소리를 들을 수 있는 다양한 장소를 방문한다. 거리, 시장, 역, 비행장, 동물원, 공장, 자연 등은 다양한 소리를 들을 수 있는 좋은 환경이다.
- 지역사회에서 실시되는 음악회를 가본다.
- 지역사회에 있는 음악 관련 장소를 견학한다.
- 음악 관련 직업을 가진 전문 인력을 만나 대화를 나눈다.

[그림 4-16]
자연의 소리를 찾아서

[그림 4-17]
뮤지컬 공연 참여

2부

영유아 음악교육의 실제

1. 소리 탐색 활동의 실제

소리탐색 1 에그셰이크 소리를 들어 봐요

소리탐색활동

대상연령 2세

활동목표

- 새로운 악기의 소리에 관심을 갖고 연주한다.
  예술경험>창의적으로 표현하기>익숙한 노래와 리듬을 표현한다.
- 친구와 함께 노래를 부르며 즐겁게 악기를 연주한다.
  사회관계>더불어 생활하기>또래와 함께 놀이한다.

준 비 물

- 에그셰이크

활동방법

① 에그셰이크를 소개한다.
- 이 악기를 본 적이 있나요?
- 이 악기는 어떤 모양을 닮은 것 같나요?
- 계란을 닮은 이 악기의 이름을 '에그셰이크'라고 한답니다.

② 에그셰이크를 자유롭게 탐색한다.
- (에그셰이크를 한 번 흔들며) 선생님이 '톡' 하고 달걀을 깨서 먹어 볼까요?

–그런데 달걀을 깰 때 소리가 난 것 같은데, 우리 친구들도 들었나요?
–어떤 소리가 났었는지 다시 한 번 들어 볼까요?
–에그셰이크를 흔드니까 소리가 나네. 어떤 소리가 들리나요?
–(손 위에 올려 두고 '톡톡톡' 하고 치며) 흔들 때랑 같은 소리가 나나요? 어떻게 다른 것 같아요?
–또 어떤 방법으로 소리를 내어 볼 수 있을까요?
–(교실 바닥에 에그셰이크를 치며) 딱딱딱! 또 다른 소리가 나네요.

③ 친구들과 함께 여러 가지 노래를 부르며 '에그셰이크'를 연주해 본다.
–우리가 노래를 부르면서 소리를 낼 수도 있어요. 어떤 노래를 부르고 싶나요?
–('곰 세 마리'를 부르며) ○○가 흔드니까 '차르르' 하고 소리가 나네요.
–('나비야'를 부르며) □□은 '톡톡' 하고 바닥에 두드리며 소리를 내고 있네요.

④ '옆에 옆에' 노래가사를 바꾸어 노래를 부르며 몸을 흔들어 본다.

흔들 흔들 흔들 흔들어보세요
흔들 흔들 흔들 흔들어보세요
위로 아래로 위로 아래로
위로 아래로 흔들어 보세요

옆에 옆에

외국 곡

평 가

- 새로운 악기의 소리를 다양한 방법으로 탐색하는지 평가한다.
- 친구들과 함께 즐겁게 활동에 참여하는지 평가한다.

<영아가 경험할 수 있는 각 영역별 활동 전개 예시>

예술경험	• 창의적으로 표현하기〉미술재료와 도구로 표현해본다.

–작은 패트병 속에 다양한 곡식을 넣고 스티커로 나만의 악기를 꾸며본다.

자연탐구	• 탐구과정 즐기기〉사물과 자연을 반복하여 탐색하기를 즐긴다. • 생활속에서 탐구하기〉친숙한 물체의 특성과 변화를 감각으로 탐색한다.

–주변에서 에그셰이크 소리와 비슷한 물건을 찾아본다.

–경사로를 만들어 에그셰이크를 굴려서 소리의 변화를 탐색해본다.

신체운동	• 감각과 신체 인식하기〉신체를 인식하고 움직인다.

–에그셰이크 소리에 맞추어 걸음의 보폭을 조절하여 걸어본다.

소리탐색 2 기차가 내는 소리는?

소리탐색활동

대상연령 2세

활동목표

- 기차가 내는 소리에 관심을 갖는다.
  예술경험〉아름다움 찾아보기〉아름다움에 관심을 갖고 찾아본다.
- 기차 소리의 빠르기에 맞추어 기차의 움직임을 표현해 본다.
  예술경험〉창의적으로 표현하기〉움직임과 춤으로 자유롭게 표현한다.
- 친구와 함께 기차가 되어 보는 활동에 즐겁게 참여한다.
  사회관계〉더불어 생활하기〉또래와 함께 놀이한다.

준 비 물

- 기차가 내는 소리(기차가 출발할 때 나는 소리, 빠르게 달릴 때 나는 소리, 천천히 달릴 때 나는 소리), 장난감 기차, '기차놀이' 악보, 음원 등

활동방법

① 기차 출발할 때 나는 소리를 듣고 수수께끼를 알아맞혀 본다.

 - (기차가 출발할 때 나는 소리를 들려주며) 이 소리는 어떤 소리일까요?
 - 이 소리는 기차가 출발할 때 나는 소리예요.
 - 기차를 타본 적이 있나요?

② 다양한 기차 소리를 탐색한다.

 - 기차에서 또 어떤 소리를 들어 보았나요?

–(기차가 천천히 달리는 소리를 들려주면서 장난감 기차를 천천히 움직이며) 이 기차는 지금 '칙-칙-폭-폭' 하며 천천히 달리고 있어요.

–(기차가 빠르게 달리는 소리를 들려주며) 이 기차는 어떻게 달리고 있는 것 같아요?

–(장난감 기차를 빠르게 움직이며) 이 기차는 '칙칙폭폭 칙칙폭폭' 하며 달리고 있네요.

–우리도 함께 소리를 내어 보아요.

③ 친구들과 함께 기차가 되어 기차의 빠르기를 표현해 본다.

–이제 우리가 기차가 되어 볼 거예요. 한 줄 기차를 만들어 보아요.

–선생님이 들려주는 이야기를 잘 들으면서 움직여 보아요.

–'기차놀이' 노래를 부르며 기차놀이를 한 번 더 해 보아요.

- (기차가 출발하는 소리를 들려주며) ○○반 기차가 출발합니다. 이 기차는 ○○어린이집으로 갑니다. 모두 출발할 준비되었나요?
- (기차가 천천히 달리는 소리를 들려주며) 지금 이 기차는 '칙–칙–폭–폭' 하며 천천히 달리고 있어요.
- (기차가 빠르게 달리는 소리를 들려주며) 어떻해! 늦을 것 같아! 기차는 '칙칙폭폭 칙칙폭폭' 하며 빠르게 달리기 시작했어요.
- (소리를 끄며) 아 다행이다~ 기차는 무사히 ○○어린이집에 도착했습니다.

기차놀이

방은영 작사
방은영 작곡

평 가

- 기차가 내는 여러 가지 소리와 움직임에 관심을 갖는지 평가한다.
- 소리의 빠르기에 맞추어 기차의 움직임을 표현하는지 평가한다.
- 친구들과 함께 즐겁게 활동에 참여하는지 평가한다.

<영아가 경험할 수 있는 각 영역별 활동 전개 예시>

신체운동	• 신체활동 즐기기〉실내외 신체활동을 즐긴다. • 감각과 신체 인식하기〉감각능력을 활용한다.

- 친구의 어깨에 두 손을 얹고 기차놀이를 해본다.
- 다양한 촉감판을 만들어서 바닥에 놓아 촉감기차를 준비하고 밟아보며 다양한 촉감을 경험해본다.

자연탐구	• 생활속에서 탐구하기〉주변공간과 모양을 탐색한다.

- 종이벽돌블록을 길게 놓아서 종이벽돌블록 기차를 만들어서 기차타는 놀이를 해본다.

의사소통	• 책과 이야기 즐기기〉책에 관심을 가지고 상상한다.

- '야 우리 기차에서 내려'(존 버닝햄지음, 비룡소) 책을 읽어주고 가고 싶은 곳을 상상해본다.

소리탐색 3 동물원에 왔어요

소리탐색활동

대상연령 2세

활동목표

- 여러 동물의 소리와 움직임에 관심을 갖는다.
  예술경험〉아름다움 찾아보기〉아름다움에 관심을 갖고 찾아본다.
- 동물 울음소리를 듣고 차이를 구분해 본다.
  신체운동〉감각과 신체 인식하기〉감각능력을 활용하기
- 동물들의 모습을 신체로 표현해 본다.
  예술경험〉창의적으로 표현하기〉움직임과 춤으로 자유롭게 표현한다.

준 비 물

- 동물원 배경판, 동물스티커(오리, 염소, 돼지, 소), 동물 소리(오리, 염소, 돼지, 소), '동물 흉내' 음원 등

활동방법

① 동물의 소리를 들으며 수수께끼를 알아맞혀 본다.

–선생님이 들려주는 이야기를 잘 들어 보아요.

오늘은 즐거운 소풍날이에요. 햇님반 친구들은 즐겁게 동물원으로 소풍을 떠났지요. 햇님반 친구들은 동물원에서 4마리의 동물 친구들을 만났어요. (오리 소리를 들려주며) 첫 번째 동물 친구는 누구일까요? (오리 스티커를 붙이며) '꽥꽥' 엄마오리, 아기오리. (염소 소리를 들려주며) 두 번째 동물 친구는 누구일까요? (염소 스티커를 붙이며) '매에~' 늙은 염소 할아버지. (돼지 소리를 들려주며) 세 번째 동물 친구는 누구일까요? (돼지 스티커를 붙이며) '꿀꿀꿀' 돼지 친구. (소 소리를 들려주며) 마지막 동물 친구는 누구일까요? (소 스티커를 붙이며) '음머~' 커~다란 소 아저씨.

햇님반 친구들은 여러 동물 친구들을 만나고 행복한 마음으로 노래를 부르며 어린이집으로 돌아왔습니다.

동물 흉내

오리는 꽥꽥~ 오리는 꽥꽥~
염소는 매에~ 염소는 매에~
돼지는 꿀꿀~ 돼지는 꿀꿀~
소는 음머~ 소는 음머~

② 영아들과 함께 노래를 반복하여 불러 본다.
 – 선생님이 들려주는 노래를 따라서 불러 보아요.

③ 노래가 익숙해지면 노래에 맞추어 동물의 울음소리를 몸으로 표현해 본다.
 – 이 노래에 맞추어 율동을 해볼 거예요.
 – '오리는 꽥꽥'이라는 부분에서 오리가 우는 모습을 어떻게 표현할 수 있을까요?
 – ○○처럼 입으로 쭉 내밀면서 오리가 우는 모습을 표현해 보아요.

평 가

- 여러 동물의 울음소리를 구분할 수 있는지 평가한다.
- 노래에 맞추어 동물이 우는 모습을 표현하는지 평가한다.

<영아가 경험할 수 있는 각 영역별 활동 전개 예시>

사회관계	• 더불어 생활하기〉또래와 함께 놀이한다. • 더불어 생활하기〉반에서의 규칙과 약속을 알고 지킨다.

– 동물가면을 쓰고 친구와 함께 역할놀이를 해본다.

– 동물인형을 그네에 태워주며 그네타는 규칙에 대해 이야기해본다.

의사소통	• 읽기와 쓰기에 관심가지기〉끼적이며 표현하기를 즐긴다. • 듣기와 말하기〉표정, 몸짓, 단어로 의사를 표현한다.

– 동물의 울음소리를 듣고 도화지에 끼적여본다.

– 책 속에 있는 동물의 특성을 이해하고 이름을 말해본다.

자연탐구	• 생활속에서 탐구하기〉주변 사물을 같고 다름에 따라 구분한다. • 생활속에서 탐구하기〉물체의 수량에 관심을 가진다.

– 여러 가지 모양이 다른 동물 도장을 찍어서 도장모양으로 어떤 동물인지 맞추어 본다.

– 모래 속에 동물모형을 숨겨놓고 찾아서 숨어있는 동물의 수를 세어본다.

예술경험	• 창의적으로 표현하기〉미술재료와 도구로 표현해본다. • 창의적으로 표현하기〉일상생활 경험을 상상놀이로 표현한다.

– 다양한 재료를 사용하여 내가 좋아하는 동물얼굴모양 패턴에 꾸며본다.

– 동물 손인형을 이용하여 극놀이를 해본다.

기본생활	• 건강하게 생활하기〉자신이 몸을 깨끗이 해본다. • 안전하게 생활하기〉일상에서 안전하게 놀이하고 생활한다.

– 동물인형을 목욕시키면서 몸을 깨끗이 씻는 것에 대해 배워 본다.

– 동물인형에게 그네를 태워주면서 안전하게 타는 법을 익혀 본다.

소리탐색 4 누구 목소리일까요?

소리탐색활동

대상연령 2세

활동목표

- 목소리를 녹음하여 다양한 소리의 특징을 탐색한다.
  예술경험〉아름다움 찾아보기〉아름다움에 관심을 갖고 찾아본다.
- 친구 목소리에 관심을 갖고 누구의 목소리인지 구별해본다.
  의사소통〉듣기와 말하기〉표정, 몸짓, 말에 관심을 갖고 듣는다.

준 비 물

- 녹음기, 공테이프

활동방법

① 녹음기에 녹음된 선생님의 목소리를 들려준다.

– "안녕, 햇님반 친구들~"

– 여기서 목소리가 들리네요, 이 목소리는 누구 목소리일까요?

② 녹음기를 소개한다.

– 이 물건은 녹음기라고 해요. 여기에 대고 말을 하면 내가 했던 말이 똑같이 나온대요.

– 선생님이 먼저 해볼게요.

– (녹음 버튼을 누르며) "안녕, 선생님은 오늘 햇님반에 와서 기분이 참 좋아요." 정말 똑같이 나오는지 들어 보아요.

– 이번에는 햇님반 어린이들이 말해 보아요.

③ 영아가 자유롭게 목소리를 녹음해 본다.

– 어떤 말을 녹음해 보고 싶나요?

– 좋아하는 노래를 불러 볼까요?

④ 녹음된 목소리를 들으며 누구의 목소리인지 알아맞혀 본다.

– 이제 우리가 녹음해 본 목소리를 들려줄게요. 잘 듣고 누구 목소리인지 알아맞혀 보아요.
– 이것은 누구의 목소리일까요?
– 목소리의 주인공은 손을 들어 보아요.

평 가

- 녹음기에 목소리를 녹음하는 활동에 즐겁게 참여하는지 평가한다.
- 친구들의 목소리를 듣고 구분할 수 있는지 평가한다.

<영아가 경험할 수 있는 각 영역별 활동 전개 예시>

신체운동	• 감각과 신체 인식하기〉신체를 인식하고 움직인다.

– 다양한 소리에 맞추어 얼굴표정을 지어본다. 즐거울 때, 슬플 때, 놀랄 때 등 다양한 감정을 표정으로 지어본다.

의사소통	• 듣기와 말하기〉표정, 몸짓, 단어로 의사를 표현한다.

– 다른 사람에게 나에 대해("나의 가족, 내가 좋아하는 것" 등) 말해본다.
– 모형 전화기를 통해 엄마, 아빠에게 하고 싶은 말을 해본다. 엄마, 아빠에게 하고 싶은 말을 몸짓으로 표현해본다.

사회관계	• 더불어 생활하기〉또래와 함께 놀이한다.

– 모형 전화기에 귀를 대고 엄마, 아빠의 목소리를 흉내내며 친구와 이야기 나눈다.
– 반 영아들의 사진을 준비하여 친구 목소리를 듣고 사진에서 친구를 찾아본다(녹음한 목소리 들려줌).

소리탐색 5 낙엽에서 나는 소리

소리탐색활동

대상연령 2세

활동목표

- 낙엽에서 나는 소리에 관심을 갖고, 다양한 소리를 내어 본다.
  예술경험〉아름다움 찾아보기〉자연과 생활에서 아름다움을 느끼고 즐긴다.
- 낙엽의 소리와 색깔에 관심을 갖는다.
  자연탐구〉탐구과정 즐기기〉주변세계와 자연에 대해 호기심을 가진다.

준 비 물

- 낙엽

활동방법

① 낙엽을 밟을 때 나는 소리에 관심을 갖는다.
- 여기 나뭇잎이 많이 떨어져 있군요.
- 빨간 낙엽 위를 한 번 걸어 볼까요?
- 낙엽을 밟을 때 나는 소리를 들었나요?
- 낙엽을 밟으니 어떤 소리가 나나요?
- ○○처럼 낙엽을 세게 밟으니까 큰 소리가 나는군요.

② 낙엽을 사용하여 다양한 소리를 만들어 본다.
- 낙엽을 손으로 만지면 어떤 소리가 날까요?
- 어떻게 하면 더 큰 소리를 만들 수 있을까요?
- ○○처럼 낙엽을 찢어볼 수도 있네. 어떤 소리가 나는지 들어 보아요.
- 낙엽이 떨어질 땐 어떤 소리가 날까요?

평 가

- 다양한 낙엽 소리에 관심을 갖는지 평가한다.
- 낙엽 소리를 탐색하는 활동에 즐겁게 참여하는지 평가한다.

<영아가 경험할 수 있는 각 영역별 활동 전개 예시>

예술경험	• 창의적으로 표현하기〉익숙한 노래와 리듬을 표현한다. • 창의적으로 표현하기〉미술재료와 도구로 표현해본다.

– 낙엽의 소리를 탬버린(각종 악기)으로 표현해본다.

– 다양한 재료를 이용하여 가을 나무를 꾸며본다. 가을 나무에 낙엽을 붙여본다.

자연탐구	• 생활속에서 탐구하기〉친숙한 물체의 특성과 변화를 감각으로 탐색한다. • 생활속에서 탐구하기〉생활도구에 관심을 가지기

– 여러 가지 낙엽의 특성를 살펴본다. 여름의 잎과 가을의 잎을 구별해본다(사진자료준비).

– 빗자루와 쓰레받기를 이용하여 낙엽청소를 해본다.

신체운동	• 감각과 신체 인식하기〉감각능력을 활용한다. • 감각과 신체 인식하기〉신체를 인식하고 움직인다.

– 걷거나 뛰기 등 낙엽비를 맞으며 신체활동을 해본다.

– 낙엽을 모아 위로 던져보며 낙엽의 움직임을 살펴보고 신체표현을 해본다.

의사소통	• 읽기와 쓰기에 관심가지기〉끼적이며 표현하기를 즐긴다. • 듣기와 말하기〉자신의 요구와 느낌을 말한다.

– 나뭇잎 위에 그림이나 글자를 끼적여본다.

– 낙엽이나 솔방울을 만져보고 그 촉감이 어떤지에 대해 말로 표현해본다.

소리탐색 6 내 몸에서는 어떤 소리가 날까요?

소리탐색활동

대상연령 2세

활동목표

- 신체의 다양한 부위를 사용하여 소리를 내어 본다.
  신체운동〉감각과 신체 인식하기〉신체를 인식하고 움직인다.
- 내 몸에서 나는 소리를 주의 깊게 들어 본다.
  예술경험〉아름다움 찾아보기〉자연과 생활에서 아름다움을 느끼고 즐긴다.

준 비 물

- 없음

활동방법

① 신체의 부분을 탐색해 본다.

> 눈은 어디 있나 여기
> 귀는 어디 있나 여기
> 코는 어디 있나 여기
> 입은 어디 있을까 여기!

② 입으로 여러 가지 소리를 내어 본다.

- 입으로 어떻게 소리를 낼 수 있을까요?
- ○○처럼 '쪽' 하고 소리를 내어 보아요.
- ○○처럼 손과 입을 함께 사용해서 소리를 낼 수도 있군요. 타잔처럼 소리를 내어 보아요.

③ 다양한 신체를 이용하여 여러 가지 소리를 내어 본다.

- 손을 이용해서 어떻게 소리를 낼 수 있을까요?

–박수를 쳐보아요.

–이번에는 옆에 친구와 손뼉을 치면서 소리를 내어 보아요.

–손으로 무릎을 두드려서 소리를 내어 보아요.

–또 어떻게 해볼 수 있을까요?

–○○처럼 친구의 등을 두드려 볼까요?

평 가

- 신체 부분을 이용하여 다양한 소리를 탐색하는 활동에 즐겁게 참여하는지 평가한다.
- 친구와 함께 신체 부분을 이용하여 소리를 낼 수 있는지 평가한다.

<영아가 경험할 수 있는 각 영역별 활동 전개 예시>

신체운동	• 감각과 신체 인식하기〉신체를 인식하고 움직인다.

–'ㅇㅇ눈은 어디 있나?' 노래에 영아이름을 넣어 부르며, 눈, 코, 입, 귀를 자연스럽게 탐색해본다.

의사소통	• 듣기와 말하기〉표정, 몸짓, 단어로 의사를 표현한다.

–영아가 자신의 몸을 만져보게 하고 자신의 몸을 만져본 느낌을 말로 표현해본다.

예술경험	• 창의적으로 표현하기〉미술재료와 도구로 표현해본다.

–내가 좋아하는 꾸미기 재료로 나(머리, 몸, 손, 배 등)를 꾸며본다.

사회관계	• 나를 알고 존중하기〉나와 다른 사람을 구별한다.

–내 몸을 꾸며 다른 사람처럼 흉내내어 본다. 아빠나 엄마처럼 꾸며 흉내내어본다.

소리탐색 7 빨래 놀이해요

소리탐색활동

대상연령 2세

활동목표

- 물의 소리를 다양한 방법으로 탐색한다.
  예술경험〉아름다움 찾아보기〉아름다움에 관심을 갖고 찾아본다.
- 물의 소리와 움직임에 관심을 갖는다.
  자연탐구〉탐구과정 즐기기〉주변세계와 자연에 대해 호기심을 가진다.

준 비 물

- 다양한 천(손수건, 인형옷 등), 물, 큰 대야

활동방법

① 대야에 담긴 물을 자유롭게 탐색해 본다.
- 오늘은 선생님과 빨래놀이를 할 거예요. 여기에 물을 담아왔어요.
- 물에 손을 담그고 흔들어 보아요. 어떤 소리가 나나요?
- 손바닥으로 물을 쳐 보아요. 어떤 소리가 나나요?
- 또 어떻게 소리를 내어 볼 수 있을까요?
- 물이 떨어질 때는 어떤 소리가 날까요?

② 빨래놀이를 할 때 나는 물소리에 관심을 갖는다.
- 손수건을 물에 담그고 흔들어 보아요. 어떤 소리가 나나요?
- 물속에서 손수건을 비벼 보아요. 어떤 소리가 날까요?
- 손수건을 꼭 짰을 때 어떤 소리가 나나요?
- 물에 젖은 빨래를 털었을 때 어떤 소리가 나나요?
- 다 헹군 빨래는 어디에 말리면 좋을까요?

평 가

- 물소리를 탐색하는 활동에 즐겁게 참여하는지 평가한다.
- 빨래를 할 때 나는 물소리에 관심을 갖는지 평가한다.

<영아가 경험할 수 있는 각 영역별 활동 전개 예시>

신체운동	• 감각과 신체 인식하기〉신체를 인식하고 움직인다.

– 영아가 스스로 손과 팔을 움직여 인형 옷을 빨아본다.

– 빨래 줄에 걸려있는 빨래 흉내를 내본다.

사회관계	• 더불어 생활하기〉또래와 함께 놀이한다.

– 친구와 함께 옷, 모자, 양말 등을 빨아보는 빨래놀이를 해본다.

의사소통	• 듣기와 말하기〉자신이 요구와 느낌을 말한다.

– 빨래에 대해 이야기해보고 빨래 놀이했을 때의 경험을 나누어본다.

예술경험	• 창의적으로 표현하기〉미술재료와 도구로 표현해본다.

– 팬티그림에 모양도장을 이용하여 팬티꾸미기를 해본다.

– 비눗방울을 활용하여 자유롭게 표현해본다. 비눗방울이 종이에 떨어지는 모습, 퍼지는 모습, 색의 섞임 등을 살펴본다.

2. 노래 활동의 실제

노래 1 **꽃을 돌봐요** 노래활동

대상연령 유아

활동목표

- 노래 부르기에 즐겁게 참여한다.
  예술경험〉창의적으로 표현하기〉노래를 즐겨 부른다.
- 식물을 돌보기 위해 할 수 있는 일을 알아본다.
  자연탐구〉탐구과정 즐기기〉탐구과정에서 서로 다른 생각에 관심을 가진다.

준 비 물

- '꽃을 돌봐요' 노랫말 자료, 악보판, 음원, 꽃과 씨앗 사진, 꽃으로 자라는 과정 사진, 누리이야기 동화자료, 글쓰기 도구, 그림 그리기 도구, 종이접기 도구 등(노래활동에 적합한 자료들을 예측하여 준비한다.)

활동방법

① 유아들과 함께 심어 보고 싶은 꽃씨가 있는지 이야기 나눈 후, 심고 싶은 꽃의 씨앗의 생김새, 꽃으로 자란 모습, 꽃으로 자라는 과정 등도 함께 알아본다.
 –화단에 꽃씨를 심으려고 하는데 어떤 꽃씨를 심어 보고 싶나요?

② 꽃이 잘 자라기 위해 필요한 것이 무엇인지 자신의 생각을 말한다.
 –꽃이 잘 자라기 위해 우리는 어떤 일을 할 수 있을까요?

③ '꽃을 돌봐요'의 음원을 들려주고 노래를 함께 부른다.
 – 노래를 들어보니 어떤가요?

④ 노랫말에 맞춰 창의적으로 신체를 표현해 본다.
 –음악을 들으면서 몸을 마음대로 움직여 볼까요?

⑤ 노래를 불러본 느낌에 대해 이야기 나눈다.
 –노래를 불러 보니 어떤 생각이 들었나요?

꽃을 돌봐요

박정선 작사
송지애 작곡

<유아가 경험할 수 있는 각 영역별 활동 전개 예시>

사회관계	• 사회에 관심가지기〉내가 살고 있는 곳에 대해 궁금한 것을 알아본다 • 나를 알고 존중하기〉내가 할 수 있는 것을 스스로 한다. • 더불어 생활하기〉약속과 규칙의 필요성을 알고 지킨다.

–(바깥놀이)시간에 기관 주변의 숲이나 화단으로 나가서 무슨 꽃이 피어 있는지 찾아본다.

–꽃을 돌보기 위해 스스로 할 수 있는 일에 대한 자신의 생각을 말한다(예: 당번을 정해 꽃에 물 주기/화단에 함부로 들어가지 않기/꽃을 꺾지 않기 등).

–꽃은 누구나 좋아하는 것이므로 나 혼자만 보는 것이 아니고 다른 사람들과 함께 즐긴다는 것을 안다.

의사소통	• 듣기와 말하기〉상대방이 하는 이야기를 듣고 관련해서 말한다. • 읽기와 쓰기에 관심을 가지기〉자신의 생각을 글자와 비슷한 형태로 표현한다.

–(바깥놀이)시간에 꽃을 관찰한 후 꽃을 잘 돌보는 방법에 대해 가진 관심을 지원하기 위하여) '누리 이야기'를 들려준다.

누리에게 새로운 꽃 친구가 생겼어요. 누리는 새로운 친구가 생겨서 정말 기분이 좋았어요. 같이 음악도 듣고 재밌는 이야기도 나누었지요. 그런데 하루가 지나고 이틀이 지나자 꽃 친구는 점점 시들시들 힘이 없어지기 시작했어요.

누리는 꽃 친구에게 무엇을 해줄 수 있을지 생각했어요. "꽃 친구가 왜 힘이 없지? 내가 무엇을 해 주어야 할까요?"

"아하!" 누리는 유치원에서 배운 방법이 떠올랐어요.

누리는 꽃 친구가 힘을 낼 수 있도록 꼬옥꼬옥 물을 주고,

반짝 햇빛을 쬐어주고 사랑하는 마음으로 꽃 친구를 돌보았지요.

시들시들 힘이 없어졌던 꽃 친구는 누리가 사랑하는 마음으로 돌보아 준 덕분에 다시 힘을 되찾았어요. 누리와 꽃 친구는 서로를 사랑하는 멋진 친구가 되었어요.

[출처: 교육과학기술부·보건복지부(2013)의 3세 누리과정 지도서 제4권]

–'누리 이야기' 동화를 듣지 못한 친구들이나 꽃을 함부로 대하는 친구들에게 꽃을 소중히 돌보는 방법을 어떻게 알려줄 수 있을지 이야기 나눈다.

–꽃을 소중히 여기고 돌보는 방법을 포스터나 편지, 팻말 등으로 만들어 본다.

신체 운동 · 건강	• 신체활동 즐기기〉실내외 신체활동에 자발적으로 참여한다. • 신체활동 즐기기〉신체 움직임을 조절한다.

–다 함께 '꽃을 돌봐요' 노래를 부르며 신체를 자유롭게 표현해 본다.

- 교사는 유아들이 다양한 신체표현을 할 수 있도록 언어적 지원을 해준다.
- 교사는 유아들의 표현을 사진으로 찍어 게시해주며 서로의 표현을 공유해보는 시간을 가진다.
- 꽃의 다양한 모습을 사진으로 게시하여 유아가 다양한 자세를 해보도록 한다(예: 키가 큰 해바라기, 비를 맞아 숙이고 있는 꽃, 바람에 날아가는

꽃, 물 위에 떠 있는 꽃, 아직 꽃을 피우지 않고 꽃 봉우리 상태인 꽃, 씨앗에서 꽃으로 자라나는 모습, 꽃에 물 주는 모습, 키가 작은 꽃, 바람이 불어 줄기가 휘어진 꽃 등).

예술경험	• 창의적으로 표현하기〉다양한 미술재료와 도구로 자신의 생각과 느낌을 표현한다. • 창의적으로 표현하기〉극 놀이로 경험이나 이야기를 표현한다.

– 내가 좋아하는 꽃을 그림으로 그리거나 종이접기 등으로 표현해 본다.
- 교사는 꽃 그림을 그리고 싶은 친구들에게 꽃을 그릴 수 있도록 돕는다.
- 교사는 꽃 종이접기 완성본을 보여준 후 종이접기를 해보고 싶은 친구들만 모여 꽃을 접어보고 꽃밭을 꾸며본다.

– 여러 가지 꽃을 선택하고 역할을 정하여 극 놀이를 해본다.
(꽃의 역할과 물을 주고 돌보는 역할을 서로 바꿔서 해본다.)

자연탐구	• 탐구과정 즐기기〉궁금한 것을 탐구하는 과정에 즐겁게 참여한다. • 자연과 더불어 살기〉생명과 자연환경을 소중히 여긴다.

– 꽃씨를 심는 방법, 꽃모종을 심는 방법에 대해 알아본다.

– 꽃이 우리에게 주는 유익에 대해서 알아보고, 꽃의 생명과 자연환경을 소중히 여기는 방법에 대해 자신의 생각을 말한다.

노래 2 내가 살고 있는 동네는?

노래활동

대상연령 유아

활동목표

- 노래 부르기에 즐겁게 참여한다.
  예술경험〉창의적으로 표현하기〉노래를 즐겨 부른다.
- 내가 살고 있는 동네에 관심을 가지며 더불어 살아가는 방법을 알아본다.
  사회관계〉사회에 관심 가지기〉내가 살고 있는 곳에 대해 궁금한 것을 알아본다.

준 비 물

- '내가 살고 있는 동네는?'노랫말 자료, 악보판, 음원 , 리듬악기, 그림 그리기 도구, 역할극에 필요한 자료 등(노래활동에 적합한 자료들을 예측하여 준비한다.)

활동방법

① 내가 살고 있는 동네의 이름과 자주 가는 곳에 대해 말한다.
 -우리 친구들이 살고 있는 동네이름이 뭔가요? 동네에서 자주가는 곳은 어디인가요?

② 우리 동네를 위해 내가 할 수 있는 일과 이웃들과 잘 지내기 위해서는 어떻게 하면 좋을지 자신의 생각을 말한다.
 -이웃들과 잘 지내기 위해서는 어떻게 하면 좋을까요?

③ '내가 살고 있는 동네는?'의 음원을 들려주고 노래를 함께 부른다.
 -노래를 불러 보니 어떤가요?

④ 노랫말에 맞춰 창의적으로 신체를 표현해 본다.
 -음악을 들으면서 몸을 마음대로 움직여 볼까요?

⑤ 노래를 불러본 느낌에 대해 이야기 나눈다.
 -노래를 불러 보니 어떤 생각이 들었나요?

내가 살고 있는 동네

원곡:내가 좋아하는 공룡
이지현 작곡

<유아가 경험할 수 있는 각 영역별 활동 전개 예시>

의사소통	• 책과 이야기 즐기기〉말놀이와 이야기 짓기를 즐긴다. • 읽기와 쓰기에 관심 가지기〉주변의 상징, 글자 등의 읽기에 관심을 가진다. • 읽기와 쓰기에 관심 가지기〉자신의 생각을 글자와 비슷한 형태로 표현한다.

- 내가 살고 있는 동네의 자주 가는 곳에서 무엇을 하는지 자신의 경험을 말한다(예: 마트, 공원, 놀이터, 빵집, 미용실 등).
- 가게 이름으로 가사를 바꾸어 본다.

(예: 마트, 공원 대신 놀이터, 빵집, 미용실, 음식점, 키즈 카페, 은행… 등)

– (바깥놀이)를 통하여 기관의 주변에 있는 가게들과 시설들을 둘러보고 간판을 읽어본다.

– 우리 동네 기관 중 우리에게 도움을 주는 기관들을 알아보며 그 기관에서 일하시는 분들에 대한 감사의 마음을 전하는 방법에 대해 이야기를 나눈 후 실천해본다(예: 편지쓰기 등).

예술경험	• 창의적으로 표현하기〉다양한 미술재료와 도구로 자신의 생각과 느낌을 표현한다. • 창의적으로 표현하기〉극놀이로 경험이나 이야기를 표현한다. • 창의적으로 표현하기〉신체, 사물, 악기로 간단한 소리와 리듬을 만들어 본다.

– 영유아 보육·교육기관 주변을 산책한 후 기관 주변 지도를 친구들과 협동하여 만들어 본다.

– 동네에서 만날 수 있는 사람들의 역할을 정해 극 놀이를 해본다.

(예: 아파트 관리인, 우체부, 은행원, 헬스트레이너, 미용사, 요리사… 등)

– '내가 살고 있는 동네'의 음원을 들으며 리듬악기나 다양한 물건(블럭, 호루라기, 비닐 등)으로 소리를 만들어 본다.

신체 운동 · 건강	• 신체활동 즐기기〉실내외 신체활동에 자발적으로 참여한다. • 신체활동 즐기기〉신체 움직임을 조절한다.

– 다함께 노래를 부르며 신체를 자유롭게 표현해 본다(리듬에 맞춰 지휘를 해도 좋고, 마트, 공원, 헬스장, 빵집, 미용실 등의 가사에 어울리는 동작으로 자유롭게 신체표현을 한다).

• 교사는 유아들이 다양한 신체표현을 할 수 있도록 언어적 지원을 해준다.

– (바깥놀이)를 통하여 기관의 주변에 있는 가게들과 시설 등을 둘러보고 그

곳의 명칭을 몸으로 표현해 본다.

사회관계	• 사회에 관심가지기〉내가 살고 있는 곳에 대해 궁금한 것을 알아본다. • 더불어 생활하기〉약속과 규칙의 필요성을 알고 지킨다.

– 내가 살고 있는 동네에는 어떤 사람들이 살고 있는지 이야기를 나눈다. (예: 아파트 관리인, 청소부, 우체부, 마트점원, 미용사, 음식점 주방장, 빵집 점원 등)

– 동네 사람들을 대하는 태도에 대해 이야기 나눈 후 이웃들과 잘 지내기 위해서 지켜야 할 약속과 규칙에 대해 알아본다.

자연탐구	• 탐구과정 즐기기〉궁금한 것을 탐구하는 과정에 즐겁게 참여한다. • 자연과 더불어 살기〉생명과 자연환경을 소중히 여긴다.

– 살기 좋은 우리 동네가 되기 위해서 필요한 환경에 대해 알아본다(예: 맑은 공기, 쾌적한 환경 등).

– 살기 좋은 동네환경을 만들기 위해 우리들이 할 수 있는 일에 대해 자신의 생각을 말한다(예: 가까운 곳 걸어 다니기, 쓰레기 함부로 버리지 않기, 청소 잘하기 등).

– 영유아 보육·교육기관 주변을 둘러보고 기관 주변에서 볼 수 있는 장소를 알아보며 '우리 반이 좋아하는 우리 동네 장소는?' 그래프에 투표를 해본다.

노래 3 기차놀이

노래활동

대상연령 유아

활동목표

- 기차의 움직임에 따른 소리를 리듬악기로 표현해 본다.
  예술경험〉창의적으로 표현하기〉신체, 사물, 악기로 간단한 소리와 리듬을 만들어 본다.
- 기차에 관심을 가진다.
  자연탐구〉생활 속에서 탐구하기〉도구와 기계에 대해 관심을 가진다.

준 비 물

- '기차놀이' 노랫말 자료, 악보판, 음원, 음표카드, 리듬악기, 그리기 도구, 줄넘기, 훌라후프 등(노래활동에 적합한 자료들을 예측하여 준비한다.)

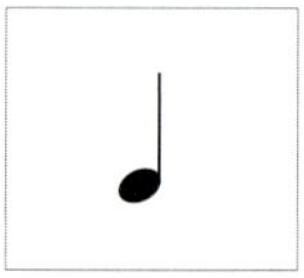

활동방법

① 현장학습이나 동영상자료를 통하여 기차의 모양과 특징을 관찰하고 움직일 때 나는 소리를 탐색한다.

– 기차를 타 본 경험이 있나요? 기차는 어떻게 생겼지요?

② '기차놀이'의 음원을 들려주고 노래를 함께 부른다.

– 노래를 불러 보니 어떤가요?

③ 노랫말에 맞춰 창의적으로 악기를 두르려 본다.

– 기차가 빠르게, 느리게 달리는 속도에 맞추어 악기를 두드려 볼까요?

④ 4분음표(♩), 8분음표(♪) 등 음의 길이를 이해하며 리듬 만들기 놀이를 해본다.

– '칙-칙-폭-폭-(4분음표) '칙칙폭폭 칙칙폭폭(8분음표)' 박자에 맞는 리듬을 악기로 연주해 볼까요?

⑤ 노래를 부르며 악기를 연주해본 느낌에 대해 이야기 나눈다.

–악기를 연주해보니 어떤 생각이 들었나요?

기차놀이

방은영 작사
방은영 작곡

<유아가 경험할 수 있는 각 영역별 활동 전개 예시>

자연탐구	• 탐구과정 즐기기〉궁금한 것을 탐구하는 과정에 즐겁게 참여한다. • 생활 속에서 탐구하기〉일상에서 길이, 무게 등의 속성을 비교한다.

–(현장학습) 가까운 역에 가서 기차의 모양과 특징을 관찰하고 움직일 때 나는 소리를 탐색한다.

–다른 교통기관과는 다른 기차만의 특징(여러 칸으로 나뉘어 길게 연결되어

있음)을 알아보고 여러 가지 물건 또는 우리 몸을 이어서 가장 긴 길이를 만들어 본다.

– 빠르게 달릴 때와 느리게 달리 때의 느낌과 소리를 비교해 본다.

예술경험	• 창의적으로 표현하기〉노래를 즐겨 부른다. • 창의적으로 표현하기〉신체, 사물, 악기로 간단한 소리와 리듬을 만들어 본다. • 창의적으로 표현하기〉다양한 미술재료와 도구로 자신의 생각과 느낌을 표현한다.

– '기차놀이'의 음원을 들려주고 노래를 함께 부른다.

– 다함께 노래를 부르며 신체를 자유롭게 표현해 본다(예: 살금살금 기차, 도둑 기차, 깡충깡충 기차 등 기차의 빠르기에 따라 신체를 조절하여 빠르게, 느리게 움직여 본다).

• 교사는 유아들이 다양한 신체표현을 할 수 있도록 언어적 지원을 해준다.

• 교사는 유아들의 표현을 사진으로 찍어 게시해주며 서로의 표현을 공유해보는 시간을 가진다.

– 기차를 타기 위해서 필요한 것들을 알아보고 기차표를 관찰한 후 기차표를 만들어 본다.

신체 운동 • 건강	• 안전하게 생활하기〉교통안전 규칙을 지킨다. • 신체활동 즐기기〉실내외 신체활동에 자발적으로 참여한다.

– 기차 등 대중교통을 이용 할 때 지켜야 할 규칙에 대하여 알아본다.

– 줄넘기 줄이나 훌라후프를 이용하여 기차를 만들어 친구들과 기차놀이를 해본다.

사회관계	• 더불어 생활하기〉약속과 규칙의 필요성을 알고 지킨다.

–기차놀이 활동을 할 때 지켜야 할 약속과 규칙에 대해 알아본다.

의사소통	• 듣기와 말하기〉자신의 경험, 느낌, 생각을 말한다. • 책과 이야기 즐기기〉말놀이와 이야기 짓기를 즐긴다.

–(현장학습) 기차를 보고 온(타 본) 느낌에 대해 이야기 나눈다.

–'계곡을 지나' 강을 건너' 'OO을 태우고' 등의 가사에서 자기가 가고 싶은 곳, 태우고 싶은 친구 이름으로 가사를 바꾸어 말 짓기 놀이를 해본다.

–이어진 기차처럼 단어를 이어하는 말놀이(예: 끝말잇기, 원숭이 엉덩이는 빨개 빨간 건 사과 등)를 해본다.

노래 4 친구하고 마주보고

노래활동

대상연령 유아

활동목표

- 노랫말에 맞추어 신체로 표현해 본다.
  예술경험〉창의적으로 표현하기〉신체나 도구를 활용하여 움직임과 춤으로 자유롭게 표현한다.
- 친구의 소중함을 알고 사이좋게 지낸다.
  사회관계〉더불어 생활하기〉친구와 서로 도우며 사이좋게 지낸다.

준 비 물

- '친구하고 마주보고' 노랫말 자료, 악보판, 음원 등(리듬악기, 그림 그리기 도구 등 노래활동에 적합한 자료들을 예측하여 준비한다.)

활동방법

①친구와 다투지 않고 잘 지낼 수 있는 방법에 대해 이야기 나눈다.
 –친구와 다투지 않고 잘 지내려면 어떻게 해야 할까요?

② '친구하고 마주보고'의 음원을 들려주고 노래를 함께 부른다.
 –노래를 불러 보니 어떤가요?

③ 노랫말에 맞춰 창의적으로 신체를 표현해 본다.
 –음악을 들으면서 몸을 마음대로 움직여 볼까요?

④ 다함께 노래를 부르며 친구와 짝을 이뤄 함께 할 수 있는 동작을 해 본다.
 –옆의 짝꿍과 몸의 일부분을 부딪쳐 소리를 내볼까요?

⑤ 노래를 부르고 신체를 표현해본 느낌에 대해 이야기 나눈다.
 –노래를 듣고 몸을 움직여 보니 기분이 어떤가요?

친구하고 마주보고

양이슬 작사
양이슬 작곡

<유아가 경험할 수 있는 각 영역별 활동 전개 예시>

사회관계	• 더불어 생활하기〉친구와 서로 도우며 사이좋게 지낸다. • 더불어 생활하기〉서로 다른 감정, 생각, 행동을 존중한다.

– 친구와 다투지 않고 잘 지낼 수 있는 방법에 대하여 이야기 나눈다.

– 친구가 나와 다른 생각일 때는 어떤 방법으로 문제를 해결해야 하는 것이 좋은지 자신의 생각을 말한다.

예술경험	• 창의적으로 표현하기〉노래를 즐겨 부른다. • 창의적으로 표현하기〉신체, 사물, 악기로 간단한 소리와 리듬을 만들어 본다. • 창의적으로 표현하기〉다양한 미술재료와 도구로 자신의 생각과 느낌을 표현한다.

– '친구하고 마주보고'의 음원을 들려주고 노래를 함께 부른다.

– '짝짝짝' '통통통' '톡톡톡' '똑딱' 부분에서 악기로 리듬을 만들어 본다.

–친구의 모습(얼굴, 혹은 친구가 좋아하는 것)을 그림으로 그려 친구에게 선물을 한다.

신체 운동·건강	• 신체활동 즐기기〉실내외 신체활동에 자발적으로 참여한다. • 신체활동 즐기기〉신체 움직임을 조절한다.

–'뒤돌아서 ~~~를 콩콩콩' 부분을 다양한 신체기관(예: 팔꿈치, 발바닥 등)으로 바꿔 부르며 동작을 해봄으로써 신체 각 부분의 명칭을 알아본다.

• 교사는 유아들이 다양한 신체표현을 할 수 있도록 언어적 지원을 해준다.

• 교사는 유아들의 표현을 사진으로 찍어 게시해주며 서로의 표현을 공유해보는 시간을 가진다.

–'짝 그대로 멈춰라' 하고 친구의 이름을 넣어 가사를 불러주면서 친구의 동작을 따라해본다.

의사소통	• 듣기와 말하기〉말이나 이야기를 관심 있게 듣는다. • 책과 이야기 즐기기〉말놀이와 이야기 짓기를 즐긴다.

–친구의 소중함을 알고 친구의 이야기를 관심 있게 듣는다.

–'친구하고 마주보고' 노랫말에 있는 것 외에 친구와 함께 할 수 있는 일을 생각해 보고 노랫말 바꾸기를 해본다.

자연탐구	• 생활 속에서 탐구하기〉물체의 위치와 방향, 모양을 알고 구별한다.

–'친구하고 마주보고' 노래에서 앞, 뒤, 옆, 위, 아래 등 방향을 나타내는 말을 사용하여 노래를 불러 보면서 방향을 구별해본다.

활동 5 공

노래활동

대상연령 유아

활동목표

- 노랫말에 맞추어 신체로 표현해 본다.
  예술경험>창의적으로 표현하기>신체나 도구를 활용하여 움직임과 춤으로 자유롭게 표현한다.
- 공을 사용하는 운동의 특징을 말한다.
  의사소통>듣기와 말하기>상황에 적절한 단어를 사용하여 말한다.

준 비 물

- '공' 노랫말 자료, 악보판, 음원, 공으로 운동하는 장면의 그림 여러 장(축구, 야구, 탁구, 배구, 농구), 스펀지 공 등(노래활동에 적합한 자료들을 예측하여 준비한다.)

활동방법

① 공을 가지고 하는 운동의 종류와 방법을 알아본다.

–(그림자료를 보고) 어떤 운동을 하고 있는지 말할 수 있나요?

② '공'의 음원을 들려주고 노래를 함께 부른다.

–노래를 불러 보니 어떤가요?

③ 노랫말에 맞춰 창의적으로 신체를 표현해 본다.

–음악을 들으면서 몸을 마음대로 움직여 볼까요?

④ 신체를 표현해 본 느낌에 대해 이야기 나눈다.

–노래를 듣고 몸을 움직여 보니 기분이 어떤가요?

공

손혜진 작곡

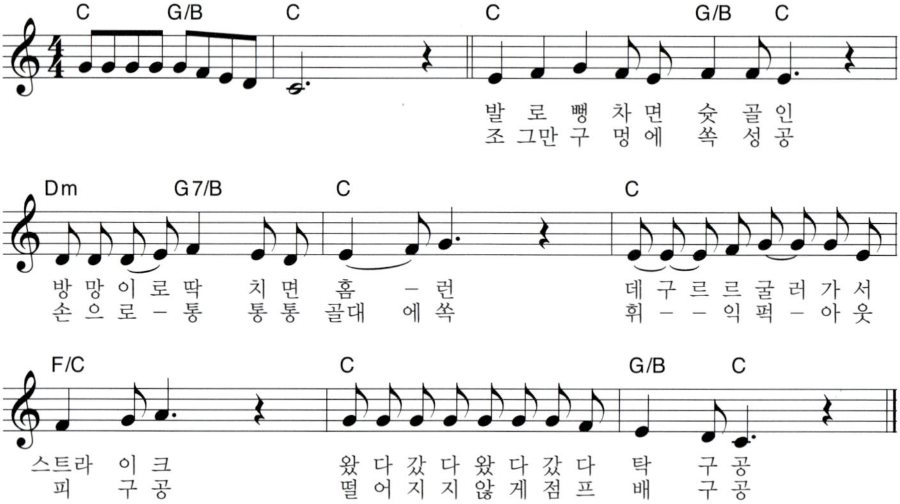

<유아가 경험할 수 있는 각 영역별 활동 전개 예시>

의사소통	• 듣기와 말하기〉자신의 경험, 느낌, 생각을 말한다. • 듣기와 말하기〉상황에 적절한 단어를 사용하여 말한다.

－그림 자료에 있는 운동들에 대한 경험을 말한다.

– 큰 원 모양으로 동그랗게 앉아 내가 좋아하는 친구에게 공을 굴려 전달해보며 친구의 좋은 점, 칭찬할 점, 친구에게 하고 싶은 말 등을 함께 말해본다.

신체 운동 • 건강	• 신체활동 즐기기〉기초적인 이동운동, 제자리운동, 도구를 이용한 운동을 한다. • 신체활동 즐기기〉실내외 신체활동에 자발적으로 참여한다.

– (바깥놀이)시간에 야구공, 축구공, 배구공, 농구공, 탁구공 등 여러 종류의 공을 가지고 운동을 직접 해본다.
– 공의 특징을 탐색해보며 자신의 신체를 활용하여 다양한 방법으로 몸을 동그랗게 만들어 본다.
– 혼자서 혹은 친구와 함께 몸을 떼굴떼굴 굴러본다(예: 동그랗다, 굴러간다 등).

예술경험	• 창의적으로 표현하기〉노래를 즐겨 부른다. • 창의적으로 표현하기〉신체나 도구를 활용하여 움직임과 춤으로 자유롭게 표현한다.

– '공'의 음원을 들려주고 노래를 함께 부른다.
– 여러 가지 공을 가지고 노랫말에 맞추어 신체를 자유롭게 표현해 본다.
• 교사는 유아들이 다양한 신체표현을 할 수 있도록 언어적 지원을 해준다.

자연탐구	• 생활 속에서 탐구하기〉물체의 위치와 방향, 모양을 알고 구별한다. • 탐구과정 즐기기〉궁금한 것을 탐구하는 과정에 즐겁게 참여한다.

– 운동의 종류마다 공의 크기, 무게 등이 다르다는 것을 알고 구별해본다.
– 여러 공을 관찰하고 탐색하며 각 공의 공통점과 차이점을 알아본다.
– 공의 종류에 따라 다른 운동방법을 알아본다.
– 공처럼 동그랗거나 굴러가는 물건들을 우리 주변에서 찾아본다.

사회관계	• 나를 알고 존중하기〉나를 알고 소중히 여긴다. • 더불어 생활하기〉약속과 규칙의 필요성을 알고 지킨다.

– 내가 좋아하는 운동은 어떤 운동인지 자신의 생각을 말한다.
– 공을 가지고 하는 운동의 종류에 따라 약속과 규칙이 있음을 안다.

노래 6 주전자

노래활동

대상연령 유아

활동목표

- 노랫말에 맞추어 신체로 표현해 본다.
  예술경험〉창의적으로 표현하기〉신체나 도구를 활용하여 움직임과 춤으로 자유롭게 표현한다.
- 주전자의 쓰임에 대해 알아본다.
  자연탐구〉생활 속에서 탐구하기〉물체의 특성과 변화를 여러 가지 방법으로 탐색한다.

준 비 물

- '주전자' 노랫말 자료, 악보판, 음원, 실물주전자 등(주전자 막대인형, 주전자 실물자료[스테인레스, 플라스틱, 도자기, 세라믹, 강화유리 등] 노래활동에 적합한 자료들을 예측하여 준비한다.)

활동방법

① (실물주전자를 보여주며)주전자의 용도와 쓰임새에 대해 알아본다.
 – 주전자는 무엇을 할 때 쓰는 도구일까요?

② '주전자'의 음원을 들려주고 노래를 함께 부른다.
 – 노래를 불러 보니 어떤가요?

③ 노랫말에 맞춰 창의적으로 신체를 표현해 본다.
 – 노랫말을 바꿔보고 노랫말에 맞춰 몸을 마음대로 움직여 볼까요?

④ 신체를 표현해 본 느낌에 대해 이야기 나눈다.
 – 노래를 듣고 몸을 움직여 보니 기분이 어떤가요?

주전자

이순례 작사
외국 곡

<유아가 경험할 수 있는 각 영역별 활동 전개 예시>

의사소통	• 듣기와 말하기〉상대방이 하는 이야기를 듣고 관련해서 말한다.

–수수께끼를 풀어본다.

- 나는 물을 먹을 때 사용해요.
- 나는 물을 끓일 때도 사용할 수 있어요.
- 나는 기다란 입을 가지고 있어요.
- 나는 잡기 편하게 손잡이도 있지요.
- 나는 누구일까요?

• 짜자잔~~(주전자 막대 인형을 보여주며)

• 나를 본 적이 있나요?

그래 맞아. 나는 주전자야. 나는 작고 뚱뚱하지만 손잡이도 있고 주둥이도 있어.

내 몸속에 물을 넣고 부글부글~뽀글뽀글~펄펄~ 끓여, 컵에 쭉 기울여 따라 주면 된단다.

자연탐구	• 생활 속에서 탐구하기〉물체의 특성과 변화를 여러 가지 방법으로 탐색한다.

– 실물 주전자를 탐색하며 주전자의 쓰임새를 알고 구별해본다.

• 주전자에 물을 넣어 낮게, 높게 들어 부어 보며 높이에 따른 물소리의 차이를 탐색해보고 물소리의 느낌에 대해 이야기 나눈다(예: 차분해져요, 시냇물 같아요 등).

– 주전자를 사용하여 좋아하는 차를 끓여보고 함께 마셔 본다(예: 다도체험).

신체운동・건강	• 신체활동 즐기기〉신체의 움직임을 조절한다. • 신체활동 즐기기〉실내외 신체활동에 자발적으로 참여한다. • 안전하게 생활하기〉안전사고, 화재, 재난, 학대, 유괴 등에 대처하는 방법을 경험한다.

– 자신이 주전자가 되어 신체를 움직여 본다.

– 투명한 주전자를 준비하여 주전자에 물을 끓이는 모습을 자세히 관찰해 본 후 물이 끓는 모습을 신체로 표현해 본다(예: 불이 세지면 물이 보글보글 끓는 모습, 물방울이 튀는 모습, 불이 꺼지면 가라앉는 모습, 움직이지

않고 가만히 있는 모습 등).

• 교사는 유아들이 다양한 신체표현을 할 수 있도록 언어적 지원을 해준다.

－주전자를 안전하게 사용하는 방법에 대해 이야기 나눈다.

예술경험	• 창의적으로 표현하기〉노래를 즐겨 부른다. • 창의적으로 표현하기〉신체, 사물, 악기로 간단한 소리와 리듬을 만들어 본다. • 창의적으로 표현하기〉신체나 도구를 활용하여 움직임과 춤으로 자유롭게 표현한다.

－'주전자'의 음원을 들려주고 노래를 함께 부른다.

－다양한 크기와 재질(스테인레스, 플라스틱, 도자기, 세라믹, 강화유리 등)의 주전자를 준비하여 재질에 따라 다른 소리가 나는 것을 탐색해보며 주전자 난타놀이를 해본다.

－친구와 둘씩 짝을 지어 역할을 나누어 주전자를 신체로 표현해 본다(예: 주전자 역할과 컵 역할 또는 주전자 역할과 따르는 역할 등).

사회관계	• 더불어 생활하기〉서로 다른 감정, 생각, 행동을 존중한다.

－친구의 주전자 신체 표현에 대해 돌아가면서 칭찬해준다.

노래 7 선생님이 좋아서

노래활동

대상연령 유아

활동목표

- 극놀이에 즐겁게 참여한다.
  예술경험>창의적으로 표현하기>극놀이로 경험이나 이야기를 표현한다.
- 자신의 역할의 중요성을 인식하고 표현해 본다.
  사회관계>나를 알고 존중하기>내가 할 수 있는 것을 스스로 한다.

준 비 물

- '선생님이 좋아서 노랫말 자료, 악보판, 음원, 극놀이 자료 등(여러 가지 표정 카드, 그림 그리기 도구 등 노래활동에 적합한 자료들을 예측하여 준비한다.)

활동방법

① 선생님이 하는 일에 대해 알아본다.

– 선생님은 어떤 일을 하는 사람인가요?

② 각자 역할을 정하고 극놀이를 해본다.

– 교실에 들어오면 선생님이 우리 친구들을 어떻게 맞이해 주시나요?

③ 각자 자신의 역할에 대해 이야기 나눈다.

– 역할극을 할 때 '자신이 없다면' 극이 어떻게 될까요?

④ '선생님이 좋아서'의 음원을 들려주고 노래를 함께 부른다.

– 노래를 들어보니 어떤가요?

⑤ 노래를 불러본 느낌에 대해 이야기 나눈다.

– 노래를 불러보니 어떤 생각이 들었나요?

선생님이 좋아서

방은영 작사
방은영 작곡

<유아가 경험할 수 있는 각 영역별 활동 전개 예시>

예술경험	• 창의적으로 표현하기〉노래를 즐겨 부른다. • 창의적으로 표현하기〉다양한 미술재료와 도구로 자신의 생각과 느낌을 표현한다.

– '선생님이 좋아서'의 음원을 들려주고 노래를 함께 부른다.

– 선생님께 주고 싶은 선물을 만들어 보거나 선생님 얼굴을 그려본다(예 종이접기, 손편지, 잡지찢어 오려붙이기로 선생님 표현).

의사소통	• 듣기와 말하기〉자신의 경험, 느낌, 생각을 말한다. • 책과 이야기 즐기기〉말놀이와 이야기 짓기를 즐긴다. .

– 선생님을 좋아하는 마음이나 고마운 마음을 어떻게 표현할 수 있을지 이야기 나눈다.

– 선생님뿐만 아니라 자신이 좋아하는 사람을 넣어 가사를 바꾸어 불러 본다(예: 엄마, 아빠, 할머니, 동생, 친구 등).

– '선생님이 좋아서' 부분에 바꿔볼 가사를 알아보기 위해 내가 좋아하는 장소에 대해 이야기 나눈다(예: 놀이터가 좋아서/유치원이 좋아서 등).

신체 운동 · 건강	• 신체활동 즐기기〉실내외 신체활동에 자발적으로 참여한다. • 신체활동 즐기기〉신체의 움직임을 조절한다.

– '선생님이 좋아서' 노래를 부르며 신체를 자유롭게 표현해 본다.

- 교사는 유아들이 다양한 신체표현을 할 수 있도록 언어적 지원을 해준다.
- 교사는 유아들의 표현을 사진으로 찍어 게시해주며 서로의 표현을 공유해보는 시간을 가진다.

– 노래의 마지막 가사(반갑게 인사하면서 활짝 웃어요)를 회상하며 선생님과 해보고 싶은 아침 인사방법을 함께 알아보고 아침인사 동작을 다양한

방법으로 해본다(예: 안아주기, 하이파이브, 웃어주기 등).

사회관계	• 사회에 관심 가지기〉내가 살고 있는 곳에 대해 궁금한 것을 알아본다. • 더불어 생활하기〉친구와 어른께 예의바르게 행동한다. • 나를 알고 존중하기〉나의 감정을 알고 상황에 맞게 표현한다.

– 선생님을 위해 내가 할 수 있는 일을 알아보고 실천한다(예: 편지쓰기, 안마하기, 도와드리기 등).

– 여러 가지 표정이 담긴 카드를 살펴본 후 노래에 어울리는 표정 카드를 찾아본다.

노래 8 꽃씨

노래활동

대상연령 유아

활동목표

- 노래를 들으며 악기로 표현해 본다.
  예술경험〉창의적으로 표현하기〉신체 사물, 악기로 간단한 소리와 리듬을 만들어 본다.
- 자신의 경험이나 생각을 말한다.
  의사소통〉듣기와 말하기〉자신의 경험, 느낌, 생각을 말한다.

준 비 물

- '씨앗' 노랫말 자료, 악보판, 음원, 리듬악기, 다양한 종류의 씨앗 등 노래활동에 적합한 자료들을 예측하여 준비한다.

활동방법

① 유아들이 좋아하는 꽃이 피는 계절에 대해 이야기 나눈다.
  – 친구들이 좋아하는 꽃은 봄, 여름, 가을, 겨울 언제 필까요?

② 유아들과 함께 씨앗에 대해 이야기 나눈다.
  – (씨앗을 보여주며) 이 씨앗을 본 적이 있나요?

③ 씨앗을 심어 본 자신의 경험을 말한다.
  – 씨앗을 심어본 경험이 있나요? 씨앗이 잘 자라기 위해서는 무엇이 필요할까요?

④ '씨앗'의 음원을 들려주고 노래를 함께 부른다.
  – 노래를 불러보니 어떤가요?

⑤ 노랫말에 맞춰 리듬악기로 간단한 리듬을 만들어 본다.
  – 노래를 들으면서 리듬악기를 두드려 볼까요?

⑥ 노래를 부르며 리듬을 만들어 본 느낌에 대해 이야기 나눈다.
  – 악기로 리듬을 만들어 보니 어떤 생각이 들었나요?

씨앗

김성균 작사
김성균 작곡

<유아가 경험할 수 있는 각 영역별 활동 전개 예시>

예술경험	• 창의적으로 표현하기〉노래를 즐겨 부른다. • 창의적으로 표현하기〉신체 사물, 악기로 간단한 소리와 리듬을 만들어 본다.

- '씨앗'의 음원을 들려주고 노래를 함께 부른다.
- 다양한 리듬악기로 소리를 내보고, 리듬을 만들어 본다.
- 노래를 부르며 손뼉을 치고, 발을 굴러본다.

의사소통	• 듣기와 말하기〉자신의 경험, 느낌, 생각을 말한다. • 책과 이야기 즐기기〉말놀이와 이야기 짓기를 즐긴다.

– 여러 종류의 씨앗을 본 경험, 만져본 느낌이나 생각을 말한다.
– 싹이 나올 때 '뽀드득 뽀드득, 뽀로롱 뽀로롱, 쉿 쉿 쉿' 의성어·의태어 등으로 이야기를 지어본다.

신체 운동 • 건강	• 신체활동 즐기기〉신체 움직임을 조절한다.

– 노래를 부르며 씨앗이 되어 신체를 자유롭게 표현해 본다(예: 바람이 세게 불 때, 비가 내릴 때, 태풍이 불 때, 약한 바람이 불 때 등).
- 교사는 유아들이 다양한 신체표현을 할 수 있도록 언어적 지원을 해준다.
- 교사는 유아들의 창의적인 씨앗 표현을 사진으로 찍어 게시해주며 서로의 다양한 표현을 공유해보는 시간을 가진다.

자연탐구	• 탐구과정 즐기기〉궁금한 것을 탐구하는 과정에 즐겁게 참여한다. • 자연과 더불어 살기〉날씨와 계절의 변화를 생활과 관련짓는다. • 자연과 더불어 살기〉생명과 자연환경을 소중히 여긴다.

– 씨앗을 심는 방법에 대해 알아본다.
– 씨앗의 종류에 따라 심는 계절이 다르다는 것을 안다.
- 교사는 다양한 종류 씨앗을 제시하여 씨앗의 특징, 길이, 무게 등을 탐구할 수 있도록 지원을 해준다.

– 씨앗이 잘 자라기 위해 필요한 것에 대하여 알아보고 생명의 소중함을 느껴본다.

노래 9 가을

노래활동

대상연령 유아

활동목표

- 노래를 부르며 물감으로 표현해 본다.
  예술경험〉창의적으로 표현하기〉다양한 미술재료와 도구로 자신의 생각과 느낌을 표현한다.
- 계절의 변화에 대해 알아본다.
  자연탐구〉자연과 더불어 살기〉날씨와 계절의 변화를 생활과 관련짓는다.

준 비 물

- '가을' 노랫말 자료, 악보판, 음원, 은행잎, 단풍잎, 물감, 도화지 등(노래활동에 적합한 자료들을 예측하여 준비한다.)

활동방법

① 가을에 나뭇잎의 색깔이 변하는 이유에 대해 이야기 나눈다.
 – 여름에 녹색이던 나뭇잎이 가을에 다른 색으로 변하는 이유는 무엇일까요?

② '가을'의 음원을 들려주고 노래를 함께 부른다.
 – 노래를 들어보니 가을 색깔이 떠오르나요?

③ 가을을 미술활동으로 표현해 본다.
 – 은행잎, 단풍잎 등 색깔이 변한 나뭇잎이나 꽃잎으로 물감 찍기 놀이를 하면서 가을을 표현해 볼까요?

④ 노래를 듣고 미술활동으로 표현해본 느낌에 대해 이야기 나눈다.
 – 노래를 듣고 물감 찍기를 해보니 어떤 생각이 들었나요?

⑤ 노랫말에 맞춰 신체를 창의적으로 표현한다.
 – 음악을 들으면서 가을에 나뭇잎이 떨어지는 것을 몸으로 표현해 볼까요?

가을

김성균 작사
김성균 작곡

<유아가 경험할 수 있는 각 영역별 활동 전개 예시>

신체 운동·건강	• 신체활동 즐기기〉신체 움직임을 조절한다.

－다 함께 노래를 부르며 신체를 자유롭게 표현해 본다.

• 교사는 유아들이 나뭇잎이 떨어지는 것을 자유롭게 신체표현할 수 있도록 환경적 지원을 해준다.

예술경험	• 창의적으로 표현하기〉다양한 미술재료와 도구로 자신의 생각과 느낌을 표현한다.

－나뭇잎이나 꽃을 가지고 도화지나 김발에 가을을 꾸며본다.

• 교사는 유아들이 꽃, 나뭇잎으로 물감 찍기 놀이나 붙이기 등 다양하고, 창의적으로 가을을 표현할 수 있도록 환경적 지원을 해준다.

사회관계	• 사회에 관심가지기〉내가 살고 있는 곳에 대해 궁금한 것을 알아본다. • 사회에 관심가지기〉우리나라에 대해 자부심을 가진다.

– (바깥놀이)시간에 기관 주변의 숲이나 공원으로 가서 어떤 나무, 어떤 꽃들이 있으며 나뭇잎의 색깔이 어떻게 변했는지 알아본다.

– 지금의 계절에 대한 이야기를 나눈 후 우리나라는 4계절이 있다는 것을 알고 자부심을 가진다(봄, 여름, 가을, 겨울).

의사소통	• 듣기와 말하기〉상대방이 하는 이야기를 듣고 관련해서 말한다.

– 나뭇잎이 떨어지는 모습을 신체로 표현해보고 그 느낌을 말로 표현해 본다(예: "하늘을 날아다니는 것 같아요", "풍선이 되어 둥둥 떠 다니는 것 같아요", "눈이 내리는 것 같아요", "휘리릭~~떨어져요", "살포시 내려 앉아요" 등).

자연탐구	• 자연과 더불어 살기〉날씨와 계절의 변화를 생활과 관련짓는다. • 자연과 더불어 살기〉생명과 자연환경을 소중히 여긴다.

– 봄, 여름, 가을, 겨울 날씨와 계절의 변화에 따라 꽃, 나무가 달라지는 것에 대해 이야기 나눈다.

– 가을이 우리에게 주는 유익에 대해 알아보고, 생명과 자연환경을 소중히 여기는 방법에 대해 자신의 생각을 말한다.

노래 10 숲 속 작은집

노래활동

대상연령 유아

활동목표

- 노래 부르기에 즐겁게 참여한다.
  예술경험〉창의적으로 표현하기〉노래를 즐겨 부른다.
- 안전한 상황에 대해 알아본다.
  신체운동·건강〉안전하게 생활하기〉안전사고, 화재, 재난, 학대, 유괴 등에 대처하는 방법을 경험한다.

준 비 물

- '숲 속 작은집' 노랫말 자료, 악보판, 음원 등(극놀이 활동 자료 등 노래활동에 적합한 자료들을 예측하여 준비한다.)

활동방법

① '숲 속 작은집'의 음원을 들려주고 여러 상황에 대해 이야기 나눈다(토끼가 숲 속에서 포수에게 쫓기게 된 상황, 작은 아이에게 도움을 요청한 상황, 작은 아이가 흔쾌히 집 문을 열어준 상황 등).

– 노래를 들어보니 어떤 일들이 벌어지고 있나요?

– 쫓기는 토끼는 어떤 마음이었을까요?

– 낯선 사람이 쫓아오면 어떻게 해야 할까요?

② 숲 속 작은집에 누가 누가 살고 있을까 상상해보며 이야기 나눈다.

– 이 집에는 작은 아이 말고 또 누가 살고 있을까요?

③ '숲 속 작은집'의 음원을 들려주고 노래를 함께 부른다.

– 음악을 들으면서 노래를 불러보니 어떤가요?

④ 노래를 불러본 느낌에 대해 이야기 나눈다.

– 노래를 불러보니 어떤 생각이 들었나요?.

숲 속 작은집

외국 곡

<유아가 경험할 수 있는 각 영역별 활동 전개 예시>

예술경험	• 창의적으로 표현하기〉다양한 미술재료와 도구로 자신의 생각과 느낌을 표현한다. • 창의적으로 표현하기〉극놀이로 경험이나 이야기를 표현한다. • 예술 감상하기〉서로 다른 예술표현을 존중한다.

–여러 동물의 가면을 만들어 본다.

–동물가면을 쓰고 극 놀이로 표현해 본다(여러 동물들의 가면을 만들어 유아들이 좋아하는 동물가면을 쓰고 역할극 놀이를 한다).

• 동물이 되어 움직임과 춤으로 표현하거나 역할극을 꾸며 보면서 약자의 입장이 되어보는 경험을 해본다.

• 동요 속 등장인물 토끼가 처한 상황을 안타깝게 생각하며 작은 생명도 소중히 여기는 생명존중에 대해 생각해 본다.

– 숲 속에 가서 자신이 생각하는 특별한 것을 주워와 자신들만의 숲을 꾸며 보고 친구의 숲도 감상해 본다.

사회관계	• 더불어 생활하기〉친구와 서로 도우며 사이좋게 지낸다. • 사회에 관심가지기〉서로 다른 감정, 생각, 행동을 존중한다.

– 작은 아이가 토끼를 도와준 내용과 비슷한 경험으로 역할을 나누어 도와주는 이와 도움을 받는 이 게임을 해본다(예: 경찰놀이).

• 교사는 유아들의 협동심과 사회성을 발달시킬 수 있도록 지원을 해준다.

– 다른 사람을 도와주는 것에 대한 친구의 감정, 생각, 행동에 대해 존중해 준다(예: 도와주지 않는 다고 하는 유아를 인정해주기).

• 교사는 유아들과의 의사소통을 통하여 다른 사람의 감정, 생각, 행동이 나와 다를 수 있으며 이 또한 존중해야 함을 알 수 있도록 지원을 해준다.

신체 운동・건강	• 신체활동 즐기기〉신체 움직임을 조절한다. • 안전하게 생활하기〉안전사고, 화재, 재난, 학대, 유괴 등에 대처하는 방법을 경험한다. • 안전하게 생활하기〉일상에서 안전하게 놀이하고 생활한다.

– 다 함께 노래를 부르며 신체를 자유롭게 표현해 본다.

– 위험한 상황이 발생할 경우 대처하는 방법에 대해 알아본다(예: 토끼가 숲 속 작은 집 아이에게 살려달라고 도움을 요청하는 것은 자신이 처한 상황이 위험에 빠져 있음을 알리는 것임 등).

– 일상에서 안전한 놀이와 생활에 대한 자신의 생각을 말한다.

• 교사는 일상생활에서 위험한 놀이가 어떤 것이며, 안전한 놀이는 어떤 것인지를 인지할 수 있도록 방법을 알려준다.

의사소통	• 읽기와 쓰기에 관심 가지기〉자신의 생각을 글자와 비슷한 형태로 표현한다. • 책과 이야기 즐기기〉말놀이와 이야기 짓기를 즐긴다.

– 노래를 들은 후 자신만의 생각을 형태로 표현해 본다(예: 선, 동그라미, 세모, 네모 등).
– 노래에 나오는 노랫말에 친구의 이름을 넣어 불러본다.

자연탐구	• 자연과 더불어 살기〉주변의 동식물에 관심을 가진다.

– (바깥놀이)시간에 가까운 숲으로 나가서 어떤 동식물이 있는지 알아본다.

노래 11 우리 모두 다같이

노래활동

대상연령 유아

활동목표

- 노래 부르기에 즐겁게 참여한다.
  예술경험〉창의적으로 표현하기〉노래를 즐겨 부른다.
- 노랫말에 맞추어 신체로 움직임을 표현해 본다.
  신체운동·건강〉신체 활동 즐기기〉신체 움직임을 조절한다.

준 비 물

- '우리 모두 다같이' 노랫말 자료, 악보판, 음원 등(리듬악기, 생활용품 등 노래활동에 적합한 자료들을 예측하여 준비한다.)

활동방법

① '우리 모두 다같이'의 음원을 들려주고 노래를 함께 부른다.
 – 노래를 불러 보니 어떤가요?(예: 빠르다, 느리다, 경쾌하다, 슬프다, 신난다 등)

② 노랫말에 맞춰 창의적으로 신체를 표현해 본다.
 – 음악을 들으면서 몸을 마음대로 움직여 볼까요?

③ 노래를 부르면서 몸을 악기로 사용해본다(예: 목소리, 손뼉, 발, 손가락, 뺨 등).

④ 친구하고 마주보고 노래를 함께 부르면서 손뼉을 마주쳐 본다.
 – 노래를 부르면서 친구랑 짝꿍이 되어서 손뼉을 마주쳐 볼까요?

⑤ 점8분음표(♪.)와 16분음표(𝅘𝅥𝅯) 등 음의 길이를 이해하며 리듬 만들기 놀이를 해본다.
 – 깡총 리듬이라고 해요. 점8분음표를 길게 16분음표를 짧게 손뼉으로 쳐볼까요?(깡~총, 깡~총)

⑥ 노래를 부르며 리듬을 만들어본 느낌에 대해 이야기 나눈다.
 – 노래를 부르고 리듬을 만들어 보니 어떤가요?

우리모두 다같이

외국 곡

<유아가 경험할 수 있는 각 영역별 활동 전개 예시>

의사소통	• 책과 이야기 즐기기〉말놀이와 이야기 짓기를 즐긴다.

–이야기 짓기로 노래의 가사를 바꾸어 불러 본다.
(예: 우리 모두 다같이 발 굴러 쿵쿵/우리 모두 다같이 소리 질러 야호/우리 모두 다같이 인사해 안녕하세요 등).

사회관계	• 나를 알고 존중하기〉내가 할 수 있는 것을 스스로 한다.

– 노래에 맞는 신체표현이나 말짓기 놀이에 스스로 참여해본다.

• 교사는 신체 표현 할 때 '할 수 없어요', '못해요' 하지 않고 사소하거나 미미한 움직임일지라도 유아 스스로 할 수 있음을 긍정적으로 격려해준다.

신체 운동·건강	• 신체활동 즐기기〉실내외 신체활동에 자발적으로 참여한다.

– 다 함께 노래를 부르며 신체를 자유롭게 표현해 본다(예: 뛰면서 움직여도, 걸어 다니면서 움직이는 것도, 날아다니듯 움직이는 것도, 가만히 서서 움직이는 것도, 기어다녀도 가능하다는 것을 교사가 이야기해주어도 된다).

• 교사는 유아들이 노랫말에 맞춰 다양한 신체표현을 할 수 있도록 격려해준다.

예술경험	• 창의적으로 표현하기〉신체나 도구를 활용하여 움직임과 춤으로 자유롭게 표현한다.

– 노래를 들으면서 빠른 템포에는 빠르게 느린 템포에는 느리게 춤으로 표현해 본다.

자연탐구	• 탐구과정 즐기기〉궁금한 것을 탐구하는 과정에 즐겁게 참여한다.

– 리듬악기로 쓸 수 있는 생활용품에 대해 알아보고 담당을 나누어 즐겁게 합주해본다(예: 프라이팬, 냄비뚜껑, 페트병, 빨래판, 국자, 나무 젓가락, 숟가락 등).

• 교사는 생활용품을 다룰 때 안전에 대해 주의해야 할 점을 유아들에게 인지시킨다.

노래 12 그냥 두고 나갔더니

노래활동

대상연령 유아

활동목표

- 노래 부르기에 즐겁게 참여한다.
  예술경험〉창의적으로 표현하기〉노래를 즐겨 부른다.
- 장난감을 스스로 정리할 수 있다.
  사회관계〉나를 알고 존중하기〉내가 할 수 있는 것을 스스로 한다.

준 비 물

- '그냥 두고 나갔더니' 노랫말 자료, 악보판, 음원, 정리되지 않은 교실 사진 , 그림 그리기 도구 등(노래활동에 적합한 자료들을 예측하여 준비한다.)

활동방법

① (장난감이 정리정돈되지 않은 사진을 보여주며) 사진에 대해 이야기 나눈다.
 – 장난감이 자기자리를 찾지 못했어요. 그래서 친구들이 놀이 활동을 할 수 있는 공간도 없어요. 이 그림을 보고 어떤 느낌이 드는지 이야기해볼까요?

② '그냥 두고 나갔더니'의 음원을 들려주고 내가 할 수 있는 일에 대해 말한다.
 – 놀이 후 우리 친구들이 할 수 있는 일에는 어떤 것이 있을까요?

③ 장난감 정리정돈에 대한 규칙에 대해 이야기 나눈다.
 – 놀았던 장난감은 어떻게 해야 할까요?

④ '그냥 두고 나갔더니'의 음원을 들려주고 노래를 함께 부른다.
 – 음악을 들으면서 노래를 불러 볼까요?

⑤ 노래를 불러 본 느낌에 대해 이야기 나눈다.
 – 노래를 불러 보니 어떤 생각이 들었나요?

그냥 두고 나갔더니

김성균 작사
김성균 작곡

1. 나를 바닥에 그냥 두고 나갔기 때문에 지나가는 사람이 나를 뻥 찼단 말이야.
2. 나를 바닥에 그냥 두고 나갔기 때문에 지나가는 사람이 나를 꽉 밟았단 말이야.

<유아가 경험할 수 있는 각 영역별 활동 전개 예시>

사회관계	• 더불어 생활하기〉약속과 규칙의 필요성을 알고 지킨다.

– 정리정돈할 때의 약속과 규칙에 대해 알아본다.

의사소통	• 듣기와 말하기〉자신의 경험, 느낌 생각을 말한다.

– 정리되지 않고 여기저기 놓여 있는 장난감 때문에 발생했던 유아들의 경험을 말한다.

신체 운동・건강	• 신체활동 즐기기〉실내외 신체활동에 자발적으로 참여한다.

– 다 함께 노래를 부르며 신체를 자유롭게 표현해 본다(예: 정리정돈되지 않아 여기저기 굴러다니는 장난감을 표현해도 가능하며, 장난감을 밟아서 아픈 표정, 발로 뻥 차는 모습 등 다양한 신체 표현).

• 교사는 유아들이 다양한 신체표현을 할 수 있도록 언어적 지원을 해준다.

• 교사는 유아들의 표현을 사진으로 찍어 게시해주며 서로의 표현을 공유해 보는 시간을 가진다.

예술경험	• 창의적으로 표현하기〉다양한 미술재료와 도구로 자신의 생각과 느낌을 표현한다. • 창의적으로 표현하기〉극놀이로 경험이나 이야기를 표현한다.

– 내가 좋아하는 장난감을 그림으로 그리거나 종이접기 등으로 표현해본다.

• 교사는 그림을 그리고 싶은 친구들에게 장난감이나 그림책, 친구들을 그릴 수 있도록 지원을 해준다.

• 교사는 종이접기 완성본을 보여준 후 종이접기를 해보고 싶은 유아들은 모여서 장난감이나 그림책을 종이로 접어 놀이 공간을 꾸밀 수 있도록 지원을 해준다.

– 여러 가지 장난감이나 그림책, 사람을 선택하고 역할을 정하여 극 놀이를 해본다(이때, 장난감의 역할과 가지고 놀이 활동을 하는 역할, 그림책 역할을 서로 바꿔서 해본다).

자연탐구	• 생활 속에서 탐구하기〉주변에서 반복되는 규칙을 찾는다.

– 장난감을 가지고 놀이 활동을 하는 방법, 그림책을 보고 정리하는 방법 등 주변의 놀이에 대한 규칙을 찾아본다.

노래 13 삐죽이 빼죽이

노래활동

대상연령 유아

활동목표

- 노랫말에 맞추어 신체로 표현해 본다.
  예술경험〉창의적으로 표현하기〉신체나 도구를 활용하여 움직임과 춤으로 자유롭게 표현한다.
- 친구들과 사이좋게 지내는 방법을 알아본다.
  사회관계〉더불어 생활하기〉친구와 서로 도우며 사이좋게 지낸다.

준 비 물

- '삐죽이 빼죽이' 노랫말 자료, 악보판, 음원, 리듬악기, 거울 등(그리기 도구 등 노래활동에 적합한 자료들을 예측하여 준비한다).

활동방법

① '삐죽이 빼죽이'의 음원을 들려주고 노래를 함께 부른다.

–노래를 불러보니 어떤가요?

② 유아들과 함께 노래를 부르면서 서로의 표정을 관찰해 본다.

–노래 부르면서 친구의 얼굴표정을 관찰해 볼까요?

③ 거울을 보며 유아 자신의 얼굴 표정을 살펴본다.

–웃는 얼굴을 해볼까요?

–삐죽이 빼죽이 심술부리는 얼굴도 해볼까요?

④ 노랫말에 맞춰 창의적으로 신체를 표현해 본다.

–음악을 들으면서 얼굴과 몸을 마음대로 움직여 볼까요?

⑤ 노래를 불러 본 느낌에 대해 이야기 나눈다.

–노래를 불러 보니 어떤 생각이 들었나요?

삐죽이 빼죽이

김성균 작사
김성균 작곡

<유아가 경험할 수 있는 각 영역별 활동 전개 예시>

신체 운동・건강	• 신체활동 즐기기〉신체를 인식하고 움직인다. • 신체활동 즐기기〉신체 움직임을 조절한다.

- 다 함께 노래를 부르며 신체를 자유롭게 표현해 본다(노래를 부를 때 서로 얼굴 표정을 관찰하도록 한다).
• 교사는 유아들이 자신의 얼굴 표정을 관찰하면서 창의적으로 표현해볼 수 있도록 지원을 해준다.
- 감정에 따라 다르게 얼굴 움직임을 조절하여 얼굴 표정을 지어보게 한다.

사회관계	• 더불어 생활하기〉친구와의 갈등을 긍정적인 방법으로 해결한다.

- 놀이 활동 중 친구와 갈등이 발생했을 때 긍정적으로 해결하는 방법에 대한 자신의 생각을 말한다.

• 교사는 유아들이 사이좋게 지낼 수 있는 방법을 스스로 찾아 규칙으로 정할 수 있도록 지원을 해준다.

의사소통	• 듣기와 말하기〉고운말을 사용한다.

- 놀이 활동 중 친구들과 발생했을 때의 경험을 말한다(예: 나쁜 말을 써서 화가난 경우, 삐죽이 빼죽이처럼 심술을 부리는 말 등).
- 친구들과의 갈등 중에 고운 말을 들었을 때의 감정과 나쁜 말을 들었을 때의 감정을 말한다.

예술경험	• 창의적으로 표현하기〉노래를 즐겨 부른다. • 창의적으로 표현하기〉신체, 사물, 악기로 간단한 소리와 리듬을 만들어 본다. • 창의적으로 표현하기〉다양한 미술재료와 도구로 자신의 생각과 느낌을 표현한다.

- '삐죽이 빼죽이'의 음원을 들려주고 노래를 함께 부른다.
- 셋잇단음표()를 알고 리듬악기로 두드려 본다.

• 교사는 셋잇단음표는 나란히 붙은 세 개의 음표가 한 박자라는 것을 알려준다.

- 심술부리는 얼굴을 상상하며 그려본다(자신의 얼굴을 거울을 통해 관찰한 후 그려본다).
- 얼굴을 거울을 통해 관찰한 후 과자에 자신의 얼굴을 꾸며본다.

자연탐구	• 탐구과정 즐기기〉탐구과정에서 서로 다른 생각에 관심을 가진다.

- 그림을 그린 후 그려진 얼굴의 표정에 관심을 갖는다(예: 그려진 표정이 서로 다름을 이해한다).

노래 14 사과 같은 내 얼굴

노래활동

대상연령 유아

활동목표

- 노래 부르기에 즐겁게 참여한다.
  예술경험〉창의적으로 표현하기〉노래를 즐겨 부른다.
- 주변의 식물에 관심을 가지고 생명체가 살기 좋은 자연환경의 소중함을 알게 한다.
  자연탐구〉자연과 더불어 살기〉생명과 자연환경을 소중히 여긴다.

준 비 물

- '사과 같은 내 얼굴' 노랫말 자료, 악보판, 음원 등(사과, 오이, 호박 실물 또는 사진, 아이클레이, 그리기 도구 등 노래활동에 적합한 자료들을 예측하여 준비한다.)

활동방법

① '사과 같은 내얼굴'의 음원을 들려주고 노래를 함께 부른다.
 – 노래를 불러 보니 어떤가요?
② 노랫말에 맞춰 창의적으로 신체를 표현해 본다.
 – 음악을 들으면서 몸을 마음대로 움직여 볼까요?
③ 노래를 불러 본 후 유아들이 좋아하는 과일 또는 야채에 대해 이야기 나눈다.
 – 노래를 불러 보니 친구들이 좋아하는 과일이나 야채가 노래가사에 있었나요?
 – 친구들이 좋아하는 과일, 야채 이름을 말해볼까요?
④ 좋아하는 과일, 야채로 가사를 바꾸어 불러 본다.
 – 친구들이 좋아하는 과일, 야채로 가사를 바꾸어 불러 볼까요?
⑤ 노래를 바꾸어 불러 본 느낌에 대해 이야기 나눈다.
 – 노래를 바꾸어 불러 보니 어떤가요?

사과 같은 내 얼굴

김방옥 작사
외국 곡

<유아가 경험할 수 있는 각 영역별 활동 전개 예시>

사회관계	• 나를 알고 존중하기〉나를 알고 소중히 여긴다.

–다 함께 노래를 부르며 내 모습을 존중한다.

• 교사는 유아들이 예쁘고 사랑스러운 모습을 가지고 있다고 지지를 해준다.

의사소통	• 책과 이야기 즐기기〉책에 관심을 가지고 상상하기를 즐긴다. • 책과 이야기 즐기기〉말놀이와 이야기 짓기를 즐긴다.

–'강아지똥' 동화를 읽어주고 이야기 나눈다(생명의 소중함을 알려줌, 이 세상은 쓸모없는 사람이 없음을 알려줌).

–좋아하는 과일, 야채에 대해 말하고 가사 바꾸기 활동을 해본다(예: 딸기 같은 내 얼굴 귀엽기도 하구나~ 등).

예술경험	• 창의적으로 표현하기〉노래를 즐겨 부른다. • 창의적으로 표현하기〉다양한 미술재료와 도구로 자신의 생각과 느낌을 표현한다.

-'사과 같은 내 얼굴'의 음원을 들려주고 노래를 함께 부른다.

-좋아하는 과일, 야채를 그리거나 아이클레이로 만들어 본다.

• 교사는 유아들이 창의적으로 자신의 생각이나 느낌을 표현할 수 있도록 다양한 재료를 준비해 준다.

자연탐구	• 생활 속에서 탐구하기〉일상에서 길이, 무게, 등의 속성을 비교한다. • 자연과 더불어 살기〉생명과 자연환경을 소중히 여긴다.

-여러 종류의 과일과 야채의 색, 길이, 무게 등 서로 다른 점과 같은 점을 비교해 본다(호박, 사과, 오이, 고추, 피망, 파프리카 등).

-과일과 야채가 자라나기 위해 필요한 환경을 알아보고 자연 환경의 소중함을 안다(햇빛, 알맞은 비, 적당한 바람 등).

신체 운동 • 건강	• 신체활동 즐기기〉신체를 인식하고 움직인다. • 건강하게 생활하기〉몸에 좋은 음식에 관심을 가지고 바른 태도로 즐겁게 먹는다.

-다 함께 노래를 부르며 신체를 자유롭게 표현해 본다(사과 모양처럼 몸을 만들어 보고, 호박처럼 길쭉하게 늘려보고. 둥그런 호박, 기다란 호박 등).

• 교사는 유아들이 창의적으로 표현해볼 수 있도록 지원을 해준다.

-몸에 좋은 음식의 종류를 알아 보고 감사한 마음으로 먹는다(예: 고기, 우유는 몸에 좋은 음식, 콜라 등 탄산음료는 몸에 해로운 음식 등).

• 교사는 유아들이 몸에 좋은 음식, 해로운 음식을 구별할 수 있도록 여러 가지 자료를 준비하여 환경적 지원을 해준다.

노래 15 사랑

노래활동

대상연령 유아

활동목표

- 노래 부르기에 즐겁게 참여한다.
  예술경험〉창의적으로 표현하기〉노래를 즐겨 부른다.
- 세상에서 가장 소중한 가족의 의미를 알아본다.
  사회관계〉더불어 생활하기〉가족의 의미를 알고 화목하게 지낸다.

준 비 물

- '사랑' 노랫말 자료, 악보판, 음원, 가족사진 등(리듬악기, 아이클레이, 그리기 도구 등 노래활동에 적합한 자료들을 예측하여 준비한다.)

활동방법

① '사랑'의 음원을 들려주고 노래를 함께 부른다.
 – 노래를 불러보니 어떤 감정이 생기나요?

② 노랫말에 맞춰 창의적으로 신체를 표현해 본다.
 – 음악을 들으면서 몸을 마음대로 움직여 볼까요?

③ 노래를 불러 본 후 유아들의 가족사진을 보면서 우리 가족에 대해 이야기 나눈다.
 – 우리 집에 함께 사는 가족은 누구 누구인가요?
 – 가족들과 함께 여행을 다녀온 경험이 있었나요?

④ 아빠, 엄마, 선생님 가사에 친구들 이름으로 가사를 바꾸어 불러 본다.
 – 친구들 한 명 한 명 이름을 바꾸어 불러 볼까요?

⑤ 노래를 불러 본 느낌에 대해 이야기 나눈다.
 – 노래를 부르니 어떤 생각이 들었나요?

사랑

김성균 작사
김성균 작곡

<유아가 경험할 수 있는 각 영역별 활동 전개 예시>

예술경험	• 창의적으로 표현하기〉신체, 사물, 악기로 간단한 소리와 리듬을 만들어 본다. • 창의적으로 표현하기〉다양한 미술재료와 도구로 자신의 생각과 느낌을 표현한다. • 창의적으로 표현하기〉극놀이로 경험이나 이야기를 표현한다.

–'사랑' 노래를 부르면서 4분의 3박자 노래의 셈여림을 리듬악기로 연주해 본다(강 약 약 ◎ ○ ○).

–가족하면 떠오르는 이미지를 아이클레이로 만들어 본다.

• 교사는 유아들이 창의적으로 자신의 생각이나 느낌을 이미지로 표현할 수 있도록 이미지에 대한 설명을 해준다(예: 샌드위치 그림을 보여준 다음 샌드위치를 만들기 위해 들어가는 재료는 빵, 양파, 햄, 치즈, 양상추, 계란 등 다양한 맛을 내는 재료가 들어가서 서로 섞여 새로운 맛을 내는 샌드위치가 된다. 가족도 각자의 성격을 존중해줄 때 맛있는 가족 색다른 가족이 된다. 해바라기, 무지개 등).

–가족들과 경험한 이야기를 역할 놀이를 통해 표현해 본다.

• 교사는 가족 역할 놀이를 통해 성 평등 교육의 기회를 갖는다.

신체 운동·건강	• 신체활동 즐기기〉신체를 인식하고 움직인다.

–다 함께 노래를 부르며 신체를 자유롭게 표현해 본다(예: 아빠, 엄마처럼 걸어 보고, 할아버지, 할머니처럼 걸어 보고, 아가처럼 기어가기도 해본다).

의사소통	• 책과 이야기 즐기기〉자신의 경험 생각 느낌을 말한다. • 책과 이야기 즐기기〉동화, 동시에서 말의 재미를 느낀다.

– 가족들이 좋아하는 것과 가족들이 여행하고 싶은 곳 등 가족들에 대해 이야기 나눈다.

– 가족을 대상으로 동시 짓기를 해본다(제목: 내 동생, 엄마, 아빠, 할머니 등).

자연탐구	• 생활 속에서 탐구하기〉주변 세계와 자연에 대한 지속적으로 호기심을 가진다.

– 가족과 여행을 다녀 온 곳에 대해 이야기 나눈다(예: 바다를 다녀왔을 경우 어느 지역에 위치하고 있는지, 바다에 살고 있는 물고기의 종류를 알고 있는지, 가족과 함께 바닷가에서 잡아본 것이 있는지 등).

사회관계	• 나를 알고 존중하기〉내가 할 수 있는 것을 스스로 한다.

– 가족들이 집에서 하는 일에 대해 알아보고 가정에서 내가 할 수 있는 일에 대해 이야기 나눈다.

• 교사는 가족들이 거실에 앉아 TV를 보는 모습, 식사하는 모습, 청소하는 모습, 잠자는 모습 등 다양한 사진이나 그림을 준비하고 유아가 할 수 있다고 하는 자그마한 일도 격려해준다.

노래 16 하얀 나라

노래활동

대상연령 유아

활동목표

- 노래 부르기에 즐겁게 참여하며, 리듬악기로 연주해 본다 .
  예술경험〉창의적으로 표현하기〉신체, 사물, 악기로 간단한 소리와 리듬을 만들어 본다.
- 눈이 오는 계절을 알아본다.
  자연탐구〉자연과 더불어 살기〉날씨와 계절의 변화를 생활과 관련짓는다.

준 비 물

- '하얀 나라' 노랫말 자료, 악보판, 음원 등(겨울 날씨와 관련된 자료 등 노래 활동에 적합한 자료들을 예측하여 준비한다.)

활동방법

① 하얀 눈이 내린 날 눈사람을 만들어 본 경험을 말한다.
 – 하얀 눈이 많이 내린 날 눈사람을 만들면서 경험한 이야기를 해볼까요?
② '하얀 나라'의 음원을 들려주고 노래를 함께 부른다.
 – 노래를 부르면서 상상을 해보세요. 신나게 눈썰매를 타고 있어요. 하얀 눈 위에서 눈뭉치를 만들어 눈싸움을 해요. 어떤 기분일까요?
③ 겨울에 대해 알아보고 겨울에 대한 자신의 경험을 말한다(예: 장갑이 없어서 손이 시렸던 경험, 미끄러져 넘어진 경험, 눈싸움 경험 등).
④ 돌림노래로 노래를 불러 본다(먼저 시작한 친구들이 '나는 눈이 좋아서'를 부르고 두 번째 마디가 되었을 때 나중에 부르는 친구들이 '나는 눈이 좋아서'를 부르며 돌림노래를 해본다).
 – 돌림노래로 노래를 불러 보니 어떤가요?.
⑤ 마디를 구분하여 노래를 부르며 리듬악기로 합주를 해본다.
 – 여러 가지 악기 중에 친구들이 원하는 악기를 선택하여 마디를 나누어서 연주를 해볼까요?

하얀 나라

김성균 작사
김성균 작곡

<유아가 경험할 수 있는 각 영역별 활동 전개 예시>

의사소통	• 듣기와 말하기〉자신의 경험 느낌, 생각을 말한다. • 책과 이야기 즐기기〉동화, 동시에서 말의 재미를 느낀다.

– 하얀 눈이 내린 날의 경험에 대해 이야기 나눈다(예: 눈사람 만들기, 장갑이 없어서 손이 시렸던 경험, 눈썰매 타기, 미끄러져 넘어진 경험, 눈싸움 경험 등).

• 교사는 유아들이 눈과 관련하여 경험한 이야기가 풍부해지도록 언어적 지원을 해준다.

– 눈과 관련된 동시 짓기를 해본다(제목: 하얀 눈, 눈사람, 뽀드득 뽀드득 내 발자국, 눈 오는 날 등).

자연탐구	• 자연과 더불어 살기〉날씨와 계절의 변화를 생활과 관련짓는다. • 생활 속에서 탐구하기〉물체의 특성과 변화를 여러 가지 방법으로탐색한다.

–눈이 내리는 계절에 대해 이야기 나눈다.

• 교사는 눈이 내리는 계절의 날씨와 관련된 자료를 준비하여 게시해주며 유아들의 경험이 풍부해지도록 지원을 해준다.

–눈이 녹아서 물이 되는 과정을 탐구해본다.

• 교사는 돋보기 등 관찰할 수 있는 물품을 준비하여 유아들이 눈의 모양과 특성을 살펴보고, 물로 변하는 과정을 탐색하도록 지원을 해준다.

예술경험	• 창의적으로 표현하기〉노래를 즐겨 부른다. • 창의적으로 표현하기〉신체나 도구를 활용하여 움직임과 춤으로 자유롭게 표현한다. • 창의적으로 표현하기〉신체, 사물, 악기로 간단한 소리와 리듬을 만들어 본다.

–'하얀 나라'의 음원을 들려주고 노래를 함께 부른다.

–눈이 되어 상황에 맞게 신체로 자유롭게 표현해 본다(예: 바람이 세게 불어올 때의 눈, 땅에 내려앉을 때의 눈, 사람들 어깨에 앉을 때의 눈 등).

• 교사는 유아들이 창의적으로 표현하는 장면을 사진으로 찍어 게시해주며 자신의 창의적인 표현을 유아들이 다시 한번 경험해 볼 수 있도록 지원을 해준다.

–노래를 부르면서 리듬악기를 두드려 본다.

• 교사는 리듬악기로 마디를 나누어 연주를 할 수 있도록 지원해 준다(악기의 선택권과 리듬악기를 두드릴 마디의 선택권도 유아들에게 준다).

신체 운동·건강	• 신체활동 즐기기〉실내외 신체 활동에 자발적으로 참여한다. • 안전하게 생활하기〉일상에서 안전하게 놀이하고 생활한다. • 건강하게 생활하기〉질병을 예방하는 방법을 알고 실천한다.

- 다 함께 노래를 부르며 창의적으로 신체를 표현해 본다(예: 눈이 되어 날아가기, 땅에 내려온 후 바람에 굴러가기 등).
- (바깥놀이)활동으로 눈 놀이를 직접 경험하면서 겨울철 놀이규칙에 대해 알아본다(안전한 놀이를 위한 규칙 등을 정한다. 눈싸움 할 때 눈덩이를 친구들 얼굴에 던지지 않기 등).
  • 교사는 눈이 온 경우 유아들이 눈사람을 만들고, 눈싸움 놀이 경험을 지원해준다.
- 겨울철 안전사고에 대해 알아본다.
  • 교사는 겨울에 길이 미끄러워 다칠 수 있는 상황관련 자료를 준비하여 보여주며(빙판길, 폭설로 길이 사라진 사진 등) 미끄러운 길을 안전하게 걸을 수 있는 방법에 대해 이야기 나눈다.
- 겨울에 걸리기 쉬운 질병과 예방법에 대해 알아보고 실천해본다.
  • 교사는 추운 겨울에 걸리기 쉬운 감기 및 질병과 관련된 다양한 자료를 준비함으로써 유아들의 질병 예방하는 방법을 행동으로 실행해 볼 수 있도록 돕는다.

사회관계	• 사회에 관심 가지기〉다양한 문화에 관심을 가진다.

- 우리나라처럼 눈이 오는 나라에 대해 알아본다.
  • 교사는 겨울이 없는 나라의 경우 겨울철 놀이문화가 우리나라와 다를 수 있음을 알려주고 다양한 문화에 관심을 갖게 한다.

노래 17 재미난 색깔 놀이

노래활동

대상연령 유아

활동목표

- 미술적 요소(색)에 관심을 가진다.
  예술경험〉아름다움 찾아보기〉예술적 요소에 관심을 갖고 찾아본다.
- 신체의 움직임을 조절한다.
  신체운동·건강〉신체활동 즐기기〉신체 움직임을 조절한다.

준 비 물

- '재미난 색깔 놀이' 노랫말 자료, 악보판, 음원 등(색깔마법사[비룡소의 그림동화, 아놀드 로벨 글그림, 이지은 옮김] 동화책, 색종이, 물감, 도화지 등 노래활동에 적합한 자료들을 예측하여 준비한다.)

활동방법

① 유아들이 입고 있는 옷의 색깔에 대해 이야기 나눈다.
- 오늘 색깔 나라에 무도회가 열린답니다. 우리 모두를 초대했어요. 그런데 색깔이 없는 친구는 갈 수가 없대요. 지금 입고 있는 옷의 색깔이 무슨 색인가요?
- 짝꿍의 옷 색깔도 말해봐요?

② '재미난 색깔'의 음원을 들려주고 노래를 함께 부른다.
- 노래를 부르면서 상상을 해보세요. 여기는 색깔 나라 무도회장입니다. 지금 어떤 기분인가요?

③ 노랫말에 맞춰 창의적으로 신체를 표현해 본다.
- 친구들이 무도회장에서 춤을 추고 있어요. 자유롭게 춤을 출까요?

④ 좋아하는 색깔을 선택하여 도화지에 자유롭게 그림을 그린다.
- 노래를 들으면서 좋아하는 색깔의 물감으로 도화지에 그림을 그려 볼까요?

⑤ 노래를 부르며 색깔을 표현해 본 경험에 대해 이야기 나눈다.
- 노래를 부르며 좋아하는 색으로 그림을 그려보니 어떤가요?

재미난 색깔 놀이

Hap Palmer 작곡
이영 편역

<유아가 경험할 수 있는 각 영역별 활동 전개 예시>

의사소통	• 듣기와 말하기>상황에 적절한 단어를 사용하여 말한다. • 책과 이야기 즐기기>책에 관심을 가지고 상상하기를 즐긴다.

– 입고 있는 옷의 색깔에 대해 이야기 나눈다.

• 교사는 유아들이 색깔을 구별하는 데 자연스럽게 접할 수 있도록 유아들이 입고 있는 옷으로 색깔 놀이를 경험하게 한다.

– '색깔마법사' 동화를 들려주고 색깔과 관련된 상상을 해본다(예: 여러 색이 주는 느낌의 표정과 행동을 상상, 색깔 나라 무도회에서 춤을 추는 상상 등).

자연탐구	• 생활 속에서 탐구하기>일상에서 모은 자료를 기준에 따라 분류한다.

– 입고 온 옷, 양말, 속옷 등의 색을 확인하고 같은 색끼리 분류하며 게임을 해본다(노래를 부르다 빨간 옷 3명, 하얀 양말 2명으로 외치면 같은 색깔끼리 집단을 만들어 본다).

예술경험	• 창의적으로 표현하기>노래를 즐겨 부른다. • 창의적으로 표현하기>다양한 미술재료와 도구로 자신의 생각과 느낌을 표현한다.

– '재미난 색깔 놀이'의 음원을 들려주고 노래를 함께 부른다.

– 노래를 들으면서 좋아하는 색의 물감으로 도화지에 자유롭게 표현해 본다.

• 교사는 유아들이 표현한 그림을 전시함으로 친구들의 그림에도 관심을 갖게 한다.

신체 운동・건강	• 신체활동 즐기기〉신체 움직임을 조절한다.

– 다 함께 노래를 부르며 신체를 자유롭게 표현해 본다.

• 교사는 유아들이 색깔 나라 무도회에 왔다는 상상을 하며 친구들과 춤을 출 때 유아들이 깊게 상상할 수 있도록 언어적 지원을 해준다.

• 교사는 도돌이표를 설명하고 이 부분에서는 몸의 움직임을 조절해보게 한다.

사회관계	• 더불어 생활하기〉약속과 규칙의 필요성을 알고 지킨다. • 사회에 관심 가지기〉내가 살고 있는 곳에 대해 궁금한 것을 알아본다.

– 유아들과 색깔 놀이를 하기 전에 자기 순서가 아닐 때는 조용히 기다리는 약속과 규칙에 대해 이야기 나눈다.

• 교사는 유아들과 약속과 규칙을 만들어 기다릴 줄 아는 습관을 가지게 한다.

– 기관 주변을 산책하며, 기관 주변에서 볼 수 있는 색을 찾아본다.

노래 18 숲 속의 합창

노래활동

대상연령 유아

활동목표

- 노랫말에 맞추어 신체로 표현해 본다.
  예술경험〉창의적으로 표현하기〉신체나 도구를 활용하여 움직임과 춤으로 자유롭게 표현한다.
- 자연이 주는 혜택을 알아본다.
  자연탐구〉자연과 더불어 살기〉생명과 자연환경을 소중히 여긴다.

준 비 물

- 숲 속의 합창' 노랫말 자료, 악보판, 음원 등(풀, 도화지, 색종이, 4계절 관련 사진이나 그림 등 노래활동에 적합한 자료들을 예측하여 준비한다.)

활동방법

① '숲 속의 합창'의 음원을 들려주고 노래를 함께 부른다.

－노래를 들어보고, 함께 부르면서 봄의 친구들을 만나보세요. 지금 나에게 어떤 친구가 속삭이나요?

② 자연이 우리에게 주는 혜택에 대해 알아본다(예: 숲, 나무, 바다, 강, 하늘 등).

－숲이 우리에게 주는 혜택은 어떤 것이 있을까요?

－봄이 오는 것을 무엇을 보면 알 수 있을까요?

③ '숲 속의 합창' 노래를 들으며 창의적으로 신체를 표현해 본다.

－노래를 들으며 자유롭게 몸을 움직여 춤을 출까요? 친구랑 양손을 잡고 춤을 춰볼까요?

④ 노래에 맞춰 신체를 표현해본 느낌에 대해 이야기 나눈다.

－노래에 맞춰 신체를 표현해보니 어떤가요?

숲 속의 합창

김성균 작사
김성균 작곡

<유아가 경험할 수 있는 각 영역별 활동 전개 예시>

자연탐구	• 탐구과정 즐기기〉주변 세계와 자연에 대해 지속적으로 호기심을 가진다. • 자연과 더불어 살기〉주변의 동식물에 관심을 가진다. • 자연과 더불어 살기〉날씨와 계절의 변화를 관련짓는다.

– 영유아 보육·교육기관 주변에서 느낄 수 있는 봄에 대해 이야기 나눈다.

– (바깥놀이)시간에 공원과 숲 속 산책하기를 하면서 주변의 동식물에 대해 관심을 가진다.

• 숲 속 산책이 어려울 경우에는 주변의 공원에서 나무, 새, 꽃 등을 찾아본다.

– (계절의 바뀜) 봄이 왔음을 알 수 있는 것은 날씨와 연관되어 있다는 것을 안다(예: 겨울이 지나고 봄이 오면 날씨가 따뜻해지고, 아지랑이가 피어오른다. 날씨가 따뜻해지면 겨울잠을 자는 개구리가 나온다 등).

의사소통	• 책과 이야기 즐기기〉말놀이와 이야기 짓기를 즐긴다.

– 의성어, 의태어(짹짹짹짹짹짹. 뽀드득뽀드득뽀드득, 졸졸졸졸졸졸졸, 반짝반짝반짝~)를 찾아 새처럼, 새싹처럼, 시냇물처럼 흉내를 내 본다.

– 짹짹짹, 뽀드득, 졸졸졸 외에 다른 의성어, 의태를 찾아 노랫말을 지어본다.

• 교사는 의성어(擬聲語: 사람이나 사물의 소리를 흉내 낸 말)와 의태어(擬態語: 사람이나 사물의 모양이나 움직임을 흉내 낸 말)에 대해 알려준다.

예술경험	• 창의적으로 표현하기〉노래를 즐겨 부른다. • 창의적으로 표현하기〉다양한 미술재료와 도구로 자신의 생각과 느낌을 표현한다.

– '숲 속의 합창'의 음원을 들려주고 노래를 함께 부른다.

– 꽃밭이나 공원에서 봄의 나라를 꾸밀 수 있는 재료들을 수집해서 봄 동산을 꾸며본다.

• 교사는 유아들이 만든 작품은 전시하여, 서로 다른 예술 표현을 존중하는 것을 돕는다(보육·교육기관의 복도 등에 전시하여 유아들이 자신의 작품에 긍지와 자부심을 갖게 한다).

신체 운동·건강	• 신체활동 즐기기〉신체 인식하고 움직인다.

– 노래를 들으면서 신체로 자유롭게 표현해 본다(예: 새들이 날아다니는 것처럼 두 팔을 벌려 위 아래로 흔들면서 날개짓을 할 수도 있고, 나비처럼 가볍게 훨훨 날아가는 날개짓, 흐르는 시냇물처럼 부드러운 손짓 등).

사회관계	• 사회에 관심 가지기〉우리나라에 대해 자부심을 가진다.

– 우리나라는 4계절이 있음을 알고 4계절의 긍정적인 부분을 찾아본다.

• 교사는 우리나라의 4계절에 관련된 사진이나 그림을 게시하여 유아들이 경험했던 계절을 기억하게 한다(더운 나라, 추운 나라 그림이나 사진도 함께 게시).

– 자연환경이 우리들에게 주는 혜택을 알아본다(예: 숲, 나무, 바다, 강, 하늘 등).

노래 19 멋쟁이 토마토 노래활동

대상연령 유아

활동목표

- 노래 부르기에 즐겁게 참여한다.
  예술경험〉창의적으로 표현하기〉노래를 즐겨부른다.
- 토마토의 변화에 대해 알아본다.
  자연탐구〉생활 속에서 탐구하기〉물체의 특성과 변화를 여러 가지 방법으로 탐색한다.

준 비 물

- '멋쟁이 토마토' 노랫말 자료, 악보판, 음원 토마토, 믹서기 등('난 토마토 절대 안 먹어' 동화책[국민서관, 로렌차일드 글그림, 조은수 옮김], 케첩통, 빨주머니, 색빨대 등 노래활동에 적합한 자료들을 예측하여 준비한다.)

활동방법

① '멋쟁이 토마토'의 음원을 들려주고 노래를 함께 부른다.
 – 노래를 들어보고, 함께 불러볼까요?
② '멋쟁이 토마토' 노래를 부르며 창의적으로 신체를 표현해 본다.
 – 노래를 부르면서 자유롭게 몸을 움직이는 토마토가 되어 볼까요? 데굴데굴 굴러가는 토마토도 되어 보고, 탱글탱글한 방울토마토도 되어 볼까요?
③ 토마토에 대해 알아본다.
 – 토마토에는 어떤 영양 성분이 들어 있을까요?
 – 토마토를 먹을 때 효과적으로 먹는 방법이 있을까요?
④ 토마토가 변하여 무엇이 되었는지에 대해 이야기 나눈다.
 – 토마토가 어떤 것으로 변했나요?(예: 토마토 주스, 토마토 케첩)
⑤ 토마토 주스를 만들어 본다.
 – 토마토로 주스를 만들어 볼까요?(요리 실습)

멋쟁이 토마토

김영광 작사
김영광 작곡

<유아가 경험할 수 있는 각 영역별 활동 전개 예시>

신체 운동・건강	• 신체활동 즐기기〉신체를 인식하고 움직인다. • 건강하게 생활하기〉몸에 좋은 음식에 관심을 가지고 바른 태도로 즐겁게 먹는다.

– 노래를 들으면서 신체로 자유롭게 표현해 본다(예: 뛰어가는 토마토, 굴러가는 토마토, 똑 떨어지는 토마토, 끓는 물 속에서 익어가는 토마토 등).

– 토마토가 우리 몸에 좋은 음식임을 알고 먹어 본다.

• 교사는 토마토가 몸에 좋은 음식으로 유아들이 즐겨 먹는 습관을 형성하도록 돕는다.

자연탐구	• 생활 속에서 탐구하기〉물체의 특성과 변화를 여러 가지 방법으로 탐색한다. • 자연과 더불어 살기〉생명과 자연환경을 소중히 여긴다.

– 토마토를 반으로 잘라 탐색해본다.

– 요리활동을 통하여 토마토의 변화를 알아본다(예: 주스 만들기, 케첩 만들기 등).

• 교사는 유아들이 토마토가 변하여 다른 물질이 된다는 것을 생활 속에서 탐구할 수 있도록 요리 실습을 통하여 지원을 해준다.

– 토마토가 잘 자라기 위해 필요한 것(물, 햇빛, 공기, 바람 등)이 무엇인지 알아보고 자연에 대한 고마움을 느껴본다.

의사소통	• 듣기와 말하기〉자신의 경험, 느낌, 생각을 말한다. • 책과 이야기 즐기기〉책에 관심을 가지고 상상하기를 즐긴다.

– 토마토와 관련된 경험이나 생각을 말한다.

– 토마토를 가지고 촉감 놀이(예: 혀로 먹어 보기, 손으로 만져 보기, 손으로 으깨기 등)를 해보고 느낌을 말한다.

– '난 토마토 절대 안 먹어' 동화를 들려주고 편식에 대해 이야기 나눈다.

예술경험	• 창의적으로 표현하기〉노래를 즐겨 부른다. • 창의적으로 표현하기〉다양한 미술재료와 도구로 자신의 생각과 느낌을 표현한다. • 창의적으로 표현하기〉극놀이로 경험이나 이야기를 표현한다.

–'멋쟁이 토마토'의 음원을 들려주고 노래를 함께 부른다.

–토마토와 빨대를 이용하여 조형물을 만들어 본다.

–케첩을 짤주머니에 넣고 바닥에 그림을 그려본다.

–토마토가 되어 하고 싶은 것들을 극놀이로 꾸며본다(예: 주스, 케첩, 춤추기, 피자, 샐러드 등).

사회관계	• 나를 알고 존중하기〉나를 알고 소중히 여긴다.

–토마토는 변하여 주스와 케첩이 된 후 자신을 멋쟁이 토마토라고 뽐내고 있다. 자신의 소중함에 대해 알아본다.

• 교사는 유아들이 소중한 존재임을 인식할 수 있도록 긍정적인 상호작용을 해준다(예: 유아의 이름을 불러 줄 때 멋쟁이 누구 등).

3. 음악감상 활동의 실제

감상 1 갤롭

음악감상활동

대상연령 유아

활동목표

- 음악을 감상하며 즐긴다.
  예술경험〉예술 감상하기〉다양한 예술을 감상하며 상상하기를 즐긴다.
- 음악을 듣고 자신의 느낌을 몸으로 표현해 본다.
  신체운동·건강〉신체활동 즐기기〉신체를 인식하고 움직인다.

준 비 물

- 비제의 어린이의 놀이 중 '갤롭'의 음원, 작곡가 비제의 사진, 북, 그림 그리기 도구 등(음악감상활동에 적합한 자료들을 예측하여 준비한다.)

활동방법

① 비제의 '갤롭'을 들려준다.
  – 이 음악의 제목이 무엇일까요?

② 음악을 감상한 후 이야기 나눈다.
  – 이 음악을 들으니 어떤 장면이 떠오르나요?

③ 음악의 리듬을 신체로 자유롭게 표현해 본다.
  – 이 음악에 맞추어 달린다면 어떻게 달릴 수 있을까요?

④ 음악을 감상한 느낌에 대해 이야기 나눈다.
  – 음악을 듣고 몸으로 표현해 보았는데 어땠나요?

<유아가 경험할 수 있는 각 영역별 활동 전개 예시>

의사소통	• 듣기와 말하기〉상대방이 하는 이야기를 듣고 관련해서 말한다.

–비제의 '갤롭'을 소개하고 음악을 들려준다

• 교사는 (사진을 보여 주며) 이 음악은 프랑스 작곡가 '비제'라는 분이 만드신 음악인데, '비제'라는 작곡가 선생님은 여러 음악을 모아서 '어린이의 놀이'라는 이름을 붙였답니다. 이 중에 '갤롭'은 어린이들이 말 타기 놀이를 하면서 즐겁게 노는 모습을 표현한 음악이라고 설명해준다.

–음악을 감상한 후 느낌과 떠오르는 장면에 대해 자유롭게 말한다.

예술경험	• 창의적으로 표현하기〉신체, 사물, 악기로 간단한 소리와 리듬을 만들어 본다. • 창의적으로 표현하기〉다양한 미술재료와 도구로 자신의 생각과 느낌을 표현한다. • 창의적으로 표현하기〉극 놀이로 경험이나 이야기를 표현한다.

–리듬악기(북이나 소고 등)를 빠르게 느리게 연주하며 감상곡의 느낌을 표현해 본다.

–음악을 감상한 후 느낌을 그림으로 표현해 본다.

• 교사는 말이나 말을 탄 모습을 그리고 싶어 하는 유아들을 위하여 사진을 준비해주어 그림으로 그릴 수 있도록 돕는다.

–음악에 관련된 이야기를 듣고 역할극을 해본다.

신체 운동・건강	• 신체활동 즐기기〉신체 움직임을 조절한다. • 신체활동 즐기기〉실내외 신체활동에 자발적으로 참여한다.

–음악의 빠르기를 신체로 조절하여 표현해 본다(예: 빠르고 경쾌한 춤곡의 느낌).

• 교사는 북이나 소고 등 리듬악기를 빠르게 느리게 쳐주어 유아들이 신체를 빠르게 느리게 조절할 수 있도록 도와준다.

–음악에 맞추어 말처럼 자유롭게 달려 본다.

자연탐구	• 생활 속에서 탐구하기〉물체의 위치와 방향, 모양을 알고 구별한다.

–음악에 맞춰 말처럼 달리면서 오른쪽, 왼쪽. 앞, 뒤 등 방향을 구별해 본다.

사회관계	• 더불어 생활하기〉서로 다른 감정, 생각, 행동을 존중한다.

–음악 감상 후 유아들이 각자 신체로 표현할 때 친구의 다른 신체표현을 존중해준다.

감상 2 트로이메라이

음악감상활동

대상연령 유아

활동목표

- 음악을 감상하며 즐긴다.
  예술경험〉예술 감상하기〉다양한 예술을 감상하며 상상하기를 즐긴다.
- 음악을 듣고 자신의 느낌을 그림으로 표현해 본다.
  예술경험〉창의적으로 표현하기〉다양한 미술재료와 도구로 자신의 생각과 느낌을 표현한다.

준 비 물

- 슈만의 어린이 정경 중 '트로이메라이' 음원, 도화지, 크레파스, 색연필, 파스텔, 전지, 양면테이프, 그림 그리기 도구, 리본테이프, 스카프 등(음악감상활동에 적합한 자료들을 예측하여 준비한다.)

활동방법

① 슈만의 '트로이메라이'를 들려준다.
 - 음악을 들어보니 어떤 느낌이 들었나요?, 너희들이 꿈을 꾸고 있는 주인공이라면 어떤 기분이 들까요?

② 음악을 듣고 떠오르는 생각을 그림으로 표현해 본다.
 - 음악을 듣고 기분을 그림으로 표현해볼까요?

③ '트로이메라이'의 내용을 소개하고 꿈의 장면을 그림으로 표현해 본다.
 - 꿈에서 나는 무엇을 하고 있을까요?

④ 돌아가며 친구의 꿈의 장면 그림을 감상한다.
 - OO이는 무엇을 하는 모습을 그린 것 같나요? 친구의 그림에 대해 궁금한 것이 있나요?

<유아가 경험할 수 있는 각 영역별 활동 전개 예시>

의사소통	• 듣기와 말하기>상대방이 하는 이야기를 듣고 관련해서 말한다. • 듣기와 말하기>상황에 적절한 단어를 사용하여 말한다.

– 음악을 들려준 후 슈만의 '트로이메라이'를 소개한다.
– 이 음악은 '트로이메라이'라는 곡이랍니다. '트로이메라이'는 '꿈'이라는 뜻인데, 이 음악을 작곡하신 선생님은 아이들이 잠을 자며 꿈을 꾸는 모습을 음악으로 표현하셨다고 설명해준다.
– 음악을 감상한 후 느낌과 떠오르는 장면 등에 대해 자유롭게 말한다.
– 음악을 감상한 느낌을 제목으로 짓는다면 어떤 제목이 적당할지 이야기 나눈다.

예술경험	• 창의적으로 표현하기>다양한 미술재료와 도구로 자신의 생각과 느낌을 표현한다. • 창의적으로 표현하기>신체나 도구를 활용하여 움직임과 춤으로 자유롭게 표현한다.

– 음악을 듣고 느껴지는 기분을 색으로 표현해 본다(예: 자신의 기분에 맞는 크레용이나 파스텔 색을 찾아본다).
– 친구들과 협동하여 '나의 꿈' 그래프를 만들고 거기에 자신의 꿈을 그려 붙여본다.
– 감상곡을 듣고 박자에 맞추어 리본테이프나 스카프를 흔들며 느낌을 표현해 본다.

신체 운동・건강	• 신체활동 즐기기〉신체를 인식하고 움직인다. • 신체활동 즐기기〉신체 움직임을 조절한다.

－음악을 감상하고 느낌을 신체로 자유롭게 표현해 본다.

－음악의 빠르기를 신체로 표현해 본다(예: 느린 느낌의 곡).

사회관계	• 더불어 생활하기〉친구와 서로 도우며 사이좋게 지낸다. • 더불어 생활하기〉서로 다른 감정, 생각, 행동을 존중한다.

－'나의 꿈' 그래프를 만들 때 친구와 서로 도와 '꿈' 나무를 완성해 본다.

－친구의 꿈 표현을 존중해준다.

자연탐구	• 생활 속에서 탐구하기〉주변에서 반복되는 규칙을 찾는다.

－음악을 감상하며 반복되는 멜로디가 있는지, 있다면 몇 번이나 반복되는지를 찾아본다.

감상 3 호다운

음악감상활동

대상연령 유아

활동목표

- 음악을 듣고 난 후의 느낌을 도구를 이용하여 다양하게 표현해 본다.
  예술경험〉창의적으로 표현하기〉신체나 도구를 활용하여 움직임과 춤으로 자유롭게 표현한다.
- 로데오 경기에 대해 알아본다.
  사회관계〉사회에 관심가지기〉다양한 문화에 관심을 가진다.

준 비 물

- 코플랜드의 로데오 모음곡 중 '호다운'의 음원, 로데오 경기 사진, 리본막대, 그림 그리기 도구, 빨강 망토 등(음악감상활동에 적합한 자료들을 예측하여 준비한다).

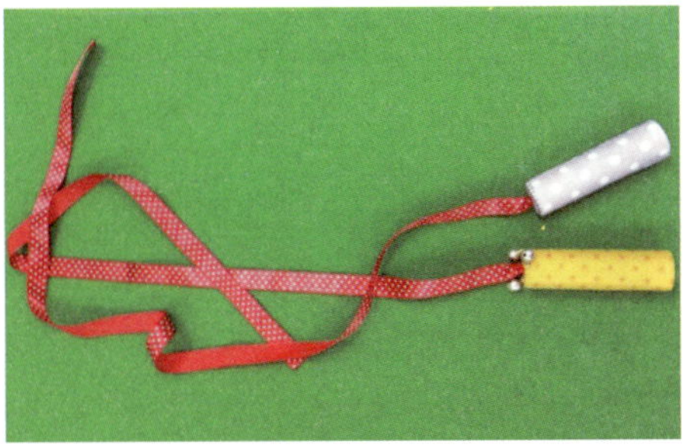

활동방법

① 사진을 보며 '로데오 경기'에 대해 이야기 나눈다.
  (로데오 경기 사진을 보여주며) 사진에 무엇이 보이나요?

② '호다운' 음악을 들려주며 감상해본다.
  – 음악을 들으니 어떤 장면이 떠오르나요?

③ 도구를 이용하여 음악의 분위기에 맞춰 춤으로 표현해 본다.
  – 리본 막대로 음악의 느낌을 어떻게 표현할 수 있을까요?

④ 음악 감상을 하면서 신체로 표현한 느낌에 대해 이야기 나눈다.

–음악을 듣고 리본 막대로 표현해보니 어떤가요?

<유아가 경험할 수 있는 각 영역별 활동 전개 예시>

의사소통	• 읽기와 쓰기에 관심가지기〉말과 글의 관계에 관심을 가진다. • 듣기와 말하기〉상황에 적절한 단어를 사용하여 말한다.

– '호다운'과 '로데오' 단어에 대해 알아본다.

• 교사는 '호다운'은 '로데오' 경기가 끝난 뒤에 함께 즐기는 파티를 위해 작곡된 경쾌한 춤곡을 말한다는 것을 설명해준다.

• 교사는 '로데오'는 거칠게 날뛰는 말 등에 올라타 오래 버티는 사람이 이기는 경기라는 것을 설명해준다.

–음악을 감상한 후 느낌이나 떠오르는 장면에 대해 자유롭게 말한다.

예술경험	• 창의적으로 표현하기〉다양한 미술재료와 도구로 자신의 생각과 느낌을 표현한다.

–음악을 감상한 후 '로데오' 장면을 그림으로 표현해 본다.

• 교사는 '로데오' 장면을 그리고 싶어하는 유아들을 위하여 사진을 준비해주어 그림으로 그릴 수 있도록 돕는다.

신체 운동・건강	• 신체활동 즐기기〉실내외 신체활동에 자발적으로 참여한다. • 신체활동 즐기기〉신체 움직임을 조절한다.

–음악에 맞춰 말 타기 흉내를 내본다.

–음악의 빠르기를 신체로 표현해 본다(예: 신나고 경쾌한 춤곡의 느낌).

자연탐구	• 탐구과정 즐기기〉궁금한 것을 탐구하는 과정에 즐겁게 참여한다.

– '로데오'라는 경기에 대해 컴퓨터 자료를 찾아본다.

사회관계	• 더불어 생활하기>친구와 서로 도우며 사이좋게 지낸다. • 더불어 생활하기>서로 다른 감정, 생각, 행동을 존중한다.

– 친구들끼리 짝을 이뤄 투우사와 소가 되어 로데오 경기를 해본다(서로 바꿔서도 해본다).

– 투우사와 소의 모습을 흉내 내는 친구의 행동을 존중해준다.

감상 4 서주와 사자왕의 행진

음악감상활동

대상연령 유아

활동목표

- 음악을 감상하며 즐긴다.
  예술경험>예술 감상하기>다양한 예술을 감상하며 상상하기를 즐긴다.
- 음악에 맞춰 사자의 움직임을 표현해 본다.
  신체 운동·건강>신체활동 즐기기>신체 움직임을 조절한다.

준비물

- 생상스의 동물의 사육제 중 '서주와 사자왕의 행지'의 음원, 사자 머리띠, 북, 소고, 그림 그리기 도구 등 (음악감상활동에 적합한 자료들을 예측하여 준비한다.)

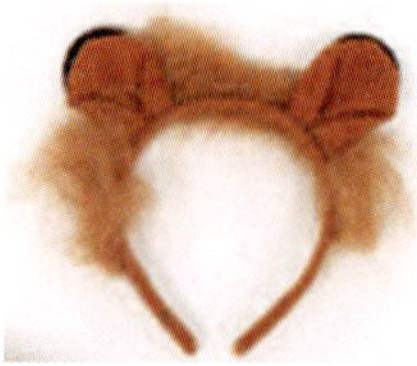

활동방법

① 음악을 듣고 떠오르는 동물에 대해 이야기 나눈다.
- 음악을 들으니 어떤 동물이 떠오르나요?

② 음악을 들려주고 부분별로 어울리는 사자의 움직임에 대해 이야기 나눈다.
- 이 부분에서는 사자가 무엇을 하고 있을까요?

③ 음악에 맞추어 사자의 움직임을 몸으로 표현해 본다.
- 이 음악의 처음 부분(서주)에서 사자가 나타나는 모습을 어떻게 표현할 수 있을까요?

④ 친구의 신체표현에 대해 이야기 나눈다.
- 친구의 사자표현을 보니 어땠나요?

<유아가 경험할 수 있는 각 영역별 활동 전개 예시>

의사소통	• 듣기와 말하기〉상대방이 하는 이야기를 듣고 관련해서 말한다. • 듣기와 말하기〉상황에 적절한 단어를 사용하여 말한다.

– 비제의 생상스의 동물의 사육제 중 '서주와 사자왕의 행진'을 소개하고 음악을 들려준다.

• 교사는 오늘 들어볼 음악은 '생상'이라는 음악가 선생님이 어떤 동물의 모습을 보고 만든 음악이랍니다. 어떤 동물일지 생각하면서 음악을 들어 보라고 설명해준다.

– 음악을 듣고 떠오르는 동물이나 자신의 생각을 자유롭게 말한다.

– '사자'라는 동물의 특징에 대해 이야기 나눈다(예: 덩치, 걸음걸이, 성격 등).

– 역할극에 등장시킬 동물에 대해 이야기 나눈다.

예술경험	• 창의적으로 표현하기〉신체, 사물, 악기로 간단한 소리와 리듬을 만들어 본다. • 창의적으로 표현하기〉다양한 미술재료와 도구로 자신의 생각과 느낌을 표현한다. • 창의적으로 표현하기〉극 놀이로 경험이나 이야기를 표현한다.

– 사자가 행진하는 모습을 북(혹은 소고)으로 리듬치기를 해본다.

– 음악을 감상한 후 사자의 갈기를 머리띠로 만들어 본다.

– 동물 머리띠를 쓰고 역할극을 해본다.

• 교사는 여러 동물 모양의 머리띠를 준비해둔다.

신체 운동·건강	• 신체활동 즐기기〉신체 움직임을 조절한다.

– 사자가 행진하는 모습을 흉내를 내본다.

– 극 놀이에 필요한 동물들의 몸짓을 흉내를 내본다.

자연탐구	• 탐구과정 즐기기〉궁금한 것을 탐구하는 과정에 즐겁게 참여한다.

–숫 사자(예: 갈기)와 암 사자의 특징에 대해 알아본다(사자의 갈기가 있고 없고의 차이에 대한 궁금 점을 알아본다).

사회관계	• 더불어 생활하기〉서로 다른 감정, 생각, 행동을 존중한다.

–음악의 내용에 맞는 역할에 대해 이야기 나눈 후 각자의 역할을 정해본다.
–동물 흉내 내는 친구의 행동을 존중해준다.

감상 5 아침의 노래

음악감상활동

대상연령 유아

활동목표

- 음악을 감상하며 즐긴다.
  예술경험〉예술 감상하기〉다양한 예술을 감상하며 상상하기를 즐긴다..
- 음악을 듣고 난 후의 느낌을 도구를 이용하여 다양하게 표현해 본다.
  예술경험〉창의적으로 표현하기〉신체나 도구를 활용하여 움직임과 춤으로 자유롭게 표현한다.

준 비 물

- 마스네의 발레모음곡 르 시드 중 '아침의 노래' 음원, 해가 떠오르는 사진, 달이 떠 있는 사진, 풍선, 리본테이프, 스카프, 그림 그리기 도구 등(음악감상활동에 적합한 자료들을 예측하여 준비한다.)

활동방법

① 음악을 감상하고 음악과 어울리는 사진을 골라본다.
 – (사진을 보여주며) 이 음악은 이 사진 중에 어떤 사진과 어울리는 것 같나요?

② 음악을 감상하며 음악에 대한 느낌에 대해 이야기 나눈다.
 – 해가 떠오르는 모습과 음악이 어울리는 것 같나요?

③ 풍선을 사용해서 음악의 느낌을 표현해 본다.
 – 해가 떠오르는 모습을 풍선으로 어떻게 표현할 수 있을까요?

④ 친구의 풍선표현을 보며 이야기 나눈다.

–친구는 어떤 느낌을 표현하고 있는 걸까요?

<유아가 경험할 수 있는 각 영역별 활동 전개 예시>

의사소통	• 듣기와 말하기〉상대방이 하는 이야기를 듣고 관련해서 말한다. • 듣기와 말하기〉상황에 적절한 단어를 사용하여 말한다.

–마스네의 '아침의 노래'를 소개하고 음악을 들려준다.

• 교사는 '아침의 노래'는 프랑스의 작곡가 마스네의 발레모음곡 '르 시드' 중의 한 곡이며 해가 떠오르는 아침을 표현한 곡이라는 것을 설명해준다.

–음악을 감상한 후 느낌과 해가 떠오르는 장면 등에 대해 자유롭게 말한다.

–음악을 감상한 느낌을 제목으로 짓는다면 어떤 제목이 적당할지 이야기 나눈다.

예술경험	• 창의적으로 표현하기〉신체나 도구를 활용하여 움직임과 춤으로 자유롭게 표현한다. • 창의적으로 표현하기〉다양한 미술재료와 도구로 자신의 생각과 느낌을 표현한다.

–음악에서 느껴지는 곡의 흐름을 풍선을 이용하여 낮게, 높게 띄워본다.

–감상곡을 들으며 박자에 맞추어 리본테이프나 스카프를 흔들어 본다.

–음악을 듣고 해가 떠오르는 장면을 그림으로 표현해 본다.

신체 운동 • 건강	• 신체활동 즐기기〉실내외 신체활동에 자발적으로 참여한다. • 신체활동 즐기기〉신체 움직임을 조절한다.

–음악을 감상하고 느낌을 신체로 자유롭게 표현해 본다.

–음악의 빠르기를 신체로 조절하여 표현해 본다(예: 느린 느낌의 곡).

자연탐구	• 생활 속에서 탐구하기〉주변에서 반복되는 규칙을 찾는다.

–아침에는 해가 떠오르고 밤에는 해가 지는 것에 대한 자연의 규칙을 알아본다.

사회관계	• 더불어 생활하기〉서로 다른 감정, 생각, 행동을 존중한다.

–친구가 그리는 그림과 신체표현 활동을 존중해준다.

감상 6 시계

음악감상활동

대상연령 유아

활동목표

- 음악을 감상하며 즐긴다.
  예술경험〉예술 감상하기〉다양한 예술을 감상하며 상상하기를 즐긴다.
- 시계에 관심을 가진다.
  의사소통〉듣기와 말하기〉상대방이 하는 이야기를 듣고 관련해서 말한다.

준 비 물

- 하이든 교향곡 101번 '시계' 제2악장 안단테 음원, 작곡가 하이든의 사진, 여러 가지 시계 사진 자료, 리듬악기, 그림 그리기 도구 등(음악감상활동에 적합한 자료들을 예측하여 준비한다.)

활동방법

① 시계에 대한 수수께끼를 알아맞혀 본다.

· 이것은 다양한 크기와 모양이 있어요.
· 이것은 다양한 숫자가 들어 있어요.
· 이것은 긴 바늘과 짧은 바늘로 이루어져 있어요.
· 이것은 우리에게 시간을 알려주는 도구예요.
· 이것은 무엇일까요?

② '시계'를 감상하고 시계에 대해 이야기 나눈다.

–이 음악을 들으니 시계와 연관이 되나요? 어떤 부분에서 연관이 되나요?

③ 음악을 들으면서 다양한 방법으로 박자를 쳐본다.

–음악에 맞추어 입으로 '똑딱똑딱' 해볼까요?

④ 박자를 쳐볼 다양한 방법에 대해 이야기 나눈다.

–입(혀)으로 말고 또 어떻게 박자를 쳐볼 수 있을까요?

⑤ 박자를 쳐본 느낌에 대해 이야기 나눈다.

–'시계' 음악을 듣고 박자를 쳐보니 어땠나요?

<유아가 경험할 수 있는 각 영역별 활동 전개 예시>

의사소통	• 듣기와 말하기〉상대방이 하는 이야기를 듣고 관련해서 말한다. • 듣기와 말하기〉상황에 적절한 단어를 사용하여 말한다.

–교사는 하이든의 '시계'를 소개하고 음악을 들려준다.

• 교사는 이 곡은 하이든 교향곡 101번 '시계'의 제2악장에 나오는 주제곡으로서 제2악장의 주 멜로디가 '똑딱똑딱' 하는 시계의 소리를 연상시킨다고 해서 '시계'라는 제목이 붙었다는 것을 설명해준다.

–음악을 감상한 후 똑딱거리는 시계소리를 표현하는 단어를 골라본다.

–음악을 감상한 느낌을 제목으로 짓는다면 '시계' 외에 어떤 제목이 적당할지 이야기 나눈다.

예술경험	• 창의적으로 표현하기〉신체, 사물, 악기로 간단한 소리와 리듬을 만들어 본다. • 창의적으로 표현하기〉다양한 미술재료와 도구로 자신의 생각과 느낌을 표현한다.

–감상곡의 리듬에 맞추어 리듬악기로 박자를 쳐본다.

–감상곡을 들으며 리듬에 맞추어 혀 소리나 손뼉, 무릎으로 박자를 쳐본다.

–감상곡을 들으며 리본 막대를 이용하여 지휘를 해본다.

–감상곡을 들은 후 선을 이용하여 그림으로 표현해 본다.

–나만의 시계를 그려본다.

신체 운동·건강	• 신체활동 즐기기〉신체를 인식하고 움직인다. • 신체활동 즐기기〉신체 움직임을 조절한다.

–음악의 리듬에 맞게 오른팔, 왼팔을 번갈아 위아래로 움직여 본다.

–'똑딱똑딱' 리듬에 맞추어 몸을 좌우로 흔들어 본다.

자연탐구	• 생활 속에서 탐구하기〉주변에서 반복되는 규칙을 찾는다.

–시간에 대한 규칙을 알아본다(예: 12, 짧은 바늘이 시간, 긴 바늘이 분, 숫자 간격당 5분 등).

사회관계	• 더불어 생활하기〉친구와 서로 도우며 사이좋게 지낸다.

–친구와 함께 여러 종류의 리듬악기로 합주해본다.

감상 7 볼가강의 뱃노래

음악감상활동

대상연령 유아

활동목표

- 음악을 듣고 난 후의 느낌을 도구를 이용하여 다양하게 표현해 본다.
  예술경험〉창의적으로 표현하기〉신체나 도구를 활용하여 움직임과 춤으로 자유롭게 표현한다.
- 바다에서 탈 수 있는 교통기관에 대해 알아본다.
  자연탐구〉탐구과정 즐기기〉궁금한 것을 탐구하는 과정을 즐겁게 참여한다.

준 비 물

- 러시아 민요 '볼가강의 뱃노래' 음원, 바다의 교통수단 사진 자료, 그림 그리기 도구 등(음악감상활동에 적합한 자료들을 예측하여 준비한다.)

활동방법

① 그림자료를 보며 바다의 교통수단에 대해 이야기 나눈다.
 – 바다에서는 무엇을 타고 다닐까요?

② 음악을 감상하며 음악에 대한 느낌에 대해 이야기 나눈다.
 – 음악을 듣고 배가 연상되나요? 어떤 부분에서 배가 연상되나요?

③ 음악을 들으며 곡의 느낌을 몸으로 표현해 본다(노 젓는 모습 등).
 – 내가 배를 타고 있다고 생각하고 이 음악을 들으면서 노를 저어 볼까요?

④ 몸으로 표현해본 경험에 대해 이야기 나눈다.
 – 음악을 듣고 몸으로 표현하니 어땠나요?

<유아가 경험할 수 있는 각 영역별 활동 전개 예시>

의사소통	• 듣기와 말하기〉상대방이 하는 이야기를 듣고 관련해서 말한다. • 듣기와 말하기〉상황에 적절한 단어를 사용하여 말한다.

– 러시아 민요 '볼가강의 뱃노래' 를 소개하고 음악을 들려준다.

• 교사는 '볼가강의 뱃노래' 는 러시아 민요인데 이 노래는 러시아 볼가강에서 뱃놀이하는 모습을 보고 만든 노래인 것을 설명해준다.

– 음악을 감상한 후 떠오르는 느낌 등에 대해 자유롭게 말한다.

– 음악을 감상한 느낌을 제목으로 짓는다면 어떤 제목이 적당할지 이야기 나눈다.

예술경험	• 창의적으로 표현하기〉노래를 즐겨 부른다. • 예술 감상하기〉다양한 예술을 감상하며 상상하기를 즐긴다. • 창의적으로 표현하기〉다양한 미술재료와 도구로 자신의 생각과 느낌을 표현한다.

– 앞 부분 '어기여차'를 함께 불러 본다.

– 배를 끄는 모습을 상상하며 노래를 불러 본다.

– 여러 가지 배 만들기 재료를 활용하여 배를 만들어 본다.

– 음악을 들으면서 배의 움직임을 선으로 그려본다.

신체 운동 • 건강	• 신체활동 즐기기〉실내외 신체활동에 자발적으로 참여한다. • 신체활동 즐기기〉신체 움직임을 조절한다.

– 팔을 저으며 노 젓는 모양을 흉내 내 본다.

– 음악의 빠르기를 신체로 조절하여 표현해 본다(예: 빠르게 젓기, 느리게 젓기 등).

자연탐구	• 생활 속에서 탐구하기〉물체의 특성과 변화를 여러 가지 방법으로 탐색한다.

–다양한 재료로 물에 뜰 수 있는 배를 만들어 본다.

사회관계	• 더불어 생활하기〉서로 다른 감정, 생각, 행동을 존중한다. • 사회에 관심 가지기〉다양한 문화에 관심을 가진다.

–친구가 그리는 그림과 신체표현 활동을 존중해준다.

–배의 종류에 대해 알아보고 나라별로 특별한 배가 있는지 알아본다(예: 우리나라-거북선/이탈리아 베네치아-곤돌라/베트남 다낭-소쿠리 배 등).

4. 노래동화 활동의 실제

노래동화 1 남생아 놀아라

노래동화활동

대상연령 유아

활동목표

- 노래동화를 듣고 신체로 표현해 본다.
  예술경험〉창의적으로 표현하기〉신체나 도구를 활용하여 움직임과 춤으로 자유롭게 표현한다.
- 동화의 내용을 재미있게 즐긴다.
  의사소통〉책과 이야기 즐기기〉동화, 동시에서 말의 재미를 느낀다.
- 전래동요가 무엇인지 알아보고 우리나라의 다양한 문화를 이해한다.
  사회관계〉사회에 관심 가지기〉다양한 문화에 관심을 가진다.

준 비 물

- '남생아 놀아라' 노래동화 그림자료, 음원, 여러 동물들의 사진이나 동영상 자료, 리듬악기, 그림 그리기 도구 등(노래동화활동에 적합한 자료들을 예측하여 준비한다.)

활동방법

① 남생이를 실물 또는 영상, 사진 등을 통해 관찰하고 알아본다(움직임, 생김새, 먹이, 특징 등).
 – 이 동물은 어떤 동물인가요?(예: 남생이가 거북이의 옛말인 것을 알아보는 등)

② 전래동요에 대해 알아본다.
 – 전래동요를 들어본 적이 있나요?

③ '남생아 놀아라' 동화를 들려준다.
 – (첫 장면 그림을 보여주며) 어떤 이야기가 들어 있을 거라고 생각하나요?

④ '남생아 놀아라' 동화를 듣고 동화 속 남생이가 되어 남생이의 움직임을 자유롭게 표현해 본다.

⑤ '남생아 놀아라' 노래를 함께 불러보며 신체로 표현해 본다.

－노래를 부르면서 신체로 표현해보니 어떤가요?

동화자료

▶ 곡명 : 남생아 놀아라

옛날 어느 마을에 형과 아우가 살고 있었어요.
형은 어려서부터 욕심이 많은데다 늘 동생 것까지 탐을 냈어요.
아버지 : 얘들아, 형제는 사이좋게 나눠 가져야 한다.
형은 논을 가지고 아우는 밭을 가지게 되었지요.
그러던 어느 날 형이 갑자기 이렇게 우기는 것이었어요.
형 : 난 제사도 지내야 하고 쓸 데가 많으니 밭도 내가 가져야겠다.

욕심쟁이 형은 동생 것까지 몽땅 빼앗아 가버렸어요.
동생은 이제 너무 가난해져 밥도 굶을 때가 많았지요.

어느 날 동생은 혼잣말로 중얼거렸어요.
"며칠 후면 명절인 데 어떡하지? 떡은커녕 밥해 먹을 쌀도 없으니..."
"며칠 후면 명절인 데 어떡하지? 떡은커녕 밥해 먹을 쌀도 없으니..."
누군가 동생의 말을 따라 하는 것이었어요.
"누, 누구요? 남의 말을 따라 하는 게?"
"누, 누구요? 남의 말을 따라 하는 게?"
글쎄 마당 한 구석에서 남생이가 입을 달싹거리고 있지 않겠어요?
남생이는 남생이의 또 다른 이름이래요.
동생 : 어? 남생이가 말을 하네.
남생이는 머리를 촐래촐래 흔들며 재미있게 놀았어요.

동생은 남생이를 안고 밖으로 나갔어요.
동생 : 여러분! 말하는 남생이 구경하세요.
구경꾼이 구름처럼 모여들었어요.
동생 : 남생아, 놀아라. 촐래촐래가 잘 논다.

남생이 : 남생아, 놀아라. 촐래촐래가 잘 논다.

사람들 : 아이구, 이렇게 신기한 구경은 처음이야.

이렇게 신기한 걸 봤으니 돈을 냅시다.

동생은 금방 부자가 되었지요.

소문을 들은 형이 헐레벌떡 달려왔어요.

"아우야, 아버지 말씀이 형제는 사이좋게 나눠 갖는 거랬지?

넌 이제 부자가 됐으니 이 남생이 내가 가져야겠다."

형은 남생이를 억지로 빼앗아 가버렸어요.

형 : 자, 자, 말하는 남생이 왔어요. 지금부터 말하는 남생이를 보여 드리겠습니다.

형 : 남생아, 놀아라. 촐래촐래가 잘 논다.

하지만 남생이는 입을 꾹 다문 채 꿈쩍도 하지 않았어요.

형 : 다시 한 번 남생아, 놀아라. 촐래 촐래가 잘 논다.

형 : 아니, 이놈의 남생이가 왜 말을 안 하지? 에이, 이놈의 남생이!

형은 남생이를 냅다 던져버렸어요.

한참 후 동생이 달려왔을 땐 남생이는 이미 꼼짝도 하지 않았어요.

동생 : 남생아, 남생아, 미안하다. 내가 널 지켜주지 못했어.

동생은 눈물을 흘리며 남생이를 마당 한 구석에 정성껏 묻어 주었지요.

그런데 다음 해에 놀라운 일이 벌어졌어요.

남생이 무덤에서 나무 한 그루가 자라더니 황금열매가 맺힌 거예요.

동생 : 남생아, 네가 죽어서도 이렇게 날 위해 주는구나.

욕심쟁이 형은 이번에도 헐레벌떡 달려왔어요.

형 : 넌 이제 부자가 됐으니, 이 나무 내가 가져야겠다.

동생이 말렸지만 형은 나무를 쑥 뽑아가 버렸어요.

형네 집에서도 신기한 나무는 쑥쑥 자라 큰 열매를 맺었지요.

형 : 하, 이제 됐다. 이제야말로 큰 부자가 되겠군. 어디 한 번 따 볼까?

그런데 이게 웬일인가요? 형이 손을 대자마자 열매에서 누런 흙이 쏟아지지 않겠어요?

흙은 쏟아지고 또 쏟아져서 나중엔 집까지 묻히고 말았지요.

형 : 아이쿠! 내가 너무 욕심을 부렸어.

형은 땅을 치며 후회했지만 때는 이미 늦은 후였어요.

부자가 된 동생은 가난한 사람들에게 곡식을 나눠 주며 행복하게 살았어요.

가끔 남생이 생각이 나면 그때 노래를 불렀지요.

남생아, 놀아라. 촐래촐래가 잘 논다.

남생아, 놀아라. 촐래촐래가 잘 논다.

<유아가 경험할 수 있는 각 영역별 활동 전개 예시>

자연탐구	• 자연과 더불어 살기〉주변의 동식물에 관심을 가진다. • 자연과 더불어 살기〉생명과 자연환경을 소중히 여긴다.

- (바깥놀이)시간에 기관 주변의 숲이나 화단으로 나가 곤충이나 토끼 등의 움직임을 관찰해 본다.
- 주변에서 직접 보기가 힘든 동물들은 동영상을 통하여 움직임을 관찰해 본다.
- 곤충이나 동물들을 소중히 돌보는 방법에 대하여 자신의 생각을 말한다. (예: 먹이 주기/배설물 치워주기/귀찮게 하지 않기 등)

의사소통	• 책과 이야기 즐기기〉말놀이와 이야기 짓기를 즐긴다.

- 교실에서 기르고 있거나 유아들이 좋아하는 동물들의 움직임을 탐색해보고 이를 '남생아 놀아라' 장단에 맞춰 노래가사를 개사해본다(예: 토끼야 놀아라 깡충깡충 잘 논다. / 거북이야 놀아라 엉금엉금 잘 논다. / 고슴도치야 놀아라 꼭꼭 숨어 잘 논다./ 치타야 놀아라 빠르게 잘 논다. / 애벌레야 놀아라 꿈틀꿈틀 잘 논다. / 나비야 놀아라 훨훨 날아 잘 논다. 등).

예술경험	• 창의적으로 표현하기〉노래를 즐겨 부른다. • 창의적으로 표현하기〉신체, 사물, 악기로 간단한 소리와 리듬을 만들어 본다.

- '남생아 놀아라' 노래를 부른다.
- '남생아 놀아라' 장단에 맞춰 노래가사를 다르게 고쳐 불러 본다.
- 자진모리장단을 손뼉으로 치거나 리듬악기로 두드려 본다.

–자진모리 변형장단을 구음으로 소리내어 보거나, 손뼉으로 치거나 리듬악기로 두드려 본다.

<♩. ♩ ♪ ♪♩ ♩.> <♩. ♩ ♪ ♪♪♪ ♪♩ ♩.>

덩 덩 덕 덕 덩 덩 덩 덩 덕 덕 덕덕덕 덕 덩 덩

신체 운동·건강	• 신체활동 즐기기〉실내외 신체활동에 자발적으로 참여한다. • 신체활동 즐기기〉신체 움직임을 조절한다.

– '남생아 놀아라' 노래를 불러 보며 촐래촐래 노는 모습을 신체로 자유롭게 표현해 본다.

• 교사는 유아들이 다양한 신체표현을 할 수 있도록 언어적 지원을 해준다.

• 교사는 유아들의 표현을 사진으로 찍어 게시해주며 서로의 표현을 공유해보는 시간을 가진다.

–노래 가락에 친숙해지면 노래가사에 친구의 이름을 넣어 불러 보며 이름이 불린 친구의 동작을 따라해 본다(예: **아 놀아라 박수치며 잘 논다./ **아 놀아라 어깨동무하며 잘 논다. 등).

사회관계	• 더불어 생활하기〉가족의 의미를 알고 화목하게 지낸다. • 사회에 관심 가지기〉다양한 문화에 관심을 가진다.

–노래동화에 나오는 형과 동생의 관계를 생각해보고 가족과 화목하게 지내는 방법에 대해 자신의 생각을 말한다.

–전래동요가 무엇인지 알아보고 우리나라의 다양한 문화에 대해 알아본다.

노래동화 2 수박파티

노래동화활동

대상연령 유아

활동목표

- 노래 부르기에 즐겁게 참여한다.
  예술경험〉창의적으로 표현하기〉노래를 즐겨 부른다.
- 동화의 내용을 재미있게 즐긴다.
  의사소통〉책과 이야기 즐기기〉동화, 동시에서 말의 재미를 느낀다.
- 수박의 맛, 줄무늬, 모양, 냄새 등을 탐색해 본다.
  자연탐구〉탐구과정 즐기기〉궁금한 것을 탐구하는 과정에 즐겁게 참여한다.

준 비 물

- '수박파티' 노래동화 그림 자료, 음원 등(리듬악기, 여름과일 그림자료, 털실, 라인 클레이, 요리활동 준비자료 등 노래동화 활동에 적합한 자료들을 예측하여 준비한다.)

활동방법

① 수박의 맛, 줄무늬, 모양, 냄새 등을 탐색해 본다.
 – 수박의 맛은 어떤가요? 모양은 어떤가요? 냄새는 어떤가요?

② '수박파티' 동화를 들려준다.
 – (첫 장면 그림을 보여주며) 어떤 이야기가 들어 있을 거라고 생각하나요?

③ '수박파티'의 음원을 들려주며 노래를 함께 부른다.
 – 동화의 내용을 생각하며 노래를 불러 볼까요?

④ 수박파티 노래를 듣고 수박을 두드릴 때 나는 소리(통통통), 수박을 먹을 때의 모습(쭉쭉 ~ 쓱쓱 싹)을 표현한 노랫말을 찾아보고 노랫말을 자유롭게 바꿔본다.
 – '통통통~쭉쭉쭉~쓱쓱쓱~' 대신에 어떤 말이 들어가면 좋을까요?

⑤ '수박파티' 동화를 듣고 노래를 불러본 느낌에 대해 이야기 나눈다.
 – 동화를 듣고 노래를 부르니 느낌이 어떤가요?

동화자료

▶ 곡명 : 수박파티

할머니 : 아이구 내 강아지들, 튼실하게도 자랐네.

여름방학이 되자 민아와 현아는 시골 할머니 댁으로 놀러 갔어요.

할머니 댁에 도착한 민아와 현아는 곧바로 수박밭으로 달려갔어요.

할머니댁 수박밭에는 둥글둥글 수박이 탐스럽게 열려 있었어요.

민아 : 와, 진짜 큰 수박이다.

현아 : 할머니, 어떤 게 맛있는 수박이에요?

할머니 : 통! 통! 맑은 소리가 나는 수박이 맛있게 잘 익은 수박이지.

민아와 현아는 어떤 수박이 잘 익었는지 두드려 보기로 했어요.

민아 : 이 수박은 틱틱틱

현아 : 저 수박은 툭툭툭

민아 : 요 수박은 통통통

현아 : 맞아, 맞아, 통통통

수박을 툭툭툭, 통통통, 팅팅팅 두드리던 현아가 갑자기 동생 민아의 머리를 '콩콩콩' 두드렸어요.

현아 : 우리 민아, 잘 익었나? 콩콩콩

민아 : 아얏! 오빠! 내가 수박이야?

현아와 민아는 통통, 콩콩콩, 툭툭툭 수박들을 두드려 가며 그 중에서 가장 잘 익은 수박 하나를 골랐어요.

할머니께서 칼을 대자 수박은 단숨에 쩌–억 소리를 내며 갈라졌어요.

현아 : 수박이 말을 하네 . 쩌–억!

할머니 : 그래. 그래 아주 잘 익었나 보다! 쩌~억 소리가 나는 걸 보니!

현아 : 까만 씨도 말을 하네.

민아 : '수박이 아주 달콤, 달콤, 시원, 시원하답니다!' 이렇게 말이야?

할머니는 온 가족이 먹기 좋게 몇 번 더 쪼갰어요.

현아 : 이건 둥근 바가지.

민아 : 이건 반달.

현아·민아 : 반달 하나, 반달 둘, 반달 셋, 반달 넷!

잠시 후 식구들은 반달을 여러 개 들고 평상에 둘러앉았어요.

민아와 현아는 옆으로, 위·아래로, 둥근 원을 그리면서 신나게 먹었어요.

하모니카 부는 흉내를 내면서 말이에요.

옆으로-쭉 쭉 쭉 쭉쭉

위·아래로-쓱 쓱 쓱 쓱쓱

둥글게 돌리며-싹 싹 싹 싹싹 쭉쭉 쓱쓱 싹

"다 같이 한 번 더"

옆으로–쭉 쭉 쭉 쭉쭉

위·아래로–쓱 쓱 쓱 쓱쓱

둥글게 돌리며–싹 싹 싹 싹싹 쭉쭉 쓱쓱 싹

<유아가 경험할 수 있는 각 영역별 활동 전개 예시>

자연탐구	• 생활 속에서 탐구하기〉물체를 세어 수량을 알아본다. • 자연과 더불어 살기〉날씨와 계절의 변화를 생활과 관련짓는다. • 생활속에서 탐구하기〉물체의 위치와 방향, 모양을 알고 구별한다. • 생활속에서 탐구하기〉물체의 특성과 변화를 여러 가지 방법으로 탐색한다.

- 수박씨앗을 관찰해본 후 수박씨앗을 이용하는 놀이를 해본다(예: 씨앗 수 세기, 씨앗 심기, 씨앗 멀리 던지기, 얼굴에 씨앗 붙이기, 씨앗을 종이에 붙여 내가 원하는 모양으로 만들어 보기, 수박씨앗 마라카스 등).
- 여름 과일에는 어떤 것들이 있는지 알아본다.
- 수박을 잘라가며 수박이 잘린 여러 가지 모양을 탐색해본다.
- 수박으로 여러 가지 요리(예: 수박 주스, 수박 맛 아이스크림, 화채, 여름 과일 샐러드 등)를 하면서 수박의 변화를 탐색해본다.

의사소통	• 듣기와 말하기〉자신의 경험, 느낌, 생각을 말한다. • 책과 이야기 즐기기〉말놀이와 이야기 짓기를 즐긴다.

- 수박을 먹어본 경험에 대해 말한다.
- '수박파티' 노래에 나오는 '쭉쭉쭉, 쓱쓱쓱, 싹싹' 등의 의성어들을 다른 의성어로 바꾸어 본다.

예술경험	• 창의적으로 표현하기〉신체, 사물, 악기로 간단한 소리와 리듬을 만들어 본다. • 창의적으로 표현하기〉다양한 미술재료와 도구로 자신의 생각과 느낌을 표현한다.

- '수박파티' 노래를 듣고 수박을 두드릴 때 나는 소리(통통통), 수박을 먹을 때의 모습(쭉쭉 ~ 쓱쓱 싹)을 표현한 노랫말에 어울리는 악기로 리듬치기

를 하거나 신체로 표현해 본다.

–수박의 줄무늬를 털실, 라인클레이 등 다양한 재료로 표상해본다.

–수박씨를 이용하여 마라카스를 만들어 본다.

–여러 모양으로 자른 수박을 맛본 후 남은 수박껍질의 모양을 보며 연상되는 것을 만들어 본다(예: 반으로 자른 수박껍질의 경우 수영장, 하늘 등/ 초승달 모양으로 남은 수박껍질의 경우 시소, 미끄럼틀, 쪽배 등).

신체 운동・건강	• 신체활동 즐기기〉신체 움직임을 조절한다. • 건강하게 생활하기〉몸에 좋은 음식에 관심을 가지고 바른 태도로 즐겁게 먹는다.

–수박은 동그랗고 굴러가므로 공을 수박모양으로 꾸며본 후 수박볼링을 해 본다.

–수박의 영양성분을 알아보고 수박요리(예: 수박 주스, 수박 맛 아이스크림, 화채, 여름과일 샐러드 등)를 만들어 먹어본다.

사회관계	• 더불어 생활하기〉친구와 서로 도우며 사이좋게 지낸다. • 더불어 생활하기〉친구와 어른께 예의바르게 행동한다.

–수박요리를 함께 만들어서 친구들과 사이좋게 나누어 먹는다.

–주변의 어른들께(원장선생님, 원감선생님, 청소해주시는 선생님 등) 수박요리를 드리면서 인사말(예: 드세요, 잡수세요)을 해본다.

노래동화 3 신나는 캠프

노래동화활동

대상연령 유아

활동목표

- 노래 부르기에 즐겁게 참여한다.
  예술경험〉창의적으로 표현하기〉노래를 즐겨 부른다.
- 동화의 내용을 재미있게 즐긴다.
  의사소통〉책과 이야기 즐기기〉동화, 동시에서 말의 재미를 느낀다.

준 비 물

- '신나는 캠프' 노래동화 그림 자료, 음원 등(캠프에 필요한 도구, 가면 만들기 재료 등 노래동화활동에 적합한 자료들을 예측하여 준비한다.)

활동방법

① 캠핑을 가 본 경험에 대하여 이야기를 나눈다.
 – 캠핑을 다녀 온 적이 있나요? 캠핑에 필요한 것들은 무엇이 있을까요?

② '신나는 캠프' 노래동화를 들려주고 캠핑 가서 해보고 싶은 것에 대해 이야기 나눈다.
 – 캠핑을 가서 해보고 싶은 것은 무엇인가요?

③ '신나는 캠프'의 음원을 들려주고 노래를 함께 부른다.
 – 신나는 캠프 노래를 불러 보니 어떤 느낌이 드나요?

④ '신나는 캠프' 동화를 듣고 노래를 불러 본 느낌에 대해 이야기 나눈다.
 – 동화를 듣고 노래를 부르니 느낌이 어떤가요?

동화자료

▶ 곡명 : 신나는 캠프

내일은 영이가 캠프 가는 날이에요.
"수영복, 물안경, 수건, 칫솔, 겉옷, 속옷, 배낭, 모자 끝!"
영이는 준비물을 챙기며 가슴이 콩닥콩닥 뛰었어요.

"엄마, 캠프장은 여기서 멀어요? "
"응, 조금 멀리 있지. 하지만 아주 재미있는 곳이래."
영이는 콩닥콩닥 가슴이 뛰어 잠이 오지 않았어요.

옆집 철이도 일찍 일어나 영이네 벨을 울렸어요.
"영이야, 캠프 가자."
"그래~ 알았어!"

버스에는 친구들이 옹기종기 올라탔어요.
"옆자리 짝꿍 있나요? 안전띠 맸나요?" 선생님께서 말씀하셨어요.

"네~ 짝꿍 있어요. 안전띠도 맸어요. 선생님!"

아스팔트길을 쌩쌩 달리던 버스가 덜컹덜컹 흙길로 들어섰어요.
"어머머, 버스가 춤을 추네, 덜커덩 덜커덩"
"하하하, 우리도 덩달아서 왈카당, 달카당"
버스 속에 탄 친구들은 신이 났어요.

캠프장에 도착해서 제일 먼저 물놀이를 시작했어요.
"첨벙첨벙 찰싹", "쭈르르 풍덩풍덩" 철이는 물싸움, 영이는 미끄럼을 탔지요.

철이와 영이는 서로에게 물을 튀기며 "첨벙 첨벙 찰싹 찰싹 쭈르르 풍덩~ 풍덩~" 재미있게 물놀이를 했어요.

"달려라 달려라 핵핵핵~", "빨리 줘, 빨리 줘. 배턴을 줘."

해질 무렵엔 달리기를 하며 모두들 숨이 차서 잔디밭에 눕기도 하고 저녁을 먹은 뒤엔 춤추기 대회도 열렸어요.

장난꾸러기 철이는 재미난 춤, 새침데기 영이는 귀여운 춤을 추었어요.

"흔들고흔들고 돌리고돌리고 털고털고"

캄캄한 밤에는 가면놀이, 극 놀이도 했어요.

캠프파이어 불빛 속에서 모두모두 신나게 놀아요.

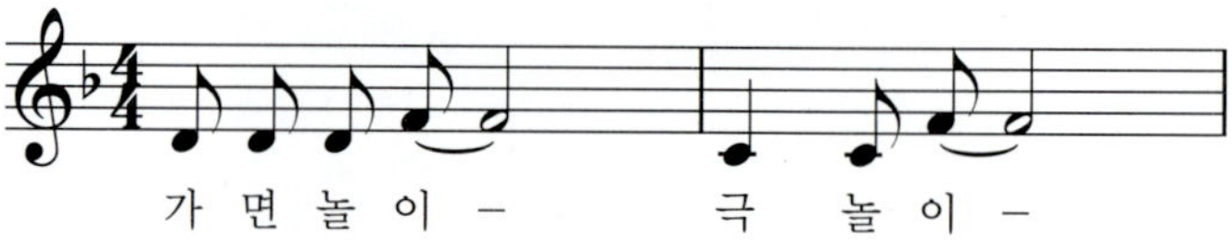

"어흥 호랑이, 무시무시 마법사, 뾰로롱 요술공주, 캬아오 티라노사우르스" 친구들과 함께 하는 신나는 캠프에 철이와 영이는 시간 가는 줄 모르며 즐거웠답니다.

<유아가 경험할 수 있는 각 영역별 활동 전개 예시>

의사소통	• 책과 이야기 즐기기〉말놀이와 이야기 짓기를 즐긴다.

–'신나는 캠프' 노래동화를 감상하고 캠프를 가서 해보고 싶은 것, 캠핑을 갈 때 필요한 것 등에 대해 이야기 나누며 노랫말을 바꿔본다(예: 윷놀이, 팽이치기, 씨름대회/숨박꼭질, 노래자랑, 신나는 캠프).

예술경험	• 창의적으로 표현하기〉극놀이로 경험이나 이야기를 표현한다. • 창의적으로 표현하기〉다양한 미술재료와 도구로 자신의 생각과 느낌을 표현한다.

–캠핑을 가본 경험을 이야기 나눈 후 교실에 캠핑장을 함께 꾸며보고 친구들과 캠핑놀이를 해본다.

–캠핑을 할 때 필요한 것들(예: 바비큐, 의자, 음식, 식기, 캠프파이어, 놀잇감, 텐트, 배낭, 모자 등)을 함께 알아보고 만들어 본다.

신체 운동·건강	• 신체활동 즐기기〉실내외 신체활동에 자발적으로 참여한다. • 신체활동 즐기기〉신체를 인식하고 움직인다.

–(바깥놀이)시간에 '**반 캠프'를 해본다(예: 텐트치기, 간식 만들기, 그림 그리기, 교실에 있는 놀잇감 중 일부를 가지고 나가 바깥에서 해보기, 휴식하기, 달리기, 공놀이 등).

–'신나는 캠프' 노래에 맞춰 몸을 자유롭게 움직여 본다.

자연탐구	• 탐구과정 즐기기〉궁금한 것을 탐구하는 과정에 즐겁게 참여한다. • 자연과 더불어 살기〉날씨와 계절의 변화를 생활과 관련짓는다.

– 캠핑을 갈 때 이용할 수 있는 교통기관(예: 기차, 버스, 자동차, 자전거 등)을 함께 알아본다.
– (바깥놀이)시간에 친구들과 캠핑놀이를 해보며 날씨를 느껴본다.

사회관계	• 더불어 생활하기〉약속과 규칙의 필요성을 알고 지킨다. • 나를 알고 존중하기〉내가 할 수 있는 것을 스스로 한다.

– 캠핑을 할 때 지켜야 할 약속과 규칙에 대하여 이야기 나눈다.
– 캠프에서 해야 할 일에 대해 알아보고 내가 스스로 할 수 있는 일을 담당해본다.

노래동화 4 나무타령

노래동화활동

대상연령 유아

활동목표

- 노랫말에 맞추어 신체로 표현해 본다.
  예술경험>창의적으로 표현하기>신체나 도구를 활용하여 움직임과 춤으로 자유롭게 표현한다.
- 동화의 내용을 재미있게 즐긴다.
  의사소통>책과 이야기 즐기기>동화, 동시에서 말의 재미를 느낀다.
- 자진모리 장단을 느끼고 우리나라 전래동요를 감상해본다.
  예술경험>예술 감상하기>우리나라 전통예술에 관심을 갖고 친숙해진다.

준 비 물

- '나무타령' 노래동화 그림 자료, 음원 등(리듬악기, 미술도구, 한지, 노래극에 필요한 자료 등 노래동화활동에 적합한 자료들을 예측하여 준비한다.)

활동방법

① '나무타령' 노래동화를 들려주며, 동화속 내용에 대해 이야기 나눈다.

–(첫 장면 그림을 보여주며) 어떤 이야기가 들어 있을 거라고 생각하나요?

② '나무타령' 노래를 함께 부른다.

–'나무타령' 노래를 들어보니 어떤 느낌이 드나요?

③ '나무타령' 음원에 맞춰 신체 각 부분을 활용하여 자진모리 장단을 경험해 본다.

–신체의 각 부분을 이용하여 장단을 맞추어 볼까요?

④ 자진모리 장단을 몸으로 느껴보고 느낌에 대해 이야기 나눈다.

–자진모리 장단을 쳐보니 어떤 느낌이 드나요?

⑤ 전래동요를 들어본 느낌에 대해 이야기 나눈다.

–전래동요를 들어보니 동요와 어떤 것이 다르다는 생각이 드나요?

동화자료

▶ 곡명 : 나무타령

깊은 산 속에 여러 가지 나무가 살고 있었어요.

하루는 나무꾼이 나무를 하러 왔다 심심해서 노래를 시작했어요.

나무나무 무슨 나무 나무나무 무슨 나무

나무꾼은 막대기로 옆에 있는 나무를 툭툭 쳐 보았어요.

그러자 어디선가 '뽕—' 하는 소리가 들려오지 않겠어요?

나무꾼 : 어이쿠, 내가 잘못 들었나? 이 깊은 산중에 웬 방귀 소리람.

뽕나무 : 그게 아니라 바로 나. 뽕나무일세, 뽕나무.

나무꾼 : 어이쿠! 나무가 말을 하네.

나무꾼은 너무 놀라 다리가 덜덜 떨렸어요.

소나무 : 놀라지 말게나.

깊은 산 속에 사는 오래된 나무들은 사람들처럼 말을 할 수 있다네.

난 이 백 년 된 소나무일세. 바람이 솔솔 부네. 바람 솔솔 소나무

방귀 뀌는 뽕나무 바람 솔솔 소나무

나무꾼이 어리둥절해서 두리번거리는데 이번에는 뭔가가 어깨를 콕콕 찔렀어요.

나무꾼 : 앗 따가워! 이건 또 무슨 나무지?

가시나무 : 따끔따끔 가시나무

자네처럼 정신없이 허둥대거나 졸고 있는 사람한테는 정신이 번쩍 나게 내가 꼭 필요하지.

나무들은 이리 저리 몸을 흔들며 노래를 부르기 시작했어요.

방귀 뀌는 뽕나무 바람 솔솔 소나무 따끔따끔 가시나무

한 고개를 넘어가자 이번엔 다른 나무들이 춤을 추고 있었어요.

나무꾼은 몸을 흔들흔들 건들건들 물어 보았지요.

나무나무 무슨 나무 나무나무 무슨 나무

그러자 뒤편에 있던 잎이 넓적한 나무가 대답했어요.

감나무 : 가자 가자 감나무

나무에는 먹음직한 감이 주렁주렁 매달려 있었어요.

나무꾼 : 아하하, 뭐라고? 가자고? 좋아, 좋아, 가 보자, 나무야.

가자 가자 감나무

그러자 이번엔 그 옆에 있던 나무가 소리쳤어요.

옻나무 : 오자 오자 옻나무

나무꾼 : 뭐? 오자고? 하하하, 좋아 좋아. 가자 가자 감나무 오자 오자 옻나무

나무꾼은 신이 나서 가던 길을 되돌아서서 이쪽, 저쪽 번갈아 가며 서성댔어요.

그때 앞쪽에 있던 닥나무가 나뭇잎을 흔들며 노래했어요.

닥나무 : 꿩의 사촌 닥나무

호호호, 난 종이를 만드는 닥나무예요. 이름이 꼬꼬댁 하는 닭이랑 닮았죠.

나무꾼 : 허허, 정말 그렇군.

나무꾼은 해질 무렵까지 나무타령을 부르며 흥겹게 놀았대요.

<유아가 경험할 수 있는 각 영역별 활동 전개 예시>

예술경험	• 창의적으로 표현하기〉신체, 사물, 악기로 간단한 소리와 리듬을 만들어 본다. • 창의적으로 표현하기〉다양한 미술재료와 도구로 자신의 생각과 느낌을 표현한다. • 창의적으로 표현하기〉극놀이로 경험이나 이야기를 표현한다.

– 신체 각 부분(예: 입, 손, 무릎 등)을 활용하여 자진모리 장단을 경험해본다.

– 자진모리장단을 구음으로 소리를 내며 기본장단을 익힌다.

덩 덩 덩 덕 쿵 덩 쿵 덕쿵 덕쿵

– 손뼉으로 신체리듬을 익힌 후 리듬악기(소고)로 이 곡에 쓰인 주요 장단(자진모리변형장단)을 익힌다.

덩 덩 덕 덕 덩 덩 덩 덩 덕 덕 덕 덕 덩 덩

– 한지를 이용하여 나무를 꾸며본다.

– 친구들과 협동하여 숲을 꾸민 후 숲 놀이, 나무꾼 놀이 등을 해본다.

의사소통	• 책과 이야기 즐기기〉동화, 동시에서 말의 재미를 느낀다 • 책과 이야기 즐기기〉말놀이와 이야기 짓기를 즐긴다.

– 연상놀이, 반댓말 찾기 놀이 등 언어놀이를 해본다(예: 무지개하면 떠오르는 것이 있나요?/원숭이 엉덩이는 빨개 빨간 건 사과/가다↔오다 등)

– '나무타령' 노래가사에 나오는 다양한 나무의 이름, 나무의 생김새, 열매 등 떠오르는 것을 활용하여 노래가사를 개사해본다.

– 우리 반 친구 이름을 활용하여 이름글자에서 떠오르는 것을 활용하여 노래가사를 바꿔본다(예: 유아이름이 김연주이면 피아노를 연주하는 김연주 등).

신체 운동·건강	• 신체활동 즐기기〉신체 움직임을 조절한다.

–'나무타령' 노래동화에 나오는 나무와 나무꾼 행동을 신체로 표현해 본다.
–노래를 부르며 전통춤의 몸짓을 흉내를 내 본다.

자연탐구	• 생활 속에서 탐구하기〉물체의 특성과 변화를 여러 가지 방법으로 탐색한다. • 생활 속에서 탐구하기〉일상에서 모은 자료를 기준에 따라 분류한다.

–우리 주변 숲으로 나가 나무를 관찰하고 나만의 나무를 정해 나무를 깊이 있게 알아보고(예: 이름, 생김새, 특징, 열매, 나무껍질, 청진기로 소리 들어보기 등)소중히 돌본다.
–여러 나무를 관찰하고 알아본 후 내가 좋아하는 나무를 투표해보며 우리 반이 가장 좋아하는 나무를 그래프로 만들어 본다.

사회관계	• 사회에 관심 가지기〉우리나라에 대해 자부심을 가진다.

–산이 많고 나무가 많은 우리나라의 자연환경에 자부심을 가지며 우리나라 산에 대해 알아본다.

노래동화 5 얼음과자

노래동화활동

대상연령 유아

활동목표

- 노래 부르기에 즐겁게 참여한다.
  예술경험〉창의적으로 표현하기〉노래를 즐겨 부른다.
- 여름철 날씨의 특징과 여름을 건강하게 나기 위한 방법을 알아본다.
  자연탐구〉자연과 더불어 살기〉날씨와 계절의 변화를 생활과 관련짓는다.

준 비 물

- '얼음과자' 노래동화 자료, 음원 등(병원놀이에 필요한 도구, 색깔얼음, 수증기 실험도구 등 노래동화활동에 적합한 자료들을 예측하여 준비한다.)

활동방법

① 여름 날씨의 특징을 알아보고 여름에 자주 먹는 음식은 무엇이 있는지 이야기 나눈다.

–여름의 날씨는 어떠한가요? 날씨가 더울 때 먹고 싶은 음식이 있나요?

② '얼음과자' 동화를 들려주고 차가운 음식을 먹으면 어떠한지에 대해 이야기 나눈다.

–차가운 음식을 먹으면 우리 몸이 어떻게 되지요?

③ '얼음과자'의 음원을 들려주고 노래를 함께 부른다.

–'얼음과자' 노래를 불러 보니 어떤 느낌이 드나요?

④ '얼음과자' 노래를 감상하며 몸에 해로운 음식을 많이 먹었던 경험에 대해 이야기 나눈다.

–얼음과자 말고 몸에 해로운 어떤 음식을 먹어보았나요?'

⑤ '얼음과자' 노래를 불러본 느낌에 대해 이야기 나눈다.

–동화를 듣고 노래를 부르니 느낌이 어떤가요?

동화자료

▶ 곡명 : 얼음과자

오늘은 철민이 생일이에요.

진희는 철민이가 가장 좋아하는 걸 선물하고 싶었어요

"철민아, 네가 제일 좋아하는 게 뭐니?"

"응~ 난 아이스크림 실컷 먹어보는 게 소원이야."

"그래? 그럼 내가 사줄게 같이가자"

그래서 진희와 철민이는 커다란 슈퍼에 갔지요.

"울퉁불퉁 막대 아이스크림이 있네~"철민이가 말하자

"여기, 빙글빙글 고깔 아이스크림도 있어!" 진희가 맞장구쳤지요.

"아이 맛있어. 하나만 더 먹을까""그래 하나만 더 먹자."

"으흐흐 추워라. 으드드드"진희가 부르르 떨며서 말했어요.

"으드드드드...나도 이가 시려~ 그래도 맛있는 걸, 으드드드..."

"철민아~ 이제 그만먹자 . 배탈 날 것 같어. "

"싫어. 난 빙수도 먹고 싶어~ 와드득!" 진희와 철민이는 하나씩 더 먹었지요.

그러자 갑자기 철민이 배가 꾸루루 아파왔어요.

진희의 배도 찌르르 아파왔어요.

"배가 이상해."철민이가 배를 움켜잡으며 말했어요.

"응~ 난 식은땀이 나는 걸~."

"아– 급해 급해."철민이가 소리쳤어요.

"아– 나도 급해."

철민이와 진희는 화장실로 뛰어갔지요.

잠시 후 구급차가 달려왔어요. 삐오– 삐오–

진희 엄마가 달려왔어요. 철민이 엄마도 달려왔지요.

"너희들 도대체 아이스크림을 몇 개나 먹은 거니?"

"엄마, 아직도 배가 얼얼해요."

"힘이 하나도 없어요."

진희와 철민이는 엄마께 어리광을 피웠어요

"쯧쯧, 내일 놀이동산에도 못 가겠네."

"아휴~애가 아프니까 너무 속상해서 주름살이 절로 가네요.

그러지요? 철민이 어머니?"

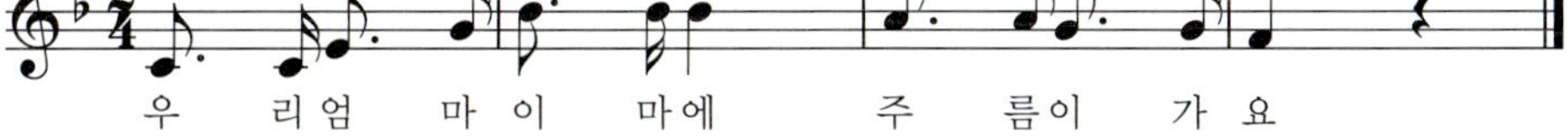

어어 얼음과자 맛이 있다고
한 개 두 개 먹으면 이가 시려요(와드드)
어 어 얼음과자 맛이 있다고
세 개 네 개 먹으면 배가 아파요(찌르르)
배가 배가 아파서 병원에 가면
우리 엄마 이마에 주름이 가요(쭈그르)

<유아가 경험할 수 있는 각 영역별 활동 전개 예시>

의사소통	• 책과 이야기 즐기기〉말놀이와 이야기 짓기를 즐긴다.

–몸에 해로운 음식에 대해 이야기 나누고 '얼음과자' 대신 몸에 해로운 음식으로 가사를 바꾸어본다.

예술경험	• 창의적으로 표현하기〉극놀이로 경험이나 이야기를 표현한다. • 창의적으로 표현하기〉다양한 미술재료와 도구로 자신의 생각과 느낌을 표현한다.

–몸이 아플 때 가는 곳을 알아보며 친구들과 함께 병원놀이를 해본다.
–색깔얼음으로 도화지에 그림을 그려본다.

신체 운동·건강	• 신체활동 즐기기〉실내외 신체활동에 자발적으로 참여한다. • 건강하게 생활하기〉몸에 좋은 음식에 관심을 가지고 바른 태도로 즐겁게 먹는다.

–자유롭게 움직이다가 얼음이 되면 멈추는 놀이(즐겁게 춤을 추다가 얼음이 되어라, 얼음 꽃이 피었습니다 등)를 해본다.
–'얼음과자' 노래동화를 감상하고 몸에 좋은 음식과 몸에 해로운 음식에 대해 알아본다.

자연탐구	• 생활 속에서 탐구하기〉물체의 특성과 변화를 여러 가지 방법으로 탐색한다. • 생활 속에서 탐구하기〉일상에서 모은 자료를 기준에 따라 분류한다. • 자연과 더불어 살기〉날씨와 계절의 변화를 생활과 관련짓는다.

– 얼음이 물로 변하는 과정, 물이 수증기가 되는 과정을 알아본다.

– 우리 몸에 이로운 음식과 해로운 음식을 구분해 본다.

– 건강하게 여름을 나는 방법에 대해 알아본다.

사회관계	• 더불어 생활하기〉친구와 서로 도우며 사이좋게 지낸다.

– 아픈 친구를 도울 수 있는 방법에 대해 알아본다.

노래동화 6 참 재미있었지

노래동화활동

대상연령 유아

활동목표

- 노래 부르기에 즐겁게 참여한다.
  예술경험〉창의적으로 표현하기〉노래를 즐겨 부른다.
- 산과 바다 등 여행을 다녀온 경험에 대해 말한다.
  의사소통〉듣기와 말하기〉자신의 경험, 느낌, 생각을 말한다.
- 교통기관을 신체로 표현해 본다.
  신체운동·건강〉신체활동 즐기기〉신체 움직임을 조절한다.

준 비 물

- 참 재미있었지' 노래동화 자료, 음원 등(그리기 도구, 만들기 도구, 극놀이 소품 등 노래동화 활동에 적합한 자료들을 예측하여 준비한다.)

활동방법

① '참 재미있었지' 동화를 들려준 후 산과 바다에 다녀온 경험에 대해 이야기 나눈다.

–부모님과 산 또는 바다에 갔다 온 적이 있나요?

② 여행을 가기 위한 교통기관(기차, 버스, 자동차, 비행기, 배 등)에 대해 알아보고 교통기관의 형태를 몸으로 표현해 본다.

–여러 교통기관을 몸으로 표현해볼까요?

③ '참 재미있었지' 음원을 들려준 후 노래를 함께 부른다.

–노래를 함께 불러 보니 어떤 느낌이 드나요?

④ '참 재미있었지' 음원을 들으면서 몸으로 교통기관을 표현해 본다.

–자~~교통기관 모양(예: 기차, 비행기)으로 움직여 볼까요?

⑤ 음악을 들으면서 몸으로 표현해 본 느낌에 대해 이야기 나눈다.

–친구들과 함께 음악에 맞춰 몸으로 표현하니 느낌이 어떤가요?

동화자료

▶ 곡명 : 참 재미있었지

오늘은 여름방학을 마치고 개학날이에요.

순이는 아침 일찍 어린이집(유치원)에 왔지요.

순이: 선생님, 안녕하세요?

교사: 아유, 우리 순이 까맣게 그을었구나.

순이; 네, 산골 큰 아버지 댁에 다녀왔어요.

교사: 아, 산골? 깊은 산 속에 다녀왔구나. 산에서 무얼 보았니?

순이: 제가 무얼 보았는지 맞춰 보세요.

첫 번째 문제, 졸졸졸졸 쏴르르르(몸동작과 함께)

교사 : 글쎄–무얼까?

선생님은 고개를 갸웃거리며 눈이 휘둥그레졌어요.

순이: 이곳에는 송사리, 쉬리, 어름치, 물고기가 살아요.

동글동글 조약돌도 있고, 참방참방 물놀이하면 얼마나 재미있는데요!

아이들; 아, 시냇물!

순이: 두 번째 문제, 매 앰 매 앰 맴 쓰르르르르(손동작과 함께)

다같이! 매 앰 매 앰 맴 쓰르르르르

교사: 아휴, 정말 시끄러운 애들이구나! 매미!

순이: 이건 정말 어려우니까 맞춰 보세요. 난 다리가 여덟 개예요.

철이: 문어!

순이: 뭐? 문어? 문어는 바다에 살지. 산 속에 사니?

순이는 까르르 웃었어요.

순이: 난 꽁무니에서 실을 뽑어요. 대롱대롱 매달려서 먹이가 올 때까지 기다리죠.

나는 암벽 타기도 잘 해요. 스파이더맨 흉내도 잘 내요.

수철: 거미!

순이: 정답!

교사: 얘들아, 순이가 산골 갔다 오더니 시냇물이랑 매미랑 거미랑

진짜 친구가 되었나 봐. 움직이는 게 너무 재미있어.

우리 모두 산골에 사는 친구가 되어 볼까?

교사: 시냇물!

아이들: 졸졸졸졸 쏴르르르

교사: 매미!

아이들: 맴맴맴맴 쓰르르

교사: 거미!

아이들: 슈 슈슈 (거미 흉내 낸다).

그러자 이번엔 철이가 씩씩한 모습으로 나섰어요.

철이: 선생님, 전 바다에 갔다 왔어요. 큰 해수욕장요.

교사: 그래? 무슨 해수욕장이었니?

철이: (0 0 0 해수욕장)

교사: 그래, 철아, 바다에서 무얼 보았니?

철이: 내가 누군지 맞춰 보세요. 난 모래 틈에 숨어 살아요.

교사: 갯지렁이!

철이: 난 사람들이 된장국에 넣고 끓여 먹어요.

교사: 낙지!

철이: 내 껍질로 목걸이도 만들지요. 날 잡으려면 이렇게 몸을 비틀기도 해요.

철이는 몸을 비틀며 트위스트를 추었어요.

교사: 아, 조개!

철이: 딩동댕! 두 번째 문제. 난 숫자 3을 엎어 놓은 거랑 닮았어요.

교사: 3을 닮은 게 뭐지?

철이는 양 팔을 넓게 벌린 채 날개 짓을 했어요.

철이: 끼룩 끼룩 까악 까악

교사: 아, 갈매기다.

철이는 신이 나서 문제 하나를 더 냈어요.

철이: 난 동그란데 가운데 구멍이 뻥 뚫렸어.

친구들은 하나같이 큰 소리로 외쳤어요.

아이들: 도너츠!

철이: 그런데 난 물에 둥둥 떠!

아이들은 모두 어리둥절했어요.

철이: 난 말아 아이들이 물 속에 날 끼고 들어가!

그제야 친구들은 모두 큰 소리로 외쳤어요.

아이들: 튜브!!

선생님도 큰 소리로 깔깔 웃으셨어요.

교사: 철이가 바다에서 정말 재미있는 걸 많이 발견했구나.

<유아가 경험할 수 있는 각 영역별 활동 전개 예시>

의사소통	• 책과 이야기 즐기기〉동화, 동시에서 말의 재미를 느낀다. • 책과 이야기 즐기기〉말놀이와 이야기 짓기를 즐긴다.

-'참 재미있었지' 노래동화를 감상하고 동화내용을 중심으로 이야기 나눈다.

-'참 재미있었지' 노래동화를 감상하고 바다에서 볼 수 있는 것, 산에서 볼 수 있는 것을 생각해보며 노래가사를 바꾸어 본다.

예술경험	• 창의적으로 표현하기〉극놀이로 경험이나 이야기를 표현한다. • 창의적으로 표현하기〉다양한 미술재료와 도구로 자신의 생각과 느낌을 표현한다.

–'내가 여행을 가보고 싶은 곳'을 그래프에 투표해본 후 가장 많이 나온 장소를 찾아보고 역할놀이영역에 꾸며 여행놀이를 해본다.

–여행놀이에 필요한 소품들(도시락, 물통, 돗자리 등)을 클레이로 함께 만들어 본다.

–교통기관(기차, 버스, 자동차, 비행기, 배 등)을 타기 위해 필요한 티켓을 만들어 본다.

신체 운동·건강	• 신체활동 즐기기〉신체를 인식하고 움직인다.

– '랄랄라' 부분에서 노래를 부르며 친구와 함께 해볼 수 있는 동작(함께 손뼉 치기, 손잡고 앞뒤로 흔들기, 팔짱 끼고 돌기 등)을 해본다.

자연탐구	• 탐구과정 즐기기〉궁금한 것을 탐구하는 과정에 즐겁게 참여한다. • 자연과 더불어 살기〉날씨와 계절의 변화를 생활과 관련짓는다.

–여행을 가기 위해 이용한 교통기관(기차, 버스, 자동차, 비행기, 배 등)에 대해 알아본다.

–날씨의 변화와 여행과의 관련성에 대해 이야기 나눈다.

사회관계	• 더불어 생활하기〉친구와 서로 도우며 사이좋게 지낸다.

–친구와 함께 노래부르기, 여행놀이 하기, 율동하기 등을 하면서 즐겁게 지내는 방법에 대해 이야기 나눈다.

–친구들과 함께 기차놀이에 즐겁게 참여한다.

노래동화 7 바다는 음악가

노래동화활동

대상연령 유아

활동목표

- 노래를 부르며 창의적인 신체표현을 즐긴다.
  예술경험〉창의적으로 표현하기〉노래를 즐겨 부른다.
- 바다에 대해 궁금한 점을 알아본다.
  자연탐구〉탐구과정 즐기기〉궁금한 것을 탐구하는 과정에 즐겁게 참여한다.

준 비 물

- '바다는 음악가' 노래동화 자료, 음원, 녹음기 등(노래동화 활동에 적합한 자료들을 예측하여 준비한다.)

활동방법

① 바다에 가본 경험을 이야기 나누며 '바다는 음악가' 노래동화를 감상한다.
 – 바다에 가본 적이 있나요? 언제, 누구랑 가보았나요?

② 바다에서 본 것에 대해 이야기 나누며, 궁금한 것을 알아본다.
 – 바다에서 본 것 중에 알고 싶은 것이 있나요?

③ 바다에서 들어 볼 수 있는 녹음한 소리를 들려주며 어떤 소리인지 말한다.
 – 이 소리는 어떤 소리라고 생각하나요?

④ '바다는 음악가'의 음원을 들려주고 노래를 함께 부른다.
 – 바다는 음악가' 노래를 불러 보니 어떤가요?

⑤ 노랫말에서 '도레미파솔라시도' 부분을 음의 높낮이를 탐색하며 이를 신체로 표현해 본다(예: 앉은 자세에서 점점 높이 일어나기, 팔을 낮은 곳에서 높은 곳으로 점점 올리기 등).
 – 음의 높낮이에 맞추어 신체를 표현해 볼까요?

⑥ 친구의 신체표현들을 감상하고 이야기 나눈다.
 – 친구의 신체표현을 보니 어땠나요?

동화자료

▶ 곡명 : 바다는 음악가

수희네 집은 바다가 보이는 언덕 위에 있어요.

수희: 엄마, 오늘도 바다에 갈 거예요?

엄마: 그럼, 우리 수희 예쁜 피아노 사 주려면 전복이랑 소라 많이 잡아야 하는 걸?

엄마는 소쿠리, 그물을 들고 바다로 나가셨어요.

혼자 남은 수희는 바다를 내려다보았어요.

하늘에는 갈매기가 날개를 아래 위로 열심히 퍼덕거리고 있었어요.

수희: 아, 나도 피아노 치고 싶다.

수희는 갈매기 날개처럼 양 손을 펴서 아래 위로 멋지게 두들겼어요.

텔레비전에서 봤던 피아니스트처럼요.

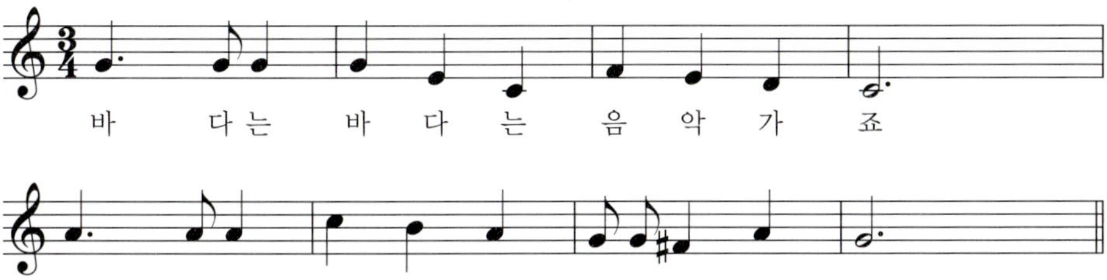

날씨가 좋은 날은 바다도 잔잔하고 파도는 남실남실 어여쁘게 일렁거리지요.

그럴 땐 바위에 부딪쳐 추와추와 노래소리가 들려요.

폭풍이 칠 때는 추콰콰 콰르르 바위가 부서지는 소리가 나지요.

수미: 바다야—, 오늘은 기분이 좋은가 보다.

추와 추와 노래하네.

수미는 파도의 움직임에 맞춰 몸을 흔들려 노래를 흥얼거렸어요.

수미는 두 손을 높이 치켜들고 지휘자가 되어 보았어요.(몸짓) *바다는 바다는 음악가죠*

수미는 피아니스트가 되었어요(몸짓) *갈매기 날개로 피아노치고*

수미는 성악가 가수가 되었어요(몸짓). *바다는 노래하죠. 파–도 로*

도–레 미–파 솔라시 도– 철–썩 철—썩

세상에서 가장 훌륭한 자연의 음악가 바다를 보며 수미는 다짐했어요.

수미: 난 이 다음에 꼭 바다를 닮은 음악가가 될 거야.

어릴 때 돌아가신 아빠를 보고 싶을 때나,

힘든 일 하시느라 끙끙 앓는 엄마의 어깨를 주무를 때도

수미는 바다가 가르쳐 준 멋진 노래를 기억해요.

이다음에 수미는 틀림없이 멋진 음악가가 될 수 있을 거예요.

<유아가 경험할 수 있는 각 영역별 활동 전개 예시>

의사소통	• 책과 이야기 즐기기〉동화, 동시에서 말의 재미를 느낀다. • 책과 이야기 즐기기〉말놀이와 이야기 짓기를 즐긴다.

- 바다에 가본 경험을 이야기 나누며 '바다는 음악가' 노래동화를 감상한다.
- '바다는 음악가' 노래를 감상한 후 제목을 직접 바꿔본다(예: 바다는 *** → 바다는 아름다운 소리가 가득해, 바다는 화가 등).

예술경험	• 창의적으로 표현하기〉노래를 즐겨 부른다. • 창의적으로 표현하기〉신체, 사물, 악기로 간단한 소리와 리듬을 만들어 본다. • 예술 감상하기〉다양한 예술을 감상하며 상상하기를 즐긴다. • 창의적으로 표현하기〉신체나 도구를 활용하여 움직임과 춤으로 자유롭게 표현한다.

- '바다는 음악가' 노래를 감상하며 느낀 점, 재미있는 표현 등을 찾아보며 불러본다.
- 바다에서 들어볼 수 있는 소리를 녹음한 음원을 직접 들어보며 어떤 느낌이 드는지 이야기 나눠보고 비슷한 소리를 찾아보거나 주변의 사물을 사용하여 직접 소리를 만들어 본다.
- 노래가사에 나오는 역할(피아니스트, 가수)을 직접 역할극으로 해보며 갈매기가 연주한 피아노 소리, 파도가 부르는 노래를 상상하여 자유롭게 극놀이를 해본다.
- 노래를 감상한 후 생각과 느낌을 도화지에 표현해 본다.
- '바다는 음악가' 음원에 맞춰 리본 막대를 활용하여 신체표현을 해본다.

신체 운동・건강	• 신체활동 즐기기〉신체를 인식하고 움직인다.

–'바다는 음악가' 노래가사에 나오는 갈매기와 파도처럼 몸을 자유롭게 움직여 본다.

–노래를 들으며 지휘하는 흉내를 내 본다.

자연탐구	• 탐구과정 즐기기>주변 세계와 자연에 대해 지속적으로 호기심을 가진다.

–바다에 대해 궁금한 점(짠 바닷물, 파도 등)을 알아본다.

사회관계	• 더불어 생활하기>친구와 서로 도우며 사이좋게 지낸다.

–지휘자와 피아니스트의 역할을 나누고 함께 노래에 맞추어 몸을 움직여 보고 역할을 바꾸어 움직여 본다.

노래동화 8 즐거운 여름

노래동화활동

대상연령 유아

활동목표

- 노래 부르기에 즐겁게 참여한다.
  예술경험〉창의적으로 표현하기〉노래를 즐겨 부른다.
- 여름의 계절적 특징에 대해 알아본다.
  자연탐구〉자연과 더불어 살기〉날씨와 계절의 변화를 생활과 관련짓는다.

준 비 물

- '즐거운 여름' 노래동화 자료, 음원 등(물고기 동영상, 낚싯대, 냇가 합동작품 자료 등 노래동화 활동에 적합한 자료들을 예측하여 준비한다.)

활동방법

① 바깥놀이를 하며 여름의 계절적 특징에 대해 이야기 나눈다.
  – 지금은 어떤 계절인가요?

② '즐거운 여름' 동화를 들려주며, 여름에 하는 일에 대해 이야기를 나눈다.
  – 여름에는 어떤 놀이를 많이 하나요?

③ '즐거운 여름' 음원을 듣고 노래를 함께 부른다.
  – '즐거운 여름' 노래를 불러 보니 어떤가요?

④ '즐거운 여름' 동화를 듣고 노래를 불러본 느낌에 대해 이야기 나눈다.
  – 동화를 듣고 노래를 불러 보니 어떤가요?

동화자료

▶ 곡명 : 즐거운 여름

매매맴 쓰르르, 매미가 노래하는 여름이 왔어요.

"우리 심심한데 물놀이 갈까?"

"물놀이? 와! 그거 재미있겠다. "

수미의 말에 준이도 신이 났어요.

수미와 준이는 노래를 부르며 사이좋게 냇가로 걸어갔지요.

수미가 노래합니다.

준이도 따라 불렀어요.

둘이 함께 불러 보았지요.

냇가에 갔더니 윗쪽 시냇물은 콸콸콸,

아래쪽 시냇물은 졸졸졸 흐르고 있었어요.

수미랑 준이는 냇가에서 참방참방 발장난을 했지요.

“앗, 차거. 아, 차거. 어, 저게 뭐지?

어, 저게 뭘까? “ 와~, 물고기 떼다!”

물속을 가만히 들여다보니 크고 작은 물고기가

와르르 와르르 몰려다니고 있지 않겠어요?

물고기떼가 여기로 저기로 와르르 몰려다니는 모양을 보자

수미와 준이는 고기잡이를 하고 싶어졌어요.

수미와 준이는 신이나서 첨벙첨벙 물고기를 잡기 시작했어요.

"잡았다!! " 움켜쥐면 저만치 달아나고

"잡았다!! " 움켜쥐면 또 저만치 달아나고

물고기들은 요리 조리 재빨리 헤엄쳐 달아났어요.

수미: 요리조리 미꾸라지

준이: 길~다란 뱀장어

수미: 쪼르르 송사리떼

준이: 꼬물꼬물 올챙이가 있네

모두들 신발로 이리저리 '퍽','퍽' 물박수를 쳤어요.

그러나 마침내 한 마리, 딱 한 마리만 잡았어요.

"와, 잡았다." " 진짜 잡았네!!."

"아이~, 귀여워" " 어어어 놓쳤다!"

<유아가 경험할 수 있는 각 영역별 활동 전개 예시>

자연탐구	• 자연과 더불어 살기〉생명과 자연환경을 소중히 여긴다.

–(현장학습) 냇가에 나가 물고기, 모래, 물풀 등을 관찰하며 자연의 소중함을 안다.

예술경험	• 창의적으로 표현하기〉다양한 미술재료와 도구로 자신의 생각과 느낌을 표현한다.

–물고기들이 살고 있는 냇가를 협동작품으로 만들고 꾸며본다.

–OHP를 이용하여 물고기를 만들어 보고 물고기 잡기 놀이를 해본다.

신체 운동 · 건강	• 신체활동 즐기기〉실내외 신체활동에 자발적으로 참여한다. • 신체활동 즐기기〉신체 움직임을 조절한다.

–물고기의 움직임을 실물 또는 영상으로 관찰한 후 노래에 맞춰 신체로 자유롭게 표현해 본다.

–물고기의 움직임의 속도를 신체로 표현해 본다(예: 빠르게 움직이는 물고기, 느리게 움직이는 물고기 등).

의사소통	• 책과 이야기 즐기기〉말놀이와 이야기 짓기를 즐긴다.

– 여름이 주는 느낌을 말하며 노래의 제목을 바꿔본다(예: 행복한 여름, 신나는 여름 등).

사회관계	• 더불어 생활하기〉친구와 서로 도우며 사이좋게 지낸다.

– 여름을 즐겁게 나기 위한 방법을 이야기하고 친구들과 함께 해 볼 수 있는 놀이들을 직접 해본다(예: 비눗방울놀이, 물놀이, 아이스크림 먹기 등).
– 큰 물통에 물을 넣고 물고기를 잡아본다(예: OHP물고기를 풀어 자석으로 낚시를 한다).

참고문헌

강문진(2009). 코다이 교수법이 유아의 음악성에 미치는 효과. 총신대학교 교육대학원 석사학위논문.

강신영(2008). 음악개념 중심의 통합적 유아 음악감상과 표현활동의 적용 효과. 원광대학교 대학원 박사학위논문.

곽영숙(2010). 통합적 음악감상 활동이 유아의 음악적 개념에 미치는 영향. 이화여자대학교 교육대학원 석사학위논문.

교육과학기술부(2008). **유치원교육과정해설**. 서울: 대한교과서.

교육과학기술부·보건복지부(2013). **3~5세 누리과정 교사용 지도서**.

교육부·보건복지부, 육아정책연구소(2019). **2019 개정 누리과정 어린이집 관리자 교육**.

교육부·보건복지부(2019). **2019 개정 누리과정 놀이실행자료**.

권덕원, 석문주, 최은식, 함희주(2005). **음악교육의 기초**. 경기: 교육과학사.

권오선(2011). Orff접근법에 의한 음악 활동이 유아의 음악표현 능력에 미치는 영향. 덕성여자대학교 교육대학원 석사학위논문.

김광자(2004). 포괄적 음악교육에 기초한 유아의 음악적 능력 증진 프로그램 개발 및 효과 검증. 서울여자대학교 대학원 박사학위논문.

김명순·조경자(2000). **유아를 위한 음악교육의 이론과 실제**. 서울: 다음세대.

김성균(1987). **유아 음악교육**. 서울: 세광음악출판사.

김성신(2015). 통합적 음악요소 중심의 음악활동 프로그램이 유아의 음악적 능력 향상에 미치는 영향. 서울신학대학교 대학원 석사학위논문.

김연주(2008). 노래동화를 활용한 통합적 유아 음악교육 프로그램 개발 및 효과. 경희대학교 대학원 박사학위논문.

김영미(2010). 음악교육에 대한 보육교사의 인식과 활동의 실태. 신라대학교 교육대학원 석사학위논문.

김영연(2002). **유아음악교육론**. 서울: 학지사.

김은심·안나겸(2008). **영유아를 위한 음악·동작교육**. 서울: 파란마음.

김정화·전영애(2007). **아동 음악과 동작**. 경기: 공동체.

김현영(2002). 고든의 음악학습이론에 근거한 음악 감상활동이 유아의 음감과 리듬감에 미치는 영향. 중앙대학교 대학원 석사학위논문.

김혜경(2009). **영유아 음악교육**. 서울: 창지사.

김혜원·장예원(1999). 유아 음악개념 교육의 실태에 관한 연구. **제주관광대논문집, 5**, 157-182

류경화(1998). **유아음률활동**. 서울: 동문사.

박근주·임현숙·강경민·이자현·이혜원(2017). **영아교사 상호작용의 실제**. 경기: 공동체.

박명숙(2000). 유아의 음악 듣기교육 프로그램 연구. 단국대학교 대학원 박사학위논문.

방은영(2008). 유아 음악성 계발을 위한 프로그램 구성 및 적용 효과. 중앙대학교 대학원 박사학위논문.

보건복지가족부(2008). **2세 보육프로그램**.

보건복지부(2012). **5세 누리과정에 기초한 어린이집 프로그램**.

보건복지부(2013). **어린이집 표준보육과정에 기초한 영아보육프로그램 운영의 이해**.

보건복지부(2014). **제3차 어린이집 표준보육과정 교사용 지침서**.

보건복지부(2020). **제4차 어린이집 표준보육과정 해설서**.

보건복지부·중앙육아종합지원센터(2019). 2019 **개정 누리과정 어린이집 관리자교육**.

성경희(1998). **음악과 교육론**. 서울: 갑을출판사.

신혜은·고태순·장세희(2011). **영유아교수방법**. 경기: 양서원.

심성경·이희자·이선경, 김경의, 이효숙, 박주희(2013). **영유아 음악교육**. 경기: 양서원.

안경숙·김소향(2006). **발달에 적합한 유아 노래지도 프로그램**. 경기: 양서원.

안경숙·김소향·나은숙(2014). **영유아 음악교육**. 경기: 양서원.

안재신(2004). **유아음악교육**. 서울: 교육과학사.

이기숙(2008). **유아교육과정**. 경기: 교문사.

이민정(2014). 유아 노래 부르기 능력 분석. **유아교육연구, 30**(6), 331-343.

이숙재(2001). **유아놀이활동**. 서울: 창지사.

이숙희(2010). **아동음악과 동작**. 서울: 동문사.

이영·유애열(1985). **유아를 위한 음악 활동의 이론과 실제**. 서울: 융성출판.

이춘자·조인경(2013). **예비교사와 현직교사를 위한 유아 음악교육**. 서울: 창지사.

이홍수(1992). **현대의 음악교육**. 서울: 세광출판사.

인지연(2000). 피아노를 통한 유아의 음악개념 지도방법연구. 이화여자대학교 교육대학원 석사학위논문.

임혜정(2004). 유아교육기관에서 선호하는 동요에 관한 조사 및 악곡분석 연구. 덕성여자대학교 대학원 박사학위논문.

임혜정(2013). **유아음악교육**. 경기: 파란마음.

장기범(1989). 음악교육의 새로운 물결, **음악교육 1월호**. 서울: 세광출판사.

전남련·권경미·김덕일(2005). **유아관찰평가의 이론과 실제**. 경기: 양서원.

전인옥(2000). 유아음악교육 활동자료의 주제별 활용도 및 발달적 적합성 평가. **한국방송통신대학교 논문집, 30**, 357-393.

전인옥·이숙희(2007). **유아 음악교육**. 서울: 한국방송통신대학교 출판부.

정진원(2008). 음악재능의 이해와 발견. **예술교육연구, 6**(2), 73-83.

조홍기(2004). **코다이 음악교육**. 서울: 세광음악출판사.

중앙보육정보센터(2006). **조력프로그램 영역 4: 상호작용**.

최동희(1985). 취학전 아동들의 동요분석연구. 숙명여자대학교 대학원 석사학위논문.

최진욱 (2005). 오르프 '기초음악'의 개념과 활동방식을 이용한 창작학습지도 방안. 한국교원대학교 교육대학원 석사학위논문.

하정희·조영진·강혜정(2010). **유아 음악교육**. 경기: 공동체.

한희승(2010). 소리를 매개로 한 음악·과학 통합 활동이 유아의 음악적 개념 및 과학적 과정 기술에 미치는 영향. 부경대학교 교육대학원 석사학위논문.

황옥경(2009). 7차 유치원 지도서에 수록된 동요분석, **Montessori 교육연구,** 14(1), 73-103.

황해익·송연숙·최혜진·정혜영·이경철·민순영·박순호·손원경(2001). **유아교육기관에서의 포트폴리오 평가**. 서울: 창지사.

Anderess, B.(1998). *Music for young children*. Orland, FL: Harcourt Brace & Company.

Campbell, P. S., & Scott-Kassner, C.(2006). *Music in childhood*. N. Y.: Schirmer Books.

Chen, Y. Y.(2000). The self-perceptions of inservice and perservice kindergarten teachers in Kaohsing and Pingtung regions concerning the usefulness of the music content of their teacher training program. Doctoral Dissertation: Pensylvania State University.

Dewey, J.(1963). *Experience and education*. N. Y.: Macmillan.

Draper, T., & Gayle, C.(1987). An analysis of historical reasons for teaching music to your children. In J.C. Perry, I.W. Perry, & T.W. Draper (Eds.), *Music and Child Development* (194-205). New York: Springer-Verlag.

Gallahue, D. L.(1993). *Developmental physical education for today's children(2nd)*. USA: Wm. C. Brown communication. Inc.

Gordon, E. E. (1990). A music learning theory *for newborn and young children*. Chicago: G.I.A. Publications, Inc.

___________ (1993). *Learing sequence in music*. Chicago: G.I.A. Publications, Inc.

___________(1997). *A music learning theory for newborn and young children*. Chicago: G.I.A. Pub. Inc.

Greata, J.(2006). *An Introduction to Music in Early Childhood Education*. Thomason Delmar Learning.

Greenberg, M.(1979). *Your children need music*: A guide for parents and teachers of young children. (이기숙, 김영주 공역, 1985). **유아음악교육**. 서울: 교문사.

Greenberg, M.(1979). Your Children Need Music. Englewood Cliffs, NJ: Prentice-Hall.

Hart, C. H., Burts, D. C., & Charlesworth, R.(1997). *Integrated Curriculum and Developmentally Ap-*

propriate Practice; Birth to age eight. N.Y.: State University of New York Press.

Kim, M. S.(2000). Children's pitch matching, vocal range, and developmentally practice. *Journal of Research in Childhood Education, 14*(2), 152-160.

Kodály Institute(1986). *Kodály, the composer, editio musica*. Budapest: Istvan Kecskemeti.

McDonald, D. T.(1991). *Music in our lives: The early years*. Washington D. C.: NAEYC.

McDonald, D. T. & Simons, G. M.(1989). *Musical growth and development: Birth through six*. New York: Schirmer Books.

Metz, E.(1989). Music and movement environments in preschool settings. In B. Anderess(Ed), *Promising practices in prekindergarten music* (pp.80-96). Reston, VA : Music Educators National Conference.

Mursell, J. L. (1987). *The psychology of music*. New York: Norton.

Palmer, M.(1993). Starting Points : Music in the prekindergarten classroom. In M. Palmer & B. Crook(Eds.), *Music in prekindergarten : Planning and teaching*(pp.3-6). Reston, Virginia: the music Educators National Conference.

Radocy, R. E. & Boyle, J. D.(1997). *Psychological foundation of musical behavior*. Springfield, Ⅲ: Charles C. Thomas, Publisher.

Reimer, B.(2003). *A Philosophy of music education*. Advancing the vision(3rd ed.). N.J.: Prentice-Hall, Inc.

Stabley, N. L.(2001). Creative activities for string students. *Music Educators Journal, 88*(2), 29-33.

Thaut, M. H.(2005). Rhythm, music and the brain: Science foundation and clinical applications. Tayor & Francis Group LLc. (차영아 역, 2009). **리듬, 음악 그리고 뇌: 과학적 근거와 임상 적용**. 서울: 학지사.

Wood, D.(1982). *Move, sing, listen, play: Preparing the young child for music*. Toronto: Gordon v. Thompson, Ltd.

한국 오르프 음악교육 연구소 http://wwww.orff.org/

찾아보기

저자소개

김연주

이화여자대학교 대학원 음악학과(음악이론전공) 석사

경희대학교 대학원 아동학과 박사

전. 군장대학교 유아교육과/아동심리상담과 교수

김현지

경희대학교 대학원 아동학과 박사

현. 전북과학대학교 사회복지과 교수

유현숙

Cohen University & Theological Seminary 철학박사

현. 전주시건강가정지원센터 센터장

제2판

개정 누리과정과 표준보육과정에 기초한

영유아 음악교육

초 판 1쇄 발행 2020년 3월 9일
초 판 3쇄 발행 2021년 7월 15일
제2판 1쇄 발행 2025년 2월 5일

지은이 | 김연주·김현지·유현숙
펴낸이 | 김기섭
편집인 | 이윤미·이현남
펴낸곳 | 창지사 www.changjisa.com
08589 서울시 금천구 가산디지털 1로 83 파트너스타워 1차 9층
전화 (02) 719-2211~3
팩스 (02) 701-9386
등 록 | 1977년 4월 28일·제1-421호

© 김연주·김현지·유현숙, 2020, 2025

- 이 책 내용의 전부 또는 일부를 재사용하려면 반드시 저작권자와 창지사 양측의 동의를 받아야 합니다.
- 저자와 협의하여 인지는 생략합니다.
- 출판물 불법 복사, 불법 북스캔은 저작권 위반으로 처벌받을 수 있습니다. 불법 제본으로 처벌될 경우(전과기록 됨) 취업 불이익이나 해외유학과 이민 등 비자발급이 거부되는 불이익이 발생할 수 있습니다.

ISBN 978-89-426-1860-6 (93370)

값 24,000원

KOMCA승인